外语·文化·教学论丛

Foreign Language Culture Teaching

The Teaching of Translation:
Theory and Practice

翻译教学研究：理论与实践

高华丽 著

by Huali GAO

ZHEJIANG UNIVERSITY PRESS
浙江大学出版社

序

　　熟悉中外历史发展进程的人都知道，在不同语言之间所进行的翻译活动对社会进步有着极为重要的推动作用。从古希腊文明的传承，到欧洲的文艺复兴，从东汉直至唐宋时期佛教进入中国，到鸦片战争后的西学东渐，以及 20 世纪初马克思列宁主义在我国的传播，离开了翻译几乎都是不可能的。特别是我国改革开放近 30 年来，中外语言之间的翻译迎来了又一个高峰期，为使"中国走向世界，世界走近中国"，翻译可以说是功不可没。

　　今天的世界已进入"全球化"时代，人类交往达到了空前密切的程度。不过，多语并存与文化多元的状况却丝毫没有改变，对翻译的需求不仅没有减少，反而大大增加了。在我国，尽管这些年来各种类型的外语教学蓬勃发展，学习外语的人越来越多，能用外语阅读和进行一定程度交流的人数也与日俱增，但是事实却一再证明，并不是学会了外语就能做好翻译的。世界各地的人们不仅使用不同的语言，还有着不同的文化传统与习俗，不同的生活方式和思维方式，不同的政治、经济和社会制度，不同的宗教信仰和价值取向。语言的使用和语言之外的一切都密不可分。这对肩负跨文化交际任务的翻译工作者提出了比熟练掌握外语更高的标准和要求。目前，能够达到这些标准和要求的专业人才还比较匮乏，远远满足不了社会的需求。因此，作为翻译人才培养基地的高校外语专业和翻译专业面临着极大的机遇和挑战。翻译教学从原来外语专业的一门必修课逐渐发展到了翻译专业，这是我们社会发展和时代前进的必然。然而，要培养足够数量的，合格的，并能适应不同需求的翻译人才，要做的事情还很多，其任务远比把翻译课扩展为翻译专业艰巨得多。为完成这一伟大的任务，翻译教学工作者，特别是在翻译教学第一线的人们需要有更开阔的眼界、更扎实的工作、更勇敢的探索。

　　在这样的大背景下，《翻译教学研究：理论与实践》一书的出版实在是一件令人欣喜的事情。在翻译界，作者可能会被人认为是一位崭露头角的新人，其实她已是有着丰富翻译教学经验的老师，多年来一直孜孜不倦地钻研翻译问题，这本书就是她多年从事翻译教学和翻译研究、辛勤劳作的结晶。从其探讨的广度和深度，我们不难看出作者所具有的深厚教学功底与研究基础。书中讨论的问题包括了翻译教学的各个方面，既探讨了翻译教学(包括笔译和口译)课程和职业翻译教学的教学内容、教学重点和难点、教学方法、教学原则、教学手段、教材与测试评估等等，又讨论了跨文化意识的培养及文化的解读、技能训练的方法、翻译速度的培养等，还论及了翻译理论的教学、翻译职业道德、译者与社会等问题。而且，对翻译教学中的一些难点问题，作者也都有自己独到的见解，并提出了解决问题的办法及其理论依据。其可贵之处也许不在见解本身，而在其知难而进、勇于探索的那种精神。

近年来，关于翻译教学的文章逐渐多起来了，但是关于翻译教学的专著还不多。这本书的出版或许预示了这种状况正在开始改变。据此可以预见，我们的翻译研究和翻译教学将会有更大的发展、更多的成果，一定能为中华民族伟大的复兴作出应有的贡献。

许力生

2008 年 1 月

前　言

　　与翻译结下不解之缘，已二十余年。其间从阅读翻译文学作品到学习翻译，到教翻译，颇有感慨。

　　阅读翻译文学作品，使我感受到与阅读中国文学作品的诸多不同之处，有时是语言方面的，有时是风土人情方面的。当然也有情感方面的体验，认识到无论是中国人还是外国人，对善良、智慧、幸福、友谊、正义等美好事物的追求的情感有着惊人的趋同性。翻译作品给予我们的这些认识，跨越了语言和文化的障碍，为各国人民的相互了解和联系交往架设起了一座桥梁。

　　在四川外语学院英语系和北京外国语大学高级翻译学院求学期间，老师们把我引进了翻译这个富有魅力的世界，除了扎实的双语基本功外，翻译涉及的领域是如此宽泛，使人感受到"知识海洋"的真正内涵。无怪乎老师们常说"翻译是杂学"、"翻译家是杂家"等等。于是，我认识到"我是文科生"这种"画地为牢"的想法是不正确的，应该努力培养自己对其他学科的兴趣，在实际翻译学习和工作中如有涉及，应尽所能加以了解和处理好。做翻译的艰辛在翻译练习和翻译社会实践中深有体会：如果没有坚实的基础知识和勤学善思、不断学习的能力是做不好翻译的。

　　教翻译的时间，断断续续加起来，已有十五年了。在这十几年的时光里，不停地忙碌着。由于翻译的时效性强，想找一本合适的教材比较难，往往要补充许多教学内容和练习材料，而搜集这些教材和练习很耗时。翻译的实践性强，学生的大量练习要批改；扩招后学生班级数和每班的人数都有所增加，批改作业的压力就更大了。如何处理翻译教学中质与量的关系，为社会培养出合格的翻译人才成了我在教学中思考的首要问题。因此，不断学习和追踪翻译学及翻译教学发展的动态、不断学习和运用教学法知识和与翻译相关的知识，如语言学(心理语言学、认知语言学、语用学、语篇语言学、语料库语言学、社会语言学等)、跨文化交际学、文学、教育心理学、现代教育手段(如多媒体教学、网络教学等)，加之一些翻译实践，都成为支撑我翻译教学的基础。

　　《翻译教学研究：理论和实践》这本专著，是我这些年翻译教学和学习中的一些做法和体会，由于水平所限、精力所限，尽管付出了很大的努力，克服了不少困难，其中一定有不少不当之处，还望各位前辈和同行斧正。

这本专著即将出版之际，我要感谢把我领进翻译大门的四川外语学院英语系的老师们、使我享受到翻译职业培训的北京外国语大学高级翻译学院的老师们、为我提供了翻译教学和研究平台的华南热带农业大学文法学院的领导和同事们及中国计量学院外国语学院的领导和同事们。我要特别感谢常常关心和鼓励我的老师和前辈们，他们的鼓励和榜样时时激励着我去努力。在写作该书的过程中，我参考了许多学者的著作和文章，受到很多启发，在此谨对他们致以衷心的感谢。同时，我还要感谢浙江大学许力生教授，他不仅审阅了拙作，还欣然为之作序。

高华丽

中国计量学院外国语学院

2007 年 12 月

目　录

第一部分　翻译课程部分

笔译

口译

第一部分　翻译课程部分

翻译作为英语专业的一门课程，一般在我国高校外语院系三、四年级开设。从大三起，一般开设一年的英汉翻译课、从大三第二学期起开设一至两学期的汉英翻译课，每周两学时。这一阶段的翻译不再是英语语言教学的一种练习手段，即教学翻译了。作为一门课程，有其自身的教学目标、教学内容、教学方法、使用的教材和独特的测试方法。

笔译

第1章 翻译教学的目标与教学内容

1.1 教学目标

　　根据教育部批准实施的《高等学校英语专业教学大纲》(2000)的教学要求，在六级(相当于第六学期结束)对翻译课程的单项要求是：初步了解翻译基础理论和英汉两种语言的异同，并掌握常用的翻译技巧，能将中等难度的英语篇章或段落译成汉语，译文忠实原文，语言通顺，速度为每小时 250—300 个英文单词；能将中等难度的汉语篇章或段落译成英语，速度和译文要求与英译汉相同。能担任外宾日常生活的口译。对八级(相当于第八学期结束)翻译课程的单项要求是：能运用翻译理论与技巧，将英美报刊上的文章以及文学原著译成汉语，或将我国报刊上的文章和一般文学作品译成英语，速度为每小时 250—300 个英文单词。译文要求忠实原意，语言流畅。能担任一般外事活动的口译。

1.2 教学内容

　　为了实现上述目标，翻译教学的主要内容包括：翻译基础理论、英汉语言对比、常用的翻译技巧。

　　在翻译基础理论知识里包括对翻译活动本身的认识、了解翻译的标准、翻译的过程、翻译对译者的要求(即译者的素养)、工具书的运用等。

　　英汉语言对比不仅要在语言层面的语义、词法、句法、文体篇章上对英汉两种语言进行比较，掌握其异同，还要在文化层面、思维层面进行英汉对比，以便在传译过程中完整、准确、恰当地传达出原文的信息。

　　常用的翻译技巧包括：语序的调整、增补与省略、正译与反译、主动与被动、词性的改变、句子语用功能的再现等。

　　总体来讲，翻译教学的内容是一个融翻译基础理论、英汉两种语言各层面的对比和常用的翻译技巧于一体的动态教学系统。其目的就是要实现忠实、通顺地传达出原文的信息；其基础是要了解所涉及的两种文化中各类话语的特点及其深层的原因——思维的相似与差异。

The Teaching of Translation: Theory and Practice

4

第2章　学生在翻译课上要学什么

2.1　理解翻译活动的性质

翻译是人类最复杂、最困难的活动之一。它涉及人的认识、审美、语言文化素养、对翻译的认识等诸多因素。翻译活动产生两千多年以来，人们对它的认识和探索从未终止过。随着时代的发展，翻译的范围和规模也在发展，人们对翻译性质的认识也在发展(陈宏薇，2004：1)。

什么是翻译呢？

■ *The Oxford English Dictionary*: to <u>turn</u> from one language into another.

■ *Webster's Third New International Dictionary of the English Language*: to <u>turn</u> into one's own or another language.

以上两条定义只是谈了语言的转换，没有提及语言所传达的内容。

■我国的《辞海》给"翻译"下的定义则比较明确："把一种语言文字的意义用另一种语言文字表达出来。"这一定义提到了翻译是两种语言之间"转换""意义"的活动。

■美国翻译理论家奈达在给翻译所下的定义中，把"意义"概括成"语义"和"文体"，他说："Translation consists in reproducing in the receptor language the closest natural equivalent of the source-language message, first in terms of meaning and secondly in terms of style."（所谓翻译，是指在译语中用最切近而又自然的对等语再现源语的信息，首先在语义上，其次是文体上。）译文一方面要跟原文取得"最切近"的效果，另一方面又是"自然"的译语语言。

■然而，翻译又不是一项纯粹的语言活动，还牵涉到各种非语言因素，特别是种种文化因素，因此，有的学者又给翻译下了这样的定义："翻译是两个语言社会(language community)之间的交际过程和交际工具，它的目的是促进本语言社会的政治、经济和(或)文化进步，它的任务是要把原作中包含的现实世界的逻辑映像或艺术印象，完好无损地从一种语言移注到另一种语言中去。"(张今，1987：8)

■孙致礼教授的定义是：翻译是把一种语言表达的意义用另一种语言传达出来，以达到沟通思想情感、传播文化知识、促进社会文明，特别是推动译语文化兴旺昌盛的目的。

■陈宏薇教授等的解释是：翻译是将一种语言文化承载的意义转换到另一种语言文化中的跨语言、跨文化的交际活动。意义的交流必须通过语言来实现，而每一种语言都是一个独特文化的部分和载体。我们在转换一个文本的语言信息时，也在传达其蕴涵的文化意义。翻译的本质是释义，是意义的转换。翻译活动涉及诸多因素：译者(translator)、作者(author)、原文(source text)、原文读者(source-text readers)、译文(target text/translated text/target version)、译文读者(target-text readers)等。

可以说，学者们给翻译下的定义是不胜枚举的。从以上几个例子我们看出，翻译定义的内涵越来越清晰、具体。从纯语言的转换到语言中意义的转换，再到语言信息中蕴涵的文化意义的转换。对翻译活动的参与者的认识越来越客观。但是以上翻译活动的进行似乎脱离了作者、译者和读者所在的社会，忽视了社会因素(社会意识形态、诗学和赞助人)在翻译活动中对译者和读者的影响，仅仅是对翻译活动行为的描述，从客观上忽视了几千年所产生的一些翻译产品对社会所起的推动作用。同时，在当今多元文化并存的情况下，在世界各民族人民要求相互尊重、和谐共处的"地球村"里，强调得更多的是"平等"和"理解"，而不是"谁优谁劣"。因此，在这种新的形势下，我们是否能更客观地以以上定义做一些补充和发展？可否将翻译定义为：翻译是译者在一定的社会意识形态等的影响下，把一种语言表达的意义用另一种语言传达出来，目的是沟通思想情感、促进相互了解、传播文化知识、促进世界社会和文化发展。

2.2　解析翻译标准

在中国，严复于 1898 年提出的"信、达、雅"的翻译标准距今已有一百多年。人们对"信"和"达"比较认同，对"雅"有争议，也有不同的解释。他主张的"信"是意义不倍(背)本文"，"达"是不拘泥于原文形式，尽译文的语言能事以求原意明显，为"达"也是为"信"，两者是统一的；严复的"雅"指的是译文采用"汉以前的字法句法"——实际上即所谓上等的文言文，才算登大雅之堂(张培基等，1980：2)。有人认为严复的"雅"是针对自己的读者而提出的。严复主要翻译的是西方经典的政治和经济学著作，如赫胥黎的《天演论》、亚当·斯密的《原富》等，主要是给当时的封建士大夫们阅读的，希望能在中国实行自上而下的改良。这样的解释在西方现在的翻译理论中是站得住脚的。有的文学家对"雅"的解释是："雅"指的是译文的美学价值。它体现在修辞、文体、韵律、诗意和心理等方面。这一解释适合文学翻译。其实，我国许多老一辈翻译家总结的翻译标准都只适合于文学翻译，如鲁迅的"凡是翻译，必须兼顾着两方面，一当是其易解，二则保存着原作的丰姿"；傅雷的"神似"、钱锺书的"化境"等都是如此。

1979 年，翻译家刘重德先生在湖南师范学院学报第 1 期《试论翻译的原则》一文中提出了"信、达、切"的翻译标准。是在严复的"信、达、雅"和泰特勒的"三原则"的基础上提出的。认为：信——信于内容；达——达如其分；切——切合风格。信于内容的"信"，即严复所谓意义"不倍原文"，亦即泰特勒所谓"翻译应该是原著思想内容的完整再现"……即使是所谓的"编译"或"译述"，严格说来，也不能违背原文的中心意义。达如其分的"达"……正如严复所说，"顾信矣不达，虽译犹不译也"。同时，在翻译的基础上，表达的深浅也应力求与原文一致。"切"，是指切合原文风格，是个中性词，适用于不同的风格。我们今天的翻译不仅仅是文学翻译，翻译涉及的文体还有很多，如科技文体、新闻文体、应用文体等。刘先生的"信、达、切"翻译标准，对于不同文体的翻译是很实用的。

从 20 世纪下半叶以来，我国大量引进国外翻译理论学派，有等值论、等效论、多元系统论、描写翻译学派、文化学派、综合学派、女权主义、后殖民主义、阐释学派、解构主义、美国翻译培训班学派、法国释义理论派等。这些理论的引进，开阔了我国翻译理论研究的视野。在翻译标准上，最流行的是等值论(equivalent value)、等效论(equivalent effect)、功能对等(functional equivalence)。我们对这些理论应有正确的认识，不可全盘接受并传授给学生。对我们的学生有指导意义的当属英国的坎贝尔(George Campell)和泰特勒(Alexander F. Tytler)的两个"三原则"。英国翻译家坎贝尔的三原则：The first thing...is to give a just representation of the sense of the original... The second is, to convey into his version, as much as possible, in a consistency with the genius of the language which he writes, the author's spirit and manner... The third and the last thing is, to take care, the version have at least, so far the quality of an original performance, as to appear natural and easy...(转引自孙致礼，2003：8) (首先，准确地再现原作的意思；第二，在符合译作语言特征的前提下，尽可能地移植作者的精神和风格；第三，也是最后，使译作至少具有原创作品的特征，显得自然流畅。)(孙致礼，2003：8) 无独有偶，英国另一个更著名的翻译家泰特勒的"三原则"，跟坎贝尔的极为相似：1. That the translation should give a complete transcript of the ideas of the original work. 2. That the style and manner of writing should be of the same character with that of the original. 3. That the translation should have all the ease of original composition. (转引自孙致礼，2003：8)(1. 译作应完全复写出原作的思想；2. 译作的风格和手法应和原作属于同一性质；3. 译作应具备原创作品的通顺。) 这两个"三原则"都要求译文从三方面忠实于原作：一是忠实地传达原作的内容，二是忠实地展现原作的风格，三是忠实地体现原创作品的通顺。(孙致礼，2003：8)

其实，翻译教学实践证明，对于初学翻译的英语专业学生，要求他们掌握"忠实、通顺"这一标准即可。

那么什么叫"忠实"，什么又叫"通顺"呢？

张培基教授等在其编著的《英汉翻译教程》中作了如下解释：

"忠实"指忠实于原作的内容。译者必须把原作的内容完整而准确地表达出来，不得有任何篡改、歪曲、遗漏、阉割或任意增删的现象。内容通常指作品所叙述的事实、说明的事理、描写的景物以及作者在叙述、说明和描写过程中所反映的思想、观点、立场和所流露的感情。忠实还指保持原作的风格。这里所说的风格，包括原作的民族风格、时代风格、语体风格，以及作者个人的语言风格。一般说来，译者对原作的风格不能任意破坏和改变，不能以自己的风格取代原作的风格。比如说，原作是通俗的口语体，译文就不能改成文绉绉的书面体；原作粗俗烦琐，译文就不能改成文雅洗练；原作展现的是西方色彩，译文就不能改换成东方色彩。总之，原作怎样，译文也该怎样，尽可能还其本来面目。

所谓"通顺"，即指译文语言必须通顺易懂，符合规范。译文必须是明白晓畅的现代汉语，没有逐词死译、硬译的现象，没有语言晦涩、诘屈聱牙的现象，没有文理不通、结构混乱、逻辑不清的现象。译文的通顺程度只能与原文的通顺程度相应或一致。

如何处理好"忠实"与"通顺"的关系呢？

张培基等人同时也指出："忠实与通顺是相辅相成的。忠实而不通顺，读者看不懂，也就谈不到忠实；通顺而不忠实，脱离原作的内容和风格，通顺也失去了作用，使译文成了编纂、杜撰或乱译。"(张培基，1980：8) 总而言之，忠实与通顺是两个对立面的统一，无论偏重哪一个而忽视另一个，都不能圆满地完成翻译的任务。笔者认为张教授等人的这一论述非常清楚地阐述了忠实与通顺这一对矛盾的相互关系。但是初学翻译的学生要处理好这一对矛盾，需要在不断练习的过程中去体会和把握。

2.3　培养译者素质

有一位优秀的翻译家对合格翻译者的素质的最基本阐释是"成就一位称职的译者该有三个条件：首先当然是对于'施语'(source language) 的体贴入微，还包括了解'施语'所属的文化与社会。同样必要的是对于'受语'(target language)的运用自如，还得包括各种文体的掌握。这第一个条件近于学者，而第二个条件便近于作家了。至于第三个条件则是在一般常识之外。对于'施语'原文所涉的学问要有相当的熟悉，至少不能外行。这就更近于学者了。"

翻译既要忠实又要通顺，决非易事，译者不具备一定的业务素质，是很难胜任的。合格的翻译人员应该有些什么业务素质呢？

首先，译者要打下扎实的英语基础，特别是要具有很强的阅读理解和鉴赏能力。为了切实提高英语阅读理解能力，必须做到以下三点：1) 掌握足够的英语词汇量，缺乏足够的词汇量，离开了词典就寸步难行，这是不能做好翻译工作的；2) 掌握系统的英语语法知识，使理解在语法层面不出错；3) 大量阅读英语原著，不断丰富自己的语言知识，提高自己对英语语言的感悟力和英语表达能力，不要写出令人啼笑皆非的"汉语式英语"。

第二，译者要打下扎实的汉语基础，特别要下工夫提高自己的汉语表达能力。对翻译人员的汉语表达要求不同于对一般汉语写作者的要求，因为翻译要表达的是用另一种语言去表达原作者已表达的思想感情。译者的译入语水平主要表现在表达原作的特定内容和特定形式时的灵活变通能力，如选择恰当的汉语字眼、创造新词、吸收外来表现法等。另外，译者还应熟悉英汉两种语言在语音、词汇、句法、修辞、使用习惯甚至标点符号使用上的种种差异，以便能将规范通顺的英语译成规范通顺的汉语，而不要写出生硬牵强的"英语式汉语"。

第三，译者要有广博的知识。翻译是传播文化知识的媒介，因而译者的知识面越广博越好。虽然做不到样样精通，但是经过努力却是可以做到"译一行，钻一行，通一行"的。我们每一个翻译人员首先要掌握一定的专门知识，如翻译科技著作的必须掌握相关的科技知识和科技术语，翻译社科文章的必须懂得相关的社科知识，翻译文学作品的必须具有一定的文学素养……鉴于各门知识都彼此交叉、触类旁通，每个译者还要广泛掌握与自己的专门知识有密切联系的相关知识，如译哲学题材的要具有丰富的文史知识，甚至要懂一点自然科学；译医学题材的至少要懂一点生物学与化学，甚至要掌握一些心理学知识等。除此之外，从事英汉互译工作的人还需要全面了解英美各国的历史、地理、政治、经济、军事、外交、科学技术、风俗习惯、宗教信仰、民族心理、文化传统等方面的"百科知识"，同时还要通晓自己国家的"百科知识"，用孙致礼教授的话说"这样才能在翻译中明察秋毫，得心应手，而不会张冠李戴，混淆不清"，以致笑话百出。

第四，译者要掌握合理的翻译策略。无论是哪个翻译者，若不去自觉地探讨翻译原理，其经历、学识、性格、审美观等也会无形中帮他(她)形成自己的翻译策略。如一个英语基础好、汉语表达较弱或性格比较拘谨的人就可能喜欢字对字的直译；而汉语基础较好、生性比较自由的人，则可能比较喜欢"天马行空"式的自由译法。对于初学者来说，应有意识地选择"适当"的翻译策略，通过不断的实践，熟练掌握翻译的规律、方法和技巧。

第五，译者要养成认真负责、谦虚谨慎的学风。翻译是一项非常复杂、非常仔细的工作，需要译者付出艰巨的劳动。翻译完一篇东西之后，应仔细地核对原文，找出误解、误译或漏译的地方并改正。还要检查一下译文是否通顺易懂，是否有错别字和错用的标点符号，译文格式是否合乎要求，等等。这样做是对译文读者负责，也是对翻译工作负责。另外，我们在翻译工作中，还要关注社会各方面的变化，坚持正确的立场和原则。同时，还要虚心向有经验的翻译人员学习，学习他们的经验和技巧，不断提高自己的翻译能力和翻译水平。

2.4 了解翻译过程

张培基在《英汉翻译教程》中将翻译的过程分为理解、表达和校核三个阶段。

孙致礼在 2003 年出版的《新编英汉翻译教程》中指出:"我们认为:理解、表达、审校的阶段划分比较合理,对中国学生学习翻译更有指导意义。"理解是表达的前提,没有准确透彻的理解,就不可能有准确透彻的表达。对初学翻译的学生来讲,在时间允许的前提下,对原文至少要阅读三遍。第一遍初读原文,掌握全文大意和中心思想,对疑难词做上记号;第二遍细读原文,查资料解决疑难问题;第三遍通读原文,做到完全理解原文的精神。这是一个先见森林,再见树木,再见森林的过程。

以上对翻译过程的划分是符合翻译实际的。对于从事翻译工作时间长一点的译员,这三个阶段的界限不是那么分明,他们往往是一边理解,一边就在考虑如何表达;一边表达,一边就在加深理解;一边校对,一边润饰,一边可能又在进一步理解。而对于初学翻译的学生来说,由于受语言水平所限,不可能"三管齐下",只能在理解的基础上,再考虑表达,表达好了,最后审校。

译者在理解原文的过程中,要解决以下问题:1) 要理解原文的语言现象,即对一些词语、短语、成语和表达方式的正确理解,特别是对多义词的理解,弄清其含义;2) 要理解和分析句子间的逻辑关系,这样可以帮助我们理解靠语言分析不能解决的问题;3) 要理解原文中涉及的事物的背景知识和相关知识。

表达是把理解了的内容传达出来。在这个过程中要解决以下问题:1) 处理好忠实与通顺的关系,做到两者兼顾;2) 处理好内容与形式的关系,在可能时,尽量同时传达出原文的内容与形式,无法两者兼顾时,只好放弃形式,传达语义即可;3) 处理好创作与翻译的关系。在翻译过程中,译者要尽量克制自己的创作欲望和语言风格,要记住自己在翻译别人的作品,不是在随心所欲搞创作;要尊重原作者的创作,又要尊重译入语的语言规范。就初学翻译的学生而言,他们往往还不可能去考虑翻译行业的社会规范和出版商的要求。

审校阶段是理解与表达的进一步深化,是对原文内容进一步核实、对译文语言进一步推敲的阶段。我们在翻译时尽管十分细心,但译文难免会有错漏或字句欠妥的地方。在审校阶段应该特别注意以下各点:

(1) 人名、地名、日期、方位、数字等方面有无错漏;

(2) 译文的段、句或重要的词有无错漏;

(3) 修改译文中译错的和不妥的句子、词组和词;

(4) 力求译文没有冷僻罕见的词汇或陈腔滥调,力求译文段落、标点符号正确无误。

一般来讲,译完之后,至少需要审校两遍:第一遍对照原文着重审校内容;第二遍着重润饰文字。如果时间允许,再把已审校的译文对照原文通读一遍,做最后一次检查、修改，务必使所有问题都得到解决，译文才算是定稿。

总之，翻译既是语言再现的艺术，又有一定的程序和规律，了解翻译的过程，才能使翻译工作事半功倍。

以上内容是在翻译课程中，教师应该让学生初步了解的一些翻译基础理论，不宜长篇大论，只做介绍性的讲解或者融于翻译练习中讲解。

2.5　学习翻译方法和技巧

翻译的方法指翻译中一般遵循的做法。

一、直译与意译/异化与归化的翻译方法

所谓直译，就是在译文语言条件许可时，在译文中既保持原文的内容，又保持原文的形式——特别指保持原文的比喻、形象和民族、地方色彩等。但直译不是死译或硬译。

所谓意译是指当原文的思想内容与译文的表达形式有矛盾不宜采用直译法处理时，就应采用意译法，即抛弃原文的语言形式，译出原文所表达的意思。当然意译不是任意乱译、胡译。意译要求译文能正确表达原文的内容，但可以不拘泥于原文的形式。

异化和归化与直译和意译又有什么关系呢？

异化不是直译的另一个名称，而归化也不是意译的另一个名称。

"直译、意译"是拿译文与原文进行比较，看译文与原文是否在内容和形式上都能统一。"异化、归化"则包含两个层面，其一是指语言形式，其二是指文化内容。首先，在语言形式这个层面上，"异化、归化"是将译文与译语进行比较，按译语的行文表达习惯来衡量译文，看译文是否有异于译语习惯的新奇表达法。直译的译文不一定都是异化的译文。如将"I like that play."译为"我喜欢那部剧。"是直译，但译文不是异化翻译，而将"There is no smoke without fire."译为"无火不生烟。"是异化的翻译(也是直译)，译为"无风不起浪"是归化的翻译(也是意译)。因此"异化、归化"除了与"直译、意译"一样包括语言，还比"直译、意译"多了一层文化层面的内容。

异化不仅可以充分地传达原作的"异国情调"，而且可以引进一些源语的表达方式以丰富译入语的语言。如中文从英文引进的"瓶颈"(bottleneck)；英文从中文引进的"toufu"(豆腐)、"yamen"(衙门)等。在异化处理时要考虑两个因素：一是译入语的语言习惯；二是译语文化的制约。否则，读者看不懂。

在异化行不通的时候，译者要力求冲破原文语言形式的束缚，从原文的词法、句法中跳出来，按译入语的语言文化习惯来译，使读者易于理解，这便是归化。

尽管在实际翻译中，"直译、意译"或"归化、异化"都会出现在同一文本中，但不同文体的文本采取的翻译方法各有所侧重。如直译法或异化法通常是科技翻译、法律翻译、应用文翻译的主要方法，但也会用到意译法或归化法；意译法或归化法通常是文学翻译的主要方法，但也要用到直译法或异化法。

随着时间的推移，异化和归化的表达不会不发生变化，在某一时期被认为是异化的表达，到了另一时期，就有可能融入译入语，成为译语的一部分，久而久之，再用这一表达，就不再是异化译法了，而是归化译法了，如：honeymoon (蜜月)。那些融不进译入语文化的异化表达，有些不能被汉语接受，渐渐就被淘汰掉了，如 desks(书桌们)；有些可以被汉语接受，就只好长期带着异国情调了，如 Catherine(凯瑟琳)等一些专有名词。

二、翻译的技巧

翻译技巧指翻译时遇到两种语言不同之处时解决问题的诀窍与应变措施。

翻译中常用的技巧有：语序的调整(包括名词从句、定语从句、状语从句、长句的译法)、分句与合句、抽象与具体、增补与省略、正译与反译、主动与被动、词性的改变、习语的译法、专有名词外来词新词的译法、声音色彩词和动物词的译法等。(这些技巧将在第 3 章中详细阐述。)

以上技巧的传授必须与练习紧密结合，才能为学生所掌握。

三、翻译的单位与语篇

无论是英译汉还是汉译英，把句子定为翻译的单位几乎成了共识。但是以句子为翻译单位不可忽视句与句之间语义上的关联。句与句之间的关联有的是显性的，有的却是隐性的，需要译者仔细琢磨。但是无论是在原文中还是在译文中，任何句子都不能脱离语篇孤立存在。我们以句子为翻译单位，不可以脱离语篇孤立地理解和表达句子、理解和表达句子中的字和词及句子之间的逻辑关系。初学翻译的学生在进行语篇分析的时候要注意两个问题：一是语篇的衔接，二是语篇的连贯。

语篇衔接，就是使用一定的语言手段使句与句之间在词法和句法上联系起来。语篇的衔接又分词汇衔接(lexical cohesion)和结构衔接(structural cohesion)两种。

词汇衔接指语篇中前后词语之间的语义联系，是语言语境的重要组成部分。如英语的句群内，甚至相隔较远的语篇内，有时会产生重复关系、同义关系、反义关系、上下义关系、部分与整体的关系等，构成词语之间的衔接机制。了解词语在语篇中的衔接，才不会对词义误解，也才不会误译。

结构衔接是语篇中某一结构与上文另一预设结构相比较而存在的承启关系。这也是语言语境的重要表现形式。结构衔接一般可分为替代(substitution)和省略(ellipsis)两种。替代又可分为人称替代、名词替代、动词替代和句子替代。省略又可分为名词省略、动词省略和句子省略。忽视了结构衔接，也会导致误解和误译。

语篇的连贯，指语言片段以语篇意向为主线所形成的语义、逻辑上的连贯性。这种连贯性有的通过连接词语成为显性的，有的则按一定的时空、逻辑关系隐性地表现出来。译者在翻译过程中，必须把每个词、每句话放在语篇语境中去认识，从中领会作者的意图和语篇的逻辑连贯意义，才能正确地翻译。具体来讲就是"语要适境"，即原文与译文在情景语境和文化语境上要一致，原文与译文语体功能要一致。

但是，语篇衔接与连贯往往只是语篇中的显性衔接特征，而没有包括那些隐性的特征。可是那些隐性的特征也许对语篇构建更加重要。语篇是针对特定的场景而构建的，具体的语境、作者和读者之间的互动决定语篇的面貌。有时，表面上看起来不衔接、不连贯的语篇仍然可以依靠特定的语境形成自身的连贯。语篇通常都是针对特定情形和事态而构建的，有其特定的读者对象和特定的交际目的，抛开这些，孤立地分析语篇本身，只考察语篇中的显性特征，是不符合实际的。在英语中显性的特征比较突出，而在汉语中隐性的特征比较突出。因此，在中英互译时要针对各自的特点加以理解和表达。

同时，"有必要指出的是，不同文化对语篇连贯会有不同的期待与理解。语篇之间的差异不仅表现在为实现连贯而使用的衔接手段和方式上，同时可能存在于对连贯的期待与理解中"（许力生，2006：169）。这种期待和理解来自读者。有着不同文化背景的读者，由于受其特定文化的影响，有着不同的思维习惯，这些不同的思维习惯又会影响其言语习惯，因此其语篇构建的模式也有差异。因为人们在母语习得过程中所获得的言语习惯也会对其外语学习和外语的运用产生影响，母语的语篇构建模式，也会影响人们对外语语篇构建模式的理解。所以，在翻译过程中，译者要切忌用一种语言的语篇构建习惯去衡量另一种语言的语篇构建习惯，或者将一种语言的语篇构建习惯强加给另一种语言。在理解和表达的时候，要根据不同语言的语篇构建特点进行理解和表达，才能使译文同原文一样，符合各自的语境。

四、在翻译过程中如何寻求帮助

1. 工具书——词典

第一，要查哪些词典？

俗话说："工欲善其事，必先利其器。"首先，尽管词典不能解决翻译中的所有问题，但是任何人要做好翻译，都应具备几本好用的词典。大学本科英语专业的学生应至少拥有两本中型词典：一本英汉词典，一本英语词典。就书店现有的工具书来看，英汉词典有陆谷孙主编的《英汉大词典》，英语词典有：英国出版的 *The New Oxford Dictionary of English, Longman Dictionary of Contemporary English, The Concise Oxford Dictionary, Collins English Dictionary*；美国出版的 *Webster's New Collegiate Dictionary of the English Language, Webster's New World Dictionary of the American English, The American Heritage Dictionary of the English Language* 等。当然，由于英国英语和美国英语有一些差异，译者若是拥有英国出版和美国出版的英语词典各一本，译时就会更加方便。在翻译英国作者写的原文时，最好查阅英国出版的词典，在翻译美国作者写的原文时，最好查阅美国出版的词典。有了两三部这样的中型词典，可以解决翻译中大部分语言问题。一般来讲，在解决词义的理解问题时，应尽量多查英语词典，在酝酿汉语表达时，可参照英汉词典的释义，但是切忌不顾语境，照搬词典的释义。对于翻译中的文化问题的理解和处理，除了译者的文化知识外，还可以查阅语言文化词典，如 *Longman Dictionary of English Language and Culture* 等来求得帮助。

译者在翻译的过程中，若碰到少数词语，在常备的中型词典里查寻不到，就需要查询大型词典。英语的大型词典，最著名的有两种：一是英国出版的二十卷本的 *The Oxford English Dictionary*，二是美国出版的一卷本的 *Webster's Third New International Dictionary of the English Language*。一般学生难以购买大型词典，可到图书馆或资料室查阅。

第二，要养成勤查词典的好习惯。

在翻译的过程中，不仅要查不认识的词，即使是认识的词，也需要查词典，因为你所认识的某个词，一般是该词的基本意义，或是该词在特定语境下的某个特定意义，随着语境的改变，词义也可能发生变化。所以，译者在翻译的过程中，不管是对生词，还是对熟习的词，都不可掉以轻心，意思稍有不明确或拿不准，就要认真查阅词典，特别是查阅英语词典。越是那些最常见的小词，越不能轻视。我们常常遇见这样的情况，有一些小词，觉得"意思都明白，可是就是表达不出来"，这时，最好还是查一查词典，真正弄懂其确切的意思，表达问题也就迎刃而解了。正是那些常用的小词，用法最多，词义也最灵活多变，需要译者常查不懈。

第三，查词典要以分析上下文为前提。

查词典不仅要"手勤、眼勤"，还要"脑勤"。所谓"脑勤"，就是说要多动脑筋，多加思考，特别是在查阅之前，先要做好语言分析和意义推测工作。所谓的语言分析，就是要分析某词属于什么词性，在句中起什么作用；而所谓的意义推测，就是要根据上下文，来推测该词可能是属于什么意义范畴。译者切不可把上下文撇在一边，孤立地去查词典，否则往往会导致误解和误译。

第四，查词典需要注意的两个问题。

一是注意词的多义性。英语和汉语都有一词多义的现象。中国人学英语，掌握的词汇往往不是其基本意义，就是某特定语境下的特定意义，很难掌握其全部意义，因此翻译中要特别注意一词多义的问题。这就要求译者查词典时务必要有耐心，要小心谨慎地仔细搜寻，直至找到合适的词义，切忌顾前不顾后，看到一个释义就连忙往上搬；有时候，词典上的释义都不合适，就要求译者根据语境，自己确定该词的词义。

二是不要望文生义，把成语当一般词语来翻译。英语的成语都有固定的形式、固定的意思。但是从语言上来看，都是几个极普通的词语放在一起。但有不少译者在做翻译的时候，碰到英语成语时却看不出来，要么把它当成一般词语，将几个词语的意义简单相加，译出来让人觉得与整个上下文不相关；要么作出牵强附会的解释和传译，这样译出来的结果可想而知。在前面的几部中型词典中，都收录了大量的英语成语和固定词组，并用黑体字标示出来。译者要通过对上下文的理解，辨认出成语和固定词组，在翻译的过程中，使用这些词典进行查阅，对英语成语和固定词组做出正确的传译。

其实，在实际翻译过程中，我们使用的工具书并不仅仅局限于词典。除了查阅词典之外，还需要使用各种版本的百科全书，以及各种手册，如人名手册、地名手册、成语词典、俚语词典、西方典故辞典、历史辞典和各种专业词典，如英汉医学词典、英汉经济学词典、英汉计算机词典等等。这一类工具书，若自己没有，可到图书馆、资料室查阅。

当然，在现今的网络时代，除了工具书之外，译者还可以使用网络资源，特别是在查阅背景知识方面，网络可以提供很大的方便。

还应指出：使用工具书固然需要讲究方法，但更重要的是，译者要有一丝不苟、孜孜以求的精神，养成考据求证的习惯，做翻译既要脑勤，又要手勤，一时查不到不要轻易放弃，更不要存侥幸心理，无根据地乱猜、乱译，一定要把自己的翻译建立在有根有据的基础上。(孙致礼，2003)

2. 辅助性文本在翻译过程中的作用

德国功能主义学派代表人物之一的C. 诺德(Christiane Nord)在其 Looking for Help in the Translation Process—The Role of Auxiliary Texts in Translator Training and Translation Practice 这篇论文中，从翻译教学的角度分析了翻译，主要阐述了在翻译过程中跨越文化障碍(jumping over the culture hurdle)，利用目标语文化中的现有文本帮助完成翻译任务的必要性。她认为传统意义上的词典和语法不能提供足够或合适的信息，无法对翻译的诸多问题提出满意的解决办法，特别是涉及文体、语篇、语类或者术语等问题时。因此利用互文性这一有用的概念，诺德提出了几种对翻译学习者和职业译员有用的辅助性文本，可以帮助他们对原文文本进行分析和构建目标语文本。这几种辅助性文本包括：1) 以前的译本(用于帮助找到翻译方法)，这些以前的译本在重译时特别有用。2) 背景文本(寻找语用信息)。语用信息包括实际的或某一领域的知识(有着相应的概念和术语)、世界知识和文化知识以及与所谈主题近期进展相关的预想等等。3) 平行文本(作为文化和语言方面的信息来源)。文化信息指的是语言运用和风格的常规。语言信息指的是与语言系统相关的特征(如搭配、成语和表达方式)。互文性常用于对平行文本进行分析。有时候，在十分标准化的语类中，平行文本甚至还能为翻译提供一些现成的译语片断。这时，这种平行文本的具体形式也可以称做"模型文本"。这种"模型文本"对于初学翻译的人来讲十分有用，因为初学者的目标语和文化知识还不很熟练。诺德的研究证明，分析平行文本对德语和英语菜谱的互译时解决度量衡单位和质量、特殊语类的结构、句子的长短和术语(特别是动词)适用。实证研究证明：比起词典来说，职业翻译更喜欢辅助性文本，特别是在专业词典缺乏的时候，尤其如此。

译者自制的卡片索引。为了在今后查找方便，诺德还建议学生按字母顺序自制卡片作为索引，按字母顺序可以使信息搜索更方便。在卡片上具体标明信息的来源很重要，这不仅可以指示在哪里可以获得有语境的信息，还可以使我们看出信息的可靠性。在初学者的卡片上，每个字母下面应包括四种不同的索引：1) 与主题相关的语言信息；2) 与语言相关的索引(包括源语、目标语中学生认为特别难的语言现象)；3) 与翻译方法相关的索引(包括对一些翻译问题的解决办法)；4) 建立在术语对比基础上的术语卡片。由于卡片上记录的是经过分析和比较储存起来的信息，这些卡片索引在每一个学生个人翻译能力习得的过程中都成了有用的工具，这是因为上面记录的只是该学生为增强自己的翻译能力而选出的信息。一旦信息陈旧(因为该学生已把这些信息转到了其长期记忆里了)，就可以把这条信息删除掉。同时，为了补上信息，索引又会增强学生找出更多的信息的动机。所以，卡片索引要随着学生的翻译能力的增强而变化。当然，还有一个原因，如果卡片上的内容过多，它就反而变得不实用了。

随着语料库语言学的发展和翻译语料库的建立和完善，学习翻译的学生和职业翻译寻找辅助性文本就越加方便了。语料库语言学是一种基于语料库的语言研究方法，它以真实的语言数据为研究对象，对大量的语言事实进行系统分析，通过考察语言的实际运用来寻找语言使用的规律。语料库不仅为语言研究提供了空前广泛的素材，而且使传统语言研究由通过内省、自造例证或诱导询问(elicitation)的取样方法变为调查取样，材料真实可靠(丁信善，1998: 6)。从 20 世纪 50 年代后期兴起到 80 年代以来的迅猛发展，语料库语言学已被广泛运用于二语习得、语言教学对比语言学、词典编纂、句法学和语义学等各方面的研究。到 20 世纪 90 年代，一批研究者也开始利用语料库来进行翻译研究。

适用于翻译研究的语料库主要有两类：平行语料库和可比语料库(Mona Baker, 1995; Olohan, 2004)。平行语料库(parallel corpus)收集某种语言的原创文本和翻译成另一种文字的文本。研究者可以通过平行语料库来对比两种文本在词汇、句子和文体上的差异来总结语言翻译行为中的特征，归纳出其中的等值关系，研究翻译腔产生的原因和特点等。平行语料库最重要的贡献在于它使人们认识到翻译研究应从规定性研究向描述性研究过渡(Baker, 1995: 231)。平行语料库最典型的应用范围是译者培训、机器翻译、双语词汇教学和词典编纂。可比语料库(comparable corpus)收集某种语言的原文文本，同时也收集从其他语言翻译成该语言的文本。可比语料库现在还处于初创阶段，收集的主要是英语的文本和译本，研究者通过比较分析可比语料库中的两种文本，探索在特定历史、文化和社会环境中的翻译规范，发现翻译活动的一些特殊规律，即翻译的普遍性(translational universals)，因此它对翻译研究的意义最为深远(同上：231)。

在中国，北京外国语大学全国重点人文社科研究基地——中国外语教育研究中心，近年来创建了通用汉英对应语料库。该语料库由 3000 万字词的总库和四个子库构成。四个子库包括：翻译文本库(全本收录，可一本多译，文学为主，约 2000 万字词)；百科语料库(均衡抽样，约 1000 万字词，其中 300 万摘取自翻译文本库)；专科语料库(拟从文理各挑 1—2 科做样例，目的是为自动翻译研究；暂缺)；对译语句库(收录对译短语、句子，取自各种读物、教材、工具书等，约 800 万字词)。汉语语料以字为计算单位，英语以词为计算单位。适合翻译教学与研究的主要有翻译文本库和对译语句库。

在翻译文本库里，英译汉约占 60%强，1200 多万字词，包括文学部分(占 60%)，主要收录的是一些世界名著，如《傲慢与偏见》、《双城记》、《竞选州长》、《老人与海》、《英语散文》等；非文学部分约占 40%，收录有《共产党宣言》、《家庭、私有制和国家的起源》、《光荣与梦想》、《新教伦理与资本主义精神》及各种法律著作等。

对译语句库(约 600 多万字词)取自各种翻译教材、翻译练习、对译读物、双语工具书等。

翻译研究在过去很长一段时期都是研究译文是否忠实于原文，研究翻译的方法和技巧、译语是否通顺等问题，且研究多为有感而发，缺乏实证研究，而对于译者的翻译过程的关注却不够。翻译研究受其影响，也是如此。现在国内外一些学者和高校翻译教师已经开始关注翻译过程这个问题，但研究成果并不多。实际的翻译能力是社会发展对翻译人才的客观要求。研究翻译者的翻译过程，对翻译研究理论的丰富有着十分重要的意义。随着语料库语言学的发展，翻译研究语料库的建立，为我们研究翻译者的翻译过程提供了很好的条件。翻译者要译出符合目标语表达习惯、文体要求和行业习惯等的译文，除了使用一些工具书之外，还必须借助平行文本和可比文本等辅助性文本的阅读才能实现。

在翻译过程中，无论是在难度较大的科普英语的翻译过程中、应用文的翻译过程中，还是在文学作品的翻译过程中，可通过检索软件，寻找平行语料库文本和可比语料库文本，直至最终完成目标语文本的构建过程进行分析。译者通过平行文本的研究，解决翻译中的翻译腔，特别是研究对专有名词、技术术语、词频、搭配方式、叙事结构等的处理，译出符合目标语表达习惯和行业习惯的译文；通过搜索可比文本，即英语文本和译本，探索在特定历史、文化和社会环境中的翻译规范，发现翻译活动的一些特殊规律，即翻译的普遍性。

译者在翻译的过程中，通过辅助性文本的搜索和研究，不仅有助于译者对原文的分析和理解，而且对于目标语的构建起着至关重要的作用；研究平行文本和可比文本是成为有实际翻译能力、适应社会需求的译者必须经历和实践的"正当程序"(李长栓，2006)。

2.6　谙熟英汉语言异同

法国翻译理论家乔治·穆南(Georges Mounin)认为：翻译是一种艺术，但是是一种"建立于科学基础之上的艺术"，因为"翻译的许多问题，诸如翻译活动的正当性、可行性等基本问题，都可以从语言科学的研究中得到启示"(许均等，1998：24)。

的确，现代语言学的发展对翻译研究的发展影响深远。20 个世纪 50 年代中期以前的结构主义(structuralism)，关注的中心是"成分分析"(constituent analysis)，将句子分为以短语为单位的"结构体"，如名词短语(NP)、动词短语(VP)等，以此构成句子结构树形图，使句子在结构上成为"可认识的主体"。结构主义的这种短语结构分析法不仅明确了句中各个单位之间的线性关系，为翻译中确认主语、谓语等提供了信息，还明确了各成分之间的关系，为翻译中理清句义中的层次组织提供了有机的线索，也为翻译学的语义和结构分析过程提供了科学研究的途径。

20 世纪 50 年代以来，以美国翻译理论家尤金·奈达(Eugene A. Nida)等为代表的欧美翻译理论界进一步发展了结构主义的成分分析法，对词项的语义分析进行了更深入的探讨，使语义学与翻译学的研究结合起来。语义学家围绕语法结构与语义的关系所做的系统深入的研究，对翻译中译词法的理论化具有借鉴作用。

近几十年来，欧美语言学界对现代翻译理论研究影响较大的还有美国语言学家乔姆斯基(Noam Chomsky)所提出的转换生成语法(Transformational-Generative Grammar)。转换生成语法关于句子深层结构与表层结构的理论对翻译科学的意义是不容忽视的。这种理论认为句子的深层结构是人类在说话之前存在于头脑之中的连贯意念，它是抽象的，是不能直接感知的，也就是人类的思维形式，即"句子的内部形式"，具有语义价值的语法关系；但是人类说话时并不是说深层结构的句子，而必须将句子的内部形式转换为外部形式，即表层结构。发出声音，人们才可以获得直接感知的语言信息。因此，深层结构决定句子的意义，表层结构决定句子的形式；语言中的句子是将以深层结构形式存在的概念系列活动转换为以表层结构形式发出的信息系列活动。欧美翻译理论界对此进行了有意义的探讨，用转换生成语法的理论来解释，翻译过程是从一种语言的表层结构开始，由表及里，探明其深层结构，再从深层结构转换到另一种语言的表层结构，也就是说，原文和译文的对应关系在深层，不在表层。层次结构的转换过程，也就是理解与表达的过程，其间，译者的理解能否进入句子的深层结构至关重要。双语转换如果不通过对深层结构的深入研究，直接从原文的表层结构到译文的表层结构，是必然要出错的。

基于结构主义语言学和转换生成语法，我们的翻译研究就有了科学的基础。翻译是艺术，尤其体现于文学翻译；翻译也是科学，因为翻译可以从语言学中找到科学的解释。

由此，我们对英汉两种语言进行对比，就会从中发现英汉两种语言之间的异和同，译者在翻译时处理这些异和同的过程中，就会发现翻译确有一定的规律性。"这种规律带给译者的启示，可能比任何技巧性的经验之谈来得更有价值。"(孙致礼，2003：67)

对英汉两种语言进行语义、词法、句法和思维方式的对比，有助于帮助学生理解两种语言的特点和特点背后的思维方式，找到语言转换的规律，提高实际的翻译能力。

一、英汉词语意义对比

英汉词语意义的对应程度一般有三种情况：

(1) 完全对应：指英语的词语所表示的意义在汉语里可以找到完全对应的词语来表达，两者的意义在任何上下文都完全相等。这种完全对应的现象，只限于一些通用的科技术语、少数专有名词和普通名词。如：economics——经济学，computer——计算机，bike——自行车，tea——茶，北京——Beijing，摩托车——motorcycle，手——hand，非典——SARS，等。

(2) 部分对应：指译语词与源语词在意义上部分或大部分对应。英汉词语中的亲属词、一些动物的名称的名词都属于这一类。碰到这类词，都要根据语篇语境来确定词的意义。

(3) 完全或大部分不对应：指源语中一些带有浓厚的社会文化、风土习俗色彩的词语，在译语中找不到现成的对应词。如英语中的 teenager, boomering body, 汉语中的十二生肖、天干地支等。

英汉两种语言都有一词多义现象，译者必须认真分析上下文，才能找出其确切意思。总之，这些一词多义的词的词义总是在保持基本意义的前提下，随着上下文的意义而引申。

对于英语成语、俗语和惯用语不要望文生义；汉语成语、俗语和惯用语英译时要注意不要出现文化错位，即将有浓郁汉文化特色的词硬搬到英语里去。

二、词法的差异

(1) 英语中有而汉语中无的现象。

词的形态变化：主要指一些表示语法意义的曲折变化，如数(名词单复数、动词第三人称单数等)、格(主格、宾格、所有格)、时(一般现在时、一般过去时、一般将来时、过去将来时)、体(现在进行体、过去进行体、现在完成体、现在完成进行体、过去完成体、过去完成进行体等)、语态(主动语态、被动语态)、语气(陈述语气、疑问语气、祈使语气、感叹语气、虚拟语气)、人称(第一、第二、第三人称)、比较级(原级、比较级和最高级)等。

冠词：英语的单数名词前加不定冠词 a 或 an，特指时需加定冠词 the，汉语中无此现象。

(2) 汉语中有而英语中无的表示法。时态助词(过去、曾经、着、了、过、来着等)、量词(把、张、盏、个、根、条、本、支、只等)、句末语气词(陈述语气词：的、呢等；疑问语气词：吗、吧、啊、么等；祈使语气词：吧、呀、罢、啦等)。

(3) 英汉语在代词的使用上也存在差异：英语代词的使用频率要大大高于汉语。翻译时可按各自的特点进行增删和转换。

三、句法的差异

英汉句子的基本结构虽然都是主语+谓语+宾语，但还是有明显的差异：

(1) 汉语中无主句多，译成英语时要补译出主语。

(2) 在句子与句子之间的连接方式上也有明显的差异：英语重形合(hypotaxis)，汉语重意合(parataxis)。英语句中的词或分句之间一般要用连词或关联词连接起来，表达一定的语法意义和逻辑关系；汉语句子中的词语或分句之间不一定用语言形式进行连接，其语法意义和逻辑关系一般通过词语或分句的含义来表达。

(3) 语序倒置现象：汉语句子中常常将宾语提前；英语句子倒装现象比汉语多。如疑问句、感叹句、否定句、假设虚拟句和强调句，都有一定的语序倒置现象。英汉互译时，需要根据各自的语言习惯进行调整。

(4) 定语和状语的位置。

定语的位置：汉语句中定语的位置一般是在中心词之前，也有少数时候为了强调而放在中心词之后的；英语句子中定语的位置比汉语句子中的要灵活：单词作定语时，除少数情况外，一般放在中心词之前，较长的定语，如词组、介词短语、从句作定语，则一般放在中心词之后。

状语的位置：汉语句中状语一般放在主语和谓语之间，有时为了强调，也放在主语之前，总的来讲，位置比较固定；英语句中状语一般出现在宾语后面，但也常常出现在句首、句中或句尾，位置比较灵活，因此，英汉互译时，必须进行语序调整。

(5) 否定词的位置。英语中有两种否定句：一是句子否定，指否定主语和谓语之间的肯定关系；二是成分否定，指否定句子某一成分而不影响主谓之间的肯定关系。前一种情况英汉否定的位置是一样的，均放在谓语动词前面；在后一种情况中，英汉否定词的位置有时却有差异，因为英语中有否定转移现象：语义上否定某个从属成分的否定词可以提上来，形式上否定较高层次的谓语动词，译成汉语时就要根据汉语的习惯加以调整。(孙致礼，2003：78) 如：I don't think/believe you are wrong. 译文：我认为你是没错。

2.7　溯源中英思维差异

关于中英思维对比，许多名家都有论述。陈宏薇等在其编写的《新编汉英翻译教程》中的分析和归纳较全面。

(1) 中国人注重伦理(ethics)，英美人注重认识(cognition)。

"儒家思想是对中国社会影响最大的思想之一。……儒家思想关心的是人道，而非天道，是人生之理，而非自然之性。"（连淑能，2002：41）而在海洋型地理环境中发展起来的英美文化促成了英美人对天文地理的浓厚兴趣，使他们形成了探求自然的奥秘，向自然索取的认知传统。重伦理思想观念的又一体现是重宗族和宗族关系，重辈分尊卑，所以，汉语中亲属称谓特别复杂，英语的亲属称谓比较笼统。

(2) 中国人重整体(integrity)，偏重综合性(synthetic)思维；英美人重个体(individuality)，偏重分析性(analytic)思维。

"中国的小农经济使先民们意识到丰收离不开风调雨顺，生存离不开自然的思维，进而从男女关系、天地交合和日月交替等现象悟出阴阳交感、'万物一体'、'天人合一'的意识。"（连淑能，2002：42）万物一体的观念把人与自然、个人与社会乃至世间万物都看作不可分割、相依相存、相互影响、相互制约的有机整体，这是汉族人最朴素的辩证思维方法。体现在中医、中国人的戏剧、国画艺术、文字、对称与和谐的审美心理上。

(3) 中国人重直觉(intuition)，英美人重实证(evidence)。

"中国传统思想注重实践经验，注重整体思考，因而借助直觉体悟，即通过知觉从整体上模糊而直接地把握认识对象内在本质和规律。"（连淑能，2002：43）

知觉思维强调感性认识、灵感和顿悟。这种思维特征来自儒家、道家、佛学的观念，也是"天人合一"哲学思想的产物。这种思维方式表现在理解语言时往往突出"意"，不太重视对语言的科学分析；评价事物的优劣时，较少用系统的理论进行实证考查式的论述。而英美人的思维传统一向重视理性知识，重视分析，因而也重视实证，主张通过对大量实证的分析得出科学、客观的结论，所以，英语的语言分析十分系统全面。不分析汉语句子的语法关系，我们还可以理解句子的意思；如果不分析英语句子的语法关系，尤其是长句中复杂的关系，我们是不可能清楚正确地理解英语句子的意义的。

(4) 中国人重形象思维(figurative thinking)，英美人重逻辑思维(logical thinking)。

"形象思维指人在头脑里对记忆表象进行分析综合、加工改造，从而形成新的表象的心理过程。逻辑思维是运用概念进行判断、推理的思维活动。"（转引自陈宏薇，2003：30）

中国人形象思维的表现方式之一是汉字的象形性，以形示意是汉字的主要特征；中国人特别喜欢用具体的形象词语比喻抽象的事物，以物表感，状物言志。量词数量多，文化内涵丰富，生动形象，也是汉语形象化的表现。思维方式受传统的影响，学习翻译、学习两种语言的转换，在很大程度上就是学习两种思维方式的转换。了解中国人与英美人思维方式的不同特征及其在语言上的不同表现形式，努力透彻理解原文，使译文符合译入语的语言表达习惯，翻译才会取得较为令人满意的效果。

在这里，笔者认为，以上这些差异并非绝对的。随着国际交流的不断发展，在全球化的语境之下，文化之间的交流和相互影响，思维方式也会发生变化。因此以上四对思维方式在中英文化中并非非此即彼的对立关系，而是在两种文化中所表现的程度的差异。了解这一点，对原文的正确理解和译文的恰当表达都是至关重要的。

2.8　文体与翻译

文体是文体学的研究内容。文体有广狭二义。狭义的文体指文学文体，包括个别作家的风格。广义的文体指一种语言中的各类文体，例如口语体、书面语体，而这两者之中，又有若干文体，例如在口语体之中，会议发言显然不同于家庭闲谈，各有其语音、句法、词汇和篇章的特点；而同样是书面体，出布告的文体又大别于写给朋友的书信的文体。文学文体也包括在广义的文体之中。(王佐良，丁往道，1987)

文体虽各异，语言总体则一。真正代表一种文体特殊用法的词句为数甚少，而各体共有的则是大量按照普通方式运用的基本词汇、基本句式、基本表达手段。后者即是共核语言(the common core)，其通常用法构成语言的常规(norm)，而一种文体的特殊用法则是对这类常规的变异(deviation)。学者须知各体之异，但更要知其同。扎实的语言基本功是任何文体学研究的前提。打好了基本功而研究文体，才能在理解与利用语言的表达性能方面得到真正的提高。(同上)

刘宓庆教授在其《文体与翻译》这本著作中指出：文体与翻译的密切关系已日益为翻译界所认识。翻译教学进入高级阶段时，必须开始注意功能文体问题。不论英语或汉语都有不同的文体类别，不同的类别有不同的文体特点。译者必须熟悉英汉各种文体类别的语言特征，才能在英汉语言转换中顺应原文的需要，做到量体裁衣，使译文的文体与原文的文体相适应，包括与原文作者的个人风格相适应。这是高级阶段英汉翻译的基本要求。

翻译与文体关系密切，英汉语都有满足各种交际需要的不同的文体。在翻译过程中，要认真分析原文文本的文体特征，才能在译文中以相应的文体来翻译，从而使得译文得体，实现与原文相似的交际功能。

现代文体学是建立在语言学理论与方法的基础上的。随着语言学的不断发展，文体学的理论和实践也会随之发生相应的改变。现代文体学研究的发展长期以来得益于语言学所提供的理论与方法，而在最近二三十年中，可以说在不少方面尤其得益于韩礼德所创立的功能语言学，这不仅大大促进了文体风格研究的深入，而且还逐渐形成了独树一帜的功能取向的文体学模式(functional stylistics)。时至今日，系统功能语法已经成为一种广泛应用的文体分析工具，在文体风格研究上取得了比较突出的成果，其影响和使用范围也早已超出传统的文体学研究领域。(许力生，2006：191)

20 世纪 70 年代，欧美翻译理论研究工作已进入到另一个重要的学科领域，那就是文体学领域。功能文体学对各类英语的深入探讨开始于 20 世纪 60 年代初。研究各类文体英语的特点对确定翻译工作和译文的社会功能具有重大的实践意义，并为翻译理论的探讨开辟了新的途径。翻译理论之所以能借助文体学研究，是因为这两个研究领域的目的性是并行不悖的——如何凭借有效的语言手段进行社会交流。二者都强调交流功能的社会标准；同时，二者都不忽视文风的时代性及风格的个人性。翻译必须随文体之异、随原文风格之异而调整译文，必须保证译文对原文文体和风格的适应性。文体学对语域的研究以及对句与句之间、段与段之间的逻辑发展关系的探讨，即所谓的 Discourse Analysis（"篇章分析"，在口语体中称为"话语分析"），对翻译理论的探讨与实践都具有不可忽视的意义。(刘宓庆，1998：3—4)

在最近二三十年，文体学的发展不再只是受语言学发展的影响，来自语言学之外的各种影响对文体学起着越来越重要的作用。例如"批评性话语分析"(critical discourse analysis)选用适当的语言学方法，联系相关的历史与社会语境，分析解释语篇中所隐含的意识形态领域的控制和统治关系，揭示语篇在构建、加强控制与统治中的具体作用机制。因此，与过去的文体学不同的是，批评性文体学不指望语言形式可以与意识形态一一对应，而是充分意识到思想与语言的关系是复杂的、间接的，其他(如社会的、历史的、文化的、文本间的)因素都可能决定语言项目的意义。文体分析必须充分考虑这些因素，思想应与文化图式而不是与孤立的语言项目联系起来。

语言学近二十多年来的发展表明，其研究的中心和重点已从孤立的语言逐渐转向开放的话语。受到语言学研究的影响，文体学研究也发生了这样的变化。在文体分析中，研究者们不再仅仅停留在文本本身，而是充分考虑到文本涉及的多重语境。"话语"这一概念的提出，对话语展开的全方位考察，不仅丰富了文体学的理论和方法，而且大大扩展了文体学研究的范围，形成了一个多样化的研究格局。文体风格的多重语境化使得现在的文体学考虑的不仅仅是社会历史因素，语篇连贯、情景语境、互文性、意识形态、读者和作者心理都在考虑之中。换言之，文体学中的语境是多重性的、多维度的，不再是单纯的、外在的客观现实背景。尤其重要的是，文体分析不仅已经摆脱了单一的形式主义方式，也并非简单地在文本分析之外加上一些语境因素，而是采取了视文本和语境为一整体、语境和文本紧密结合、相互印证的分析方式；互文性研究正在成为文体学研究的一部分。互文分析成为文本分析的一条途径，互文分析可以揭示文本所反映的社会历史状况。由于互文性，同一文本的读者由于阅读经历不同，对该文本的理解和解释也相异。随着文体学的发展，读者的地位越来越受到文体学家的关注，无论是文学文本还是非文学文本，其写作过程和阅读过程都是作者和读者之间的互动交际过程，现在的文体分析已经十分关注作者、文本、读者之间的互动关系，关注读者在文本中的定位和可能产生的作用。当代作家越来越自觉地运用"互文"的手段进行写作，时常将文学与非文学的文本以及篇章结构结合在一起，创造出有独特风格的作品来。通过对许多被公认为是"非文学作品"的文本所做的分析，文体学家们发现，这些文本中同样有不少文学语言的特征，有时甚至比某些文学文本还要明显、突出，可以说在一定程度上也具有形式主义所说的"文学性"。因此，传统意义上的文学与非文学的界限早已变得非常模糊，再按照从前的标准来区分文学和非文学，既十分困难，也没有多大的实际意义。实践证明，对应用于所谓日常语言分析的语言学理论和方法也适用于对文学语言的分析，并且能为文学语言分析提供新的视角和路径；同样，不少原本只用于文学分析的理论和方法，现在也在非文学文体的研究中找到了新的用武之地。批评性视角的文体学研究认为文本话语虽然在一定程度上反映社会现实，但同时还能构建现实，而且常常是按照占支配地位的统治阶级的意识形态来构建现实，造成对真实的歪曲，最终误导读者。也就是说，语言与社会现实有着相互作用、相互制约、相互实现的关系，语言不仅反映社会上的各种不平等和不公正现象，而且还可能会加重不平等和不公正。

文体学的以上新发展和研究空间的拓展，为我们进行文体分析、掌握文体特点和有效地翻译提供了新的理论基础和视野。下面就各种文体的特点和翻译方法进行一般概述。

刘宓庆根据翻译工作的实际情况，概括出了六种文体，即新闻报刊文体、论述文体、公文文体、描述及叙述文体、科技文体及应用文体。这种划分基本上反映了实际交际活动中的现实。描述及叙述文体主要包括文艺作品、传记和记实性作品。随着社会的发展，中国法制社会的建立和法律的不断完善，还有一种文体也引起了学者们的注意和研究，那就是法律文体。以下我们就这七种文体的文体特征和翻译要点进行讨论。学习和掌握各种文体的特征，总结其翻译要点，有助于我们在实际翻译活动中提高效率，事半功倍。

一、公文文体的特征与翻译要点

公文指政府或机构发布的各种公告、宣言、规章、法令、通告、启事、通报、指令及各类法律文书，也指正式的信函、合同、协议、契约等。公文文体种类繁多，从内容到形式上有很大的差异，但是它们在语言和格式上仍然有一些共同点，在这些共同的地方，可采用共同的原则和方法。

1. 公文文体的特征

公文文体都是书面语，其特点是严肃，规范，注重形式，常用套语，行文一般以明白准确为第一要旨，力戒含混隐晦。

2. 公文文体的翻译要点

(1) 反复阅读，悉心领悟原文的精神；

(2) 注意原文的程式、格式、体例等，以译文顺应原文，不随意打乱原文的句段或总体安排，尽量保持原文的公文体例；

(3) 力求语体风格与原文一致，注意研究材料所涉及的专业知识，熟悉所使用的专业词汇、专业术语，用书面语甚至酌情使用适量的文言虚词。

下面以一则聘约合同的中、英文版本为例来探讨公文的文体特征与翻译要点。

【英文原文】

CONTRACT OF EMPLOYMENT

The Pharmacology Department of…Medical College (the engaging party) has engaged Dr. …(the engaged party) as a teacher of pharmacology. The two parties, in the spirit of friendship and cooperation, have agreed to sign and comply with the below stated conditions:

1. The term of service is one year, beginning from September 1, 2003 to August 31, 2004.

2. The duties of the engaged party are mutually agreed to be:

a) Training teachers of pharmacology and students taking refresher courses.

b) Conducting pharmacology classes and advising students and teachers on pharmacological activities.

d) Having 18 up to 20 teaching periods in a week.

e) The engaged party works five days a week and eight hours a day. The engaged party will have legal holidays as prescribed by the Chinese Government. The vacation is fixed by the school calendar.

3. The engaging party agrees to pay the engaged party a monthly salary of five thousand yuan (Chinese Currency) and provide him with various benefits.

4. The engaged party must observe the regulations of the Chinese Government concerning residence, wages and benefits, and travel for foreigners when entering, leaving and passing through the PRC territories, and must follow the work schedules of the engaging party.

5. The engaging party will welcome any suggestion put forward by the engaged party and will render favourable consideration when circumstances permit. The engaged party will abide by the decisions of the engaging party and work in the spirit of active cooperation to accomplish assigned tasks.

6. Neither party shall, without sufficient cause or reason, cancel the contract.

If the engaging party finds imperative to terminate the contract, then in addition to bearing the corresponding expenses for wages and benefits, it must pay the engaged party one month's extra salary as compensation allowance, and arrange for him and his family' return to their own country within a month.

If the engaged party submit his or her resignation within the contract period, the engaging party will be relieved of the responsibility for wages and benefits as of the date the engaged's resignation is accepted and approved by the engaging party. In addition, the engaged party must provide for his or his family's return to the country of origin without expense to the engaging institution.

7. The present contract becomes effective on the first day of service herein stipulated and ceases to be effective on the last day of service. If either party wishes to renew the contract, negotiations must be entered prior to the expiration of the original contract. Upon agreement by both parties through consultation a new contract may be signed.

8. Should any matter, not provided for in this contract, arise during the course of performance, it will be settled through consultation by the two parties.

9. The Chinese translation of this contract will faithfully represent the spirit of the English version and shall be binding on both parties.

_____   _____

(the engaging party)   (the engaged party)

【原文分析】

(1) 注重形式。这是一则聘约，在第一段一开始就说明了合同双方的聘和被聘关系。在文章的中间部分，有 1—9 点，是聘方和受聘方的约定；在结尾处，是聘方和受聘方双方的签名。

(2) 套语的使用。如：

has engaged (the engaged party) as…

The two parties, in the spirit of…have agreed to sign and comply with the below stated conditions: …

The duties of the engaged party are mutually agreed to be: …

The engaging party agrees to pay the engaged party a monthly salary of…

The engaged party must observe…

Neither party shall, without sufficient cause or reason, …

If the engaged party submit his or her resignation within the contract period, …

The present contract becomes effective on the first day of service herein stipulated and ceases to be effective on the last day of service.

Should any matter, not provided for in this contract, arise during the course of performance, it will be settled through consultation by the two parties.

(3) 用语规范。句中无语法和词汇使用错误和不当，主从、并列等逻辑关系清楚。如：

If the engaging party finds imperative to terminate the contract, then in addition to bearing the corresponding expenses for wages and benefits, it must pay the engaged party one month's extra salary as compensation allowance, and arrange for him and his family' return to their own country within a month.

(4) 语气严肃。如：

…in the spirit of friendship and cooperation; is mutually agreed to be…

Neither party shall, without sufficient cause or reason, cancel the contract. In addition, the engaged party must…

Upon agreement by both parties through consultation a new contract may be signed.

（5）聘约意思清楚、准确。体现在副词、时态、情态动词和关联词等的正确使用上。

通过对原文的认真阅读和基于以上分析，译文应体现原文的精神和特点：

（1）顺应原文的程式、格式、体例，不随意打乱原文的句段或总体安排，尽量保持原文的聘约体例，用中文相应的表达方式加以表达。如：译文的开头、1—9 点约定、最末处的聘方和受聘方的布局和原文一致。

（2）对于原文中的套语，译文也应使用相应的套语。如：

has engaged (the engaged party) as... 聘请(受聘方)为……

The two parties, in the spirit of...have agreed to sign and comply with the below stated conditions: 双方本着友好合作的精神，同意签订并遵守下列条件：

The duties of the engaged party are mutually agreed to be: … 受聘方的工作任务，经双方确定如下……

The engaging party agrees to pay the engaged party a monthly salary of… 聘方每月支付给受聘方……

The engaged party must observe… 受聘方必须遵守……

Neither party shall, without sufficient cause or reason, … 双方均不得无故……

If the engaged party submit his or her resignation within the contract period, …如果受聘方中途提出辞职……

The present contract becomes effective on the first day of service herein stipulated and ceases to be effective on the last day of service. 本合同自受聘方到职之日起生效。聘期届满，即自行失效。

Should any matter, not provided for in this contract, arise during the course of performance, it will be settled through consultation by the two parties. 本合同在执行中如有争议，由双方协商解决。

（3）针对原文的用语规范，译文的用语也应相应规范。如：受聘方的工作任务，经双方确定如下；双方均不得无故解除合同；聘方如果要求中途结束合同，除按照待遇条件承担受聘方的有关费用外，须给受聘方增发一个月的工资作为补偿金并于一个月以内安排受聘方及其家属回国；如果受聘方中途提出辞职，聘方自同意之日起即停发工资，受聘方不再享受各种待遇条件；受聘方及其家属回国的一切费用均由本人自理；等等。

（4）译文的语气应与原文严肃的语气一致。如：

in the spirit of friendship and cooperation　双方本着友好合作的精神

is mutually agreed to be　经双方确定如下

Neither party shall, without sufficient cause or reason, cancel the contract. 双方均不得无故解除合同。

Upon agreement by both parties through consultation a new contract may be signed. 经双方协商确认后，可另行签订延长聘期合同。

(5) 译文应同原文一样清楚、准确。

【参考译文】(根据崔以泰编《英汉对照对外交流书信和文件》译文，略有改动)

聘约合同

××医学院药理教研室(聘方)聘请×××博士(受聘方)为药理教师。双方本着友好合作的精神，同意签订并遵守下列条件：

1. 聘期为一年，自 2003 年 9 月 1 日起至 2004 年 8 月 31 日止。

2. 受聘方的工作任务，经双方确定如下：

(1) 担任药理教研室师资和进修生的培训工作。

(2) 从事药理学课程教学工作，指导学生和教师开展药理学术活动。

(3) 编写药理学教材和补充读物以及进行其他与药理学有关的工作。

(4) 每周工作量为 18—20 课时。

(5) 受聘方每周工作 5 天，每天 8 小时。受聘方按照中国政府规定的节假日放假，按照学校规定的寒暑假休假。

3. 聘方每月支付给受聘方工资人民币 5000 元，并为受聘方提供各种应享受的待遇。

4. 受聘方入境、离境或过境时必须遵守中国政府有关外国人居住、工资福利及旅行的一系列管理规定，并遵守聘方的工作制度。

5. 聘方欢迎受聘方在工作中提出意见，并在条件允许时予以采纳。受聘方遵守聘方决定，积极工作，完成工作任务。

6. 双方均不得无故解除合同。聘方如果要求中途结束合同，除按照待遇条件承担受聘方的有关费用外，须给受聘方增发一个月的工资作为补偿金并于一个月以内安排受聘方及其家属回国。如果受聘方中途提出辞职，聘方自同意之日起即停发工资，受聘方不再享受各种待遇条件。受聘方及其家属回国的一切费用均由本人自理。

7. 本合同自受聘方到职之日起生效。聘期届满，即自行失效。如一方要求延长聘期，必须在合同期满前向对方提出，经双方协商确认后，可另行签订延长聘期合同。

8. 本合同在执行中如有争议，由双方协商解决。

9. 本合同用中文和英文两种文字写成。两种文字具有同等效力。

_____

(聘方)　　　　　　　　　　　　　　　　　　(受聘方)

二、科技文体的特征与翻译要点

科技文体是随着科学技术的发展而形成的独立的文体形式。科技英语(English for Science and Technology, 简称 EST)已发展成为一种重要的英语语体，20 世纪 70 年代以来引起了国际上广泛的注意和研究。科技英语可以泛指一切论及或谈及科学和技术的书面语和口语，其中包括：

(1) 科技专著、科学论文、科学报道、实验报告和方案、技术规范、工程技术说明、科技文献及科普读物等；

(2) 各类科技情报和文字资料；

(3) 科技实用手册(包括仪器、仪表、机械、工具等等)的结构描述和操作规程；

(4) 有关科技问题的会谈、会议、交谈的用语；

(5) 有关科技的影片、录像等有声资料的解说词等等。

这里讨论的科技英语，指上述第(1)、(2)项所提到的书面英语。

科技文体具有以下特点：

词汇特点：1) 科技英语的常用词汇专业化，而在汉语中科技词汇是专词专用。2) 科技英语中通过现代英语构词法构成丰富多彩的科技词汇，如合成法、拼缀法、混成法，在汉语中是赋新词予新意，专词专用。

语法特点：1) 科技英语和科技汉语中都多用动词现在时，尤其是一般现在时，表述"无时间性"。2) 科技英语中多用动词的被动语态和非人称性以突出客观性，避免行文晦涩和表露个人情感，避免论证上的主观随意性；汉语习惯使用主动语态，采用正式的书面语，力求精确平易、直接紧凑、简洁明晰，很少带感情色彩。3) 科技英语中大量使用抽象名词和介词，语言呈静态倾向；汉语中则大量使用动词，语言呈动态倾向。4) 科技英语和科技汉语中均大量采用陈述语气，实事求是，内容严谨、准确。5) 科技英语衔接性强，有许多连接成分，以表达各种逻辑关系，因此，长句、复合句多；汉语科技文本中大量出现零散句，形散神聚。6) 英汉科普文章都采用一种比较通俗的语体。7) 数字多，这是由科技文章的内容决定的，数字能给人一种真实可靠的感觉，也最有说服力。在英汉互译时，要根据英、汉科技英语各自的特点来重构译文。

英、汉语科技英语的特点可以从以下科普文章原文及其参考译文里看出。

【英文原文】

Ozone Hole over Antarctica Once Again at Record Low Level

Jim Fuller

Washington—U.S. instruments aboard Russian and U.S. satellites **have detected** a "hole" in the ozone layer over Antarctica nearly as deep as the record reported in 1993 and as large as the North American continent in surface area.

Scientists in National Aeronautics and Space Flight Center in Greenbelt, Maryland, said preliminary satellite data indicate that the size of the Antarctic ozone hole **is** about as large as those that occurred during the last two years, covering an area of 24 million square kilometers.

The largest hole ever observed was on September 27, 1992, when it **was measured** to cover a surface area of 24.4 million square kilometers.

This year's ozone hole **is** also nearly as deep as the record hole measured in October 1993.

Ozone, a molecule made up of three atoms of oxygen, **collects** in a thin layer in the upper atmosphere and **absorbs** harmful ultraviolet radiation from the sun. The term "ozone hole" **is used** to describe a large area of intense ozone depletion that **occurs** over Antarctica during late August through early October and typically **breaks up** in late November.

Scientists **have determined** that chlorine products from human activities, such as electronics and refrigeration uses, **are** a primary cause for the formation of the ozone hole.

The latest Antarctic ozone levels **were measured** by NASA's Total Ozone Mapping Spectrometer, also known as TOMS, aboard the Russian Meteor-3 satellite, which **has become** the primary source of NASA's ozone data.

Similar low ozone amounts over the Antarctic continent **have been observed** by a TOMS instrument on a National Oceanic and Atmospheric Administration satellite, as well as by balloon-borne instruments flown from the South pole and ground-based spectrometers.

"The pattern of ozone loss **is** much the same as last year," said Jay Herman, a research scientist at Goddard's Laboratory for Atmospheres. "The minimum ozone amounts measured by Meteor-3 TOMS have dropped below 100 Dobson units near the center of the Antarctic continent, with values just above 100 Dobson units measured over a wide area."

A Dobson unit **is** the physical thickness of the ozone layer if it **were brought** to the Earth's surface, with 300 Dobson units equal to three millimeters.

TOMS has been the key instrument for monitoring ozone levels throughout the southern hemisphere since the discovery of the ozone hole in 1985. TOMS data also provided part of the scientific underpinning for the Montreal Protocol, under which many of the world's developed and developing nations agreed to phase out the use of ozone-depleting chemicals.

NASA **plans** to fly more TOMS instruments on a U.S. Earth Probe satellite, scheduled for launch in 1995, a Japanese Advanced Earth Observing satellite in 1996, and on another Russian satellite at the end of the decade.

TOMS **is** part of NASA's Mission to Planet Earth, a long-term program that **is studying** changes in the global environment. TOMS ozone data and pictures **are** available to anyone connected to the international computer network known as Internet.

【原文特点分析】

词汇特点：

(1) 常用词语专业化。如：ozone hole——臭氧空洞，detect——探测，collect——聚集，ozone level——臭氧含量，等。

(2) 通过现代英语构词法构成丰富多彩的科技词汇，如合成法、拼缀法、混成法、缩略法等。在本篇文章里，主要用了缩略法和合成法，尤其是合成法用得最为普遍。缩略法如：TOMS——Total Ozone Mapping Spectrometer；合成法如：ozone hole; ultraviolet radiation; ozone depletion; Meteor-3 satellite; ozone-depleting chemicals 等。

语法特点：

(1) 动词多用现在时，尤其是一般现在时，见文中黑体部分。

(2) 被动语态的使用，见文中黑体画线部分。

(3) 在这篇文章里抽象名词的使用不多，动词的使用反而比较多(见文中黑体部分)，加上许多系表结构，语言动态静态相宜。

(4) 采用陈述语气，实事求是，内容准确。

(5) 长句、复合句多，有时一句话就是一段话，如第一、第二、第三、第五等段落。

(6) 修辞手段少，文章通俗易懂。

(7) 数字多，以增强说服力。如：年月日、面积、单位等。

【参考译文】

南极上空的臭氧空洞再次创低水平纪录

吉姆·富勒

华盛顿消息——安装在俄罗斯和美国人造卫星上的美国仪器在南极上空的臭氧层探测到一个"空洞"，其表面面积相当于整个北美洲大陆。

位于马里兰州格林贝尔特戈达德太空飞行中心的美国国家航空航天局的科学家们说，初步探测到的卫星数据表明，南极臭氧空洞的大小与前两年发生的大致相同，所占面积为 2400 万平方千米。

迄今观察到的最大的臭氧空洞是 1992 年 9 月 27 日测量到的。其表面积达 2440 万平方千米。

今年臭氧空洞的深度与 1993 年 10 月探测到的记录相近似。臭氧是一种由三个氧原子组成的分子，它在上层大气中聚集成一薄层，吸收来自太阳的有害的紫外线辐射。"臭氧空洞"一词是用来指南极上空的臭氧大面积锐减的现象，在每年 8 月底发生，一直持续到 10 月初，一般说来，到 11 月底就停止了。

科学家们确认，人类活动所产生的含氯产品，如电子仪器和制冷设备，是造成臭氧空洞的主要原因。

最新的南极臭氧含量是由国家航空航天局安装在俄罗斯"流星 3 号"卫星上的"臭

氧总量测绘光谱仪"(亦称 TOMS)测得的。该卫星自 1991 年发射以来一直在**测量臭氧**，并成为国家航空航天局臭氧数据的主要来源。

　　探测到南极上空发生类似臭氧含量减少现象的仪器还有：美国国家海洋与大气局安装在卫星上的测绘光谱仪，南极上空探测气球上的仪器和设在地面上的光谱仪。

　　"臭氧减少的模式与去年十分相似"，在戈达德大气实验室从事研究的科学家杰伊·赫尔曼说："'流星 3 号'卫星上的臭氧全测绘光谱仪在南极洲中心附近**探测**到的最低臭氧含量已降到 100 多布森单位。"

　　多布森单位是指臭氧层的物理厚度。假设把臭氧层搬到地球表面，则 300 多布森单位等于 3 毫米厚。

　　自从 1985 年**发现**臭氧空洞以来，"臭氧总量测绘光谱仪"就一直是**监测**整个南半球臭氧含量的关键仪器。"臭氧总量测绘光谱仪"测得的数据也部分地为"蒙特利尔议定书"**提供**了科学依据。根据该议定书，世界上许多发达国家和发展中国家**同意**逐步减少乃至停止使用破坏臭氧的化学物品。

　　美国国家航空航天局**计划**把更多的"臭氧总量测绘光谱仪"安装在卫星上送入太空，如预计在 1995 年发射的一颗美国"地球探测卫星"，1996 年发射的一颗日本"先进地球观测卫星"，以及在本世纪末发射的另一颗俄罗斯卫星。

　　"臭氧总量测绘光谱仪"是美国国家航空航天局名为"行星地球使命"这一长期研究项目的一部分，该项目**正在研究**全球环境的各种变化。无论何人，只要它与被称为"因特网"的国际计算机网络**联网**，便可**获得**"臭氧总量测绘光谱仪"的臭氧数据和图像。

（原文和译文选自由中国对外翻译出版公司出版，陈羽纶主编的《科技英语选粹》）

透过汉译文可以看出汉语科普文章的特点：

(1) 科技词汇专词专用，如文中画线部分。

(2) 多使用主动语态。

(3) 动词使用多，语言呈动态，如文中黑体部分。

(4) 文中几乎都使用陈述句，实事求是，内容准确。

(5) 长句很少，如倒数第二段。

(6) 修辞手段少，文章通俗易懂，这与英语科技文章相似。

(7) 与科技英语相似的另外一点就是数字多，以增强说服力。如年月日、面积、单位等。

　　汉语科普文章的特点也可以从下文有关柑橘的科技汉语片段中看出，而其英译文体现出了英语科普文的特点。(注意文中画线部分体现的文体特点)

【中文原文】

现在柑橘在我国**栽培种植**得很广，遍及长江流域以南十五个省区。柑橘类果树虽然**喜温**，但是经我国历代劳动人民精心**培育**，提高了它的<u>越冬性</u>，成功地**培育**出了<u>抗寒品种</u>。在栽培上又**总结**出了用实生树<u>引种驯化</u>，提早**进入休眠期**，以及**培土壅根**等措施。我国古代已经**知道**果园的位置要选在比较避风、避霜的地方。这样，尽管长江流域经常遭受周期性冻害，但是柑橘种植业还是不断得到发展。

【参考译文】

Today citrus <u>are extensively grown</u> in the 15 provinces and areas south of the Changjiang River valley. As such plants favor a warm climate, new varieties with better cold resistance <u>have been cultivated</u> through the efforts of generations of the Chinese people, who have also worked out such measures to domesticate foreign seedlings, move up the rest period and hill up the roots. Since ancient times people have known that the plants <u>should be located</u> in areas free from wind and frost. But today with those measures, citrus growth keeps increasing in those places despite periodic frosts.

(原文和参考译文选自陈宏薇，2004：259，310)

下面这篇科普文写得很美，译文也很美，没有原来的科技文章那种沉闷、枯燥的感觉。这也反映了科技文章的一个新趋势(也许原来就有，只是研究者还未发现)：用文学描写的方法来写科技文章，可以使科技知识更容易为追求美的受众所接受，科技知识可能更容易为人们所传播和接受。在下面这篇文章中，作者采用了第一人称(we)的手法，大量使用主动语态，使文章读来亲切、活泼，没有以往的科技文章那种使人紧张、头痛的感觉。"科技英语采用第一人称和主动语态的文体在英美的确已经成为主流，而且正在对世界各国科技界产生影响。我国科技英语教学人员和科技英语翻译应该尽早了解、顺应这种变化，以适时地改革教学内容，科技工作者和专业翻译人员也应该了解这一变化。"(范瑜，李国国，2004(5))

【英文原文】

The Colour of the Sky

Alfred Russel Wallace

If we look at the sky on a perfectly fine summer's day we shall find that the blue colour is the most pure and intense overhead, and when looking high up in a direction opposite to the sun. Near the horizon it is always less bright, while in the region, immediately around the sun it is more or less yellow. The reason of this is that near the horizon we look through a very great thickness of the lower atmosphere, which is full of the larger dust particles reflecting white light, and this dilutes the pure blue of the higher atmosphere seen beyond. And in the vicinity of the sun a good deal of the blue light is reflected back into space by the finer dust, thus giving a yellowish tinge to that which reaches us reflected chiefly from the coarse dust of the lower atmosphere. At sunset and sunrise, however, this last effect is greatly intensified, owing to the great thickness of the strata of air through which the light reaches us. The enormous amount of this dust is well shown by the fact that then only we can look full at the sun, even when the whole sky is free from clouds and there is no apparent mist. But the sun's rays then reach us after having passed, first, through an enormous thickness of the higher strata of the air, the minute dust of which reflects most of the blue rays away from us, leaving the complementary yellow light to pass on. Then, the somewhat coarser dust reflects the green rays, leaving a more orange-coloured light to pass on; and finally, some of the yellow is reflected, leaving almost pure red. But owing to the constant presence of air currents, arranging both the dust and vapour in strata of varying extent and density, and of high or low clouds which both absorb and reflect the light in varying degrees, we see produced all those wondrous combinations of tints and those gorgeous ever changing colours which are a constant source of admiration and delight to all who have the advantage of an uninterrupted view to the west and who are accustomed to watch for those not infrequent exhibitions of nature's kaleidoscopic colour painting. With every change in the altitude of the sun the display changes its character; and most of all when it has sunk below the horizon, and owing to the more favourable angles a large quantity of the coloured light is reflected toward us. Especially when there is certain amount of cloud in this case. There, so long as the sun was above the horizon, intercepted much of the light and colour; but when the great luminary has passed away from our direct vision, his light shines more directly on the under sides of all the clouds and air strata of different densities; a new and more brilliant light flushes the western sky, and a display of gorgeous ever-changing tints occurs which are at once the delight of the beholder and the despair of the artist. And all this unsurpassable glory we owe to—dust!

(From *The Chinese Translators' Journal*)

【参考译文】

天空的色彩

艾尔弗雷德·拉塞尔·华莱士

　　在晴空万里的夏日仰望苍穹，而且背对太阳向上望去的话，就会发现头顶上那方蓝天颜色最为纯净、浓重。靠近天边，色彩往往较暗淡，太阳周围的天空则略呈黄色，这是因为我们向天边望去时，目光要穿过一层极厚的低空大气层，其中布满颗粒较大的尘埃，反射出白光，这就冲淡了天际高空大气层的纯蓝色。在太阳附近，大量蓝光被尘埃反射回太空，这样，主要由低空大气层的粗粒尘埃反射到地面的光线，便带有浅黄色。不过，在日出日落时，由于光线到达地面需要穿过厚厚的大气层，这种反射效果就大大增强了。只有在这个时候，我们才可以直视太阳，即使万里长空没有一丝云彩，不见一丝雾霭，那也无妨。这个现象充分说明了低空聚集着数量巨大的尘埃。但是太阳的光线终于到达了地面。它们先是穿过厚度极大的高空大气层，其中的细微尘埃把大部分蓝色的光反射掉了，让余色的黄光继续通行；然后粗粒尘埃又反射掉绿色的光，让偏橙色的光继续通行；最后，部分黄光也反射掉，剩下几乎是纯红色的了。不过由于不断出现气流，把尘埃与水汽分层排列，广度不均，密度各异，加上高低空常有云层，不同程度地吸收并反射阳光，我们这才看到各种斑驳陆离的色调和变化万千的绚丽色彩；任何人只要有幸将西天的景致一览无余，只要有心观看大自然不时展现的缤纷画卷，都会为之赞美不已，喜不自胜。随着夕阳缓缓西坠，这种景观也不断变换；尤其是太阳沉入地平线之后，由于角度更加适宜，五颜六色的光就都反射到地面上来。遇有些许云雾，更是如此。本来只要太阳还位于地平线之上，云雾便截住了不少阳光和色彩；而今太阳从我们的视线消失，阳光便更为直接地照射到密度各异的重重云霭与层层大气的底部；一片崭新的、更加灿烂的阳光染红了西天，一幅景观色彩绚丽，变化万千，令观赏者心旷神怡，令丹青手自叹莫及。而我们之所以能领略到如此无与伦比的美景，全应归功于——尘埃！

（摘自《中国翻译》）

三、新闻文体的特点及翻译要点

从总体来看，汉、英报刊新闻有相似之处：1) 一般都由标题(headline)、导语(lead)和正文(body)三个部分组成。汉、英新闻正文的结构模式通常都分三种：顺时叙述法(chronological account)、金字塔叙述法(pyramid)和倒金字塔叙述法(inverted pyramid)。顺时叙述法按时间顺序排列新闻事实，适用于复杂事件的报道；金字塔叙述法将事件按重要性由低到高排列，通过制造悬念引起读者的好奇心；倒金字塔叙述法与金字塔叙述法正好相反，既可调动读者的兴趣，又可在最短的时间内让读者了解新闻的核心内容。在汉、英新闻中都注重报道的新闻价值(news value)、十分强调内容的准确性。2) 汉、英报刊新闻都广泛使用直接引语和间接引语，以体现真实性和生动性。3) 以提供事实或消息为目的，避免使用带有个人感情或倾向性的语言，因此较多使用陈述语气。

但是，英、汉新闻有以下区别：1) 英语新闻具有很强的商业性，新闻撰写者总是不遗余力地调动各种语言手段以吸引读者的注意力，因此在英语新闻中常有许多标新立异、别具一格的词句。追求新奇的常用手法：一是通过派生、附加、合成、拼缀及缩略等手段创造新词，如：Ameritocracy (American aristocracy 美国寡头政治统治)，biz (business 商业，生意)，comint (communications intelligence 通信情报)，heli (helicopter 直升机)，WASP (White Anglo-Saxon Protestant 祖先为英国新教徒的美国人；享有特权的白人)；二是将一些习用词语赋予特殊的含义，以产生出其不意的效果，如 umbrella 本是"伞"的意思，被比喻为"核保护伞"。三是广泛借用体育、军事、商业、科技、赌博以及文学、娱乐等方面的词语，以唤起各类读者的"亲切感"，如：get to first base

原是棒球中的"上一垒",转义为"取得初步成功",foothold 本是军事术语"据点",转义为"立足点,稳固地位"。报道的语气和口吻也比较亲切和随和;而汉语新闻的商业化程度较低,作者较少考虑稿件的商业价值和轰动效应,而是注重实事求是地向读者讲清楚事实,说明观点,因此汉语新闻的语气一般比较客观冷静,实事求是。2) 英语新闻奉行"The simpler, the better"的原则,文风力求简洁晓畅,力戒冗余拖沓,经常省略冠词、介词、动词、代词、助动词等。而由于受中国思维方式和审美习惯的影响,汉语新闻中往往有不少冗余信息,英译时,译者应结合实际情况进行灵活处理,加以简化、修改甚至删除。(陈宏薇,2004: 227) 3) 英语新闻时态不求一致,往往主句用动词过去时,从句使用一般现在时。4) 英语新闻倾向于多用简单句,并辅以定语、状语、同位语、插入语等补加成分,为读者提供更多的背景知识。

【英文原文】

Carter Blasts Bush on Global Impact

LITTLE ROCK, Ark. —Former President Carter says President Bush's administration is "the worst in history" in international relations, taking aim at the White House's policy of pre-emptive war and its Middle East diplomacy.

The criticism from Carter, which a biographer says is unprecedented for the 39th president, also took aim at Bush's environmental policies and the administration's "quite disturbing" faith-based initiative funding.

"I think as far as the adverse impact on the nation around the world, this administration has been the worst in history," Carter told the *Arkansas Democrat-Gazette* in a story that appeared in the newspaper's Saturday editions. "The overt reversal of America's basic values as expressed by previous administrations, including those of George H.W. Bush and Ronald Reagan and Richard Nixon and others, has been the most disturbing to me."

Carter spokeswoman Deanna Congileo confirmed his comments to the Associated Press on Saturday and declined to elaborate. He spoke while promoting his new audio book series, "*Sunday Mornings in Plains*," a collection of weekly Bible lessons from his hometown of Plains, Ga.

"Apparently, *Sunday Mornings in Plains* for former President Carter includes hurling reckless accusations at your fellow man," said Amber Wilkerson, Republican National Committee spokeswoman. She said it was hard to take Carter seriously because he also "challenged Ronald Reagan's strategy for the Cold War."

Carter came down hard on the Iraq war.

"We now have endorsed the concept of pre-emptive war where we go to war with another nation militarily, even though our own security is not directly threatened, if we want to change the regime there or if we fear that some time in the future our security might be endangered," he said. "But that's been a radical departure from all previous administration policies."

Carter, who won a Nobel Peace Prize in 2002, criticized Bush for having "zero peace talks" in Israel. Carter also said the administration "abandoned or directly refuted" every negotiated nuclear arms agreement, as well as environmental efforts by other presidents.

Carter also offered a harsh assessment for the White House's Office of Faith-Based and Community Initiatives, which helped religious charities receive $2.15 billion in federal grants in fiscal year 2005 alone.

"The policy from the White House has been to allocate funds to religious institutions, even those that channel those funds exclusively to their own particular group of believers in a particular religion," Carter said. "As a traditional Baptist, I've always believed in separation of church and state and honored that premise when I was president, and so have all other presidents, I might say, except this one."

Douglas Brinkley, a Tulane University presidential historian and Carter biographer, described Carter's comments as unprecedented.

"This is the most forceful denunciation President Carter has ever made about an American president," Brinkley said. "When you call somebody the worst president, that's volatile. Those are fighting words."

Carter also lashed out Saturday at British prime minister Tony Blair. Asked how he would judge Blair's support of Bush, the former president said: "Abominable. Loyal. Blind. Apparently subservient."

"And I think the almost undeviating support by Great Britain for the ill-advised policies of President Bush in Iraq have been a major tragedy for the world," Carter told British Broadcasting Corp. radio.

(From *China Daily*)

对以上英语新闻报道的特点的分析：

(1) 这篇新闻稿是以倒金字塔的叙述法写的，先说卡特认为布什政府在处理国际关系上是有史以来做得最糟糕的，接下来一一批评布什政府的对伊战争、根本没有在以色列进行"和平谈判"、对通过谈判达成的核武器协议和环保方面的努力的放弃和驳斥，以及布什政府的其他一些政策。

(2) 使用许多直接引语和间接引语，几乎在每一段都是如此，使该新闻显得真实和生动。

(3) 广泛使用陈述句，以陈述事实，提供消息。

(4) 多用简单句，并辅以定语、状语、同位语、插入语等补加成分，为读者提供更多的背景知识。如：

Carter, who won a Nobel Peace Prize in 2002, criticized Bush for…

Douglas Brinkley, a Tulane University presidential historian and Carter biographer, described Carter's comments as unprecedented.

Carter also offered a harsh assessment for the White House's Office of Faith-Based and Community Initiatives, which helped religious charities receive $2.15 billion in federal grants in fiscal year 2005 alone.

"Apparently, Sunday mornings in Plains for former President Carter includes hurling reckless accusations at your fellow man," said Amber Wilkerson, Republican National Committee spokeswoman.

5. 有的地方使用数字，以证明材料的真实可靠。如：receive $2.15 billion in federal grants in fiscal year 2005 alone; the 39th president; who won a Nobel Peace Prize in 2002.

【参考译文】(本书作者译)

卡特谴责布什政府政策对全球的影响

阿肯色州小石城消息：美国前总统卡特认为布什政府在处理国际关系方面是有史以来干得最糟的，主要批评了白宫先发制人发动战争的做法及其在中东地区所采取的外交政策。

按卡特的传记作者的话来讲，对美国这位第 39 任总统，没有人像卡特这样对布什进行过如此尖锐的批评。卡特还批评了布什政府的环境政策及其"扰乱人心"的为宗教慈善活动主动拨款的做法。

在《阿肯色民主报》周六的一则报道中卡特曾对记者说："我认为就其政策对世界各国造成的影响来看，布什政府干得最糟。其对前任各届政府所表达的美国的基本价值观的公然违背，包括对乔治 H. W. 布什、罗纳德·里根、里查德·尼克松及其他前任总统们所表达过的价值观的公然违背，是最令我烦心的。"

卡特的女发言人迪安娜·康吉利奥在周六向美联社证实了卡特的看法，但是她拒绝作详细阐述。卡特是在推销其新作《大平原的星期天早晨》时发表的上述看法。《大平原的星期天早晨》是有声系列丛书，收集的是关于卡特家乡(位于佐治亚州大平原)每周《圣经》选读的资料。

共和党全国委员会女发言人安倍尔·威尔金森说："很显然，在前总统卡特的《大平原的星期天早晨》里有对政治同路人的不顾后果的猛烈批评。"她认为很难对卡特的话太当真，因为卡特也曾"对里根的冷战战略表示异议"。

卡特猛烈抨击伊拉克战争。

卡特说："我们现在已经认可先发制人的战争——尽管我们自身的安全没有直接

受到威胁，如果我们想改变那个国家的政权或者我们害怕有朝一日我们的安全会受到它的威胁的话，我们就去与那个国家打仗。但是那种做法与以前政府的政策是彻底背离的。"

2002年获得"诺贝尔和平奖"的卡特批评布什在以色列"没有进行过一次和平谈判"。还批评布什政府放弃或直接驳斥前几任总统通过谈判达成的核武器协议和在环保方面作出的努力。

卡特还严厉评价了白宫的"宗教信仰和社区创新精神办事处"，这个办事处仅在2005年一个财政年就帮助宗教慈善活动得到了二十一亿五千万美元的联邦政府拨款。

卡特说："白宫的这一政策是向宗教机构拨款，甚至向那些把款项完全投向某一宗教的自己那一派信众的宗教机构拨款。作为一名传统的浸礼会会员，我一直坚信教会与国家分离并在任职期间始终对此坚信不移。我可以说其他的总统们也是如此，惟有这个布什除外。"

道格拉斯·布林克里是图雷大学研究总统的历史学家及卡特传记的作者。他描述说卡特的批评是没有先例的。

布林克里说："这是卡特对美国总统的最强烈的谴责。把总统称做最糟糕的总统，那简直是爆炸性的。那些言辞都是些容易引起争端的话。"

周六卡特还痛斥了英国首相托尼·布莱尔。当记者问卡特如何评价布莱尔对布什的支持时，卡特说道："可恶。死心塌地。盲从。明显的是在讨好布什。"

卡特对英国广播公司无线电广播台说："我认为大不列颠对布什总统愚蠢的伊拉克政策几乎坚定不移的支持对于世界是一大悲剧。"

（原文摘自 2007 年 05 月 20 日的《中国日报》）

【中文原文】

驻伊美军悬赏 20 万征集有关 3 名失踪士兵下落情报

中新网 5 月 17 日电：综合媒体报道，美军驻伊拉克南部指挥官里克·林奇少将16 日称，如果有人提供情报可以帮助救回 3 名失踪的美军士兵，可以获得高达 20 万美元的赏金。

据称，悬赏征集情报的内容印在已经发出的 5 万份传单上。同时，参与寻找失踪士兵下落的 4000 名美军和 2000 名伊拉克士兵用广播进行了宣传。

林奇在接受美联社采访时称："我们发出了 5 万份传单，在传单上，也通过广播，我们开出了提供线索的价码。"

他说，他们正在对 143 条情报线索进行跟踪，发动了 8 次空袭，并建立了多个封锁区防止绑架者逃走。

林奇称："我们听说一条运河里有尸体就尽全力排干了运河。我们正在设法不留一个死角。"

林奇对找到活着 3 名失踪的士兵感到乐观，并透露搜索工作仍主要在他们失踪的地区进行。他说："我们正在对所有的情报进行跟踪。有一些说他们已经被带离该地区，但多数情报显示他们仍在这里。"

（来源：中新网）

以上中文新闻的特点分析：

(1) 该中文新闻也是采用的倒金字塔叙述手法，第一段先说提供有关失踪美国士兵的情报者可以获得 20 万美元赏金，在以下的段落中再说如何进行征集情报的宣传、搜集到了多少情报、采取了什么措施等。

(2) 第三段、第五段和最后一段中直接引语的使用，使人感到报道者的讲述是客观的、真实的。第四段和最后一段中间接引语的使用，使报道生动。

(3) 整个报道中都使用陈述句，提供消息，陈述事实。

(4) 广泛使用主动语态来陈述事实。

(5) 用数量词来表示新闻内容真实可靠。如：3 名失踪的美军士兵，已经发出的 5 万份传单，可以获得高达 20 万美元的赏金，参与寻找失踪士兵下落的 4000 名美军和 2000 名伊拉克士兵用广播进行了宣传，对 143 条情报线索进行跟踪，发动了 8 次空袭。

【参考译文】(本书作者译)

US$200,000 for Information about the 3 Lost U.S. Soldiers

China News Network, May 17, Comprehensive Media—Rick Lynch, the commander of the U.S. army stationed in the South of Iraq said on May 16 that anyone who offers the information about finding the 3 lost U.S. soldiers will get US$200,000 as a reward.

It is said that the contents of the information have been printed on the 50,000 handbills which have been issued. At the same time, they were also made known by the 4,000 American soldiers and 2,000 Iraqi soldiers participating in the work through broadcasting.

"We have issued 50,000 handbills and broadcast to tell the public the amount of money we offer for those who tell us the news," Lynch said when he was interviewed by the Associated Press.

He said that they are tracing the 143 pieces of information, and have made 8 air raids and set up many blockades to prevent the kidnappers from escaping.

"We tried to drain a canal as soon as we heard that there's a corpse in it. We are trying to let no single place pass without being searched," said Lynch.

The commander is very optimistic about finding the 3 lost soldiers and revealed that the searching is mainly carried on in the areas where the soldiers were lost. "We are tracing all the information we've got. Some say they have been taken away from here, but most show that they are still here," he said.

(From China News Network)

　　从以上参考译文的翻译中看出，在进行英汉新闻报道翻译时，译者应该针对中英文新闻报道各自的特点做出相应的处理。主要应注意以下几点：(1) 准确翻译新闻词语。在新闻文体中天天都有新词出现，因此，翻译时必须注意认真查询，寻找理据，并结合上下文来进行推敲，有时可采取试译加原文(用括号括起来)的方法处理，普通名词的新词不要采用音译法。如：宗教信仰和社区创新精神办事处(Office of Faith-Based and Community Initiatives)。

　　(2) 避免使用充满激情的词语来翻译。一般来讲，各类新闻都以提供"事实"或"消息"为目的，避免使用充满激情的词语。因此，翻译时除非是顺应原文，一般不使用感叹句，忌用感叹词。在任何情况下都不要掺杂译者的个人感情，如爱和恨、讥笑、嘲讽等。译者与原作者都应该是冷静的叙事者。但是报道中人物的情感一定要如实翻译，如以上英文报道中卡特对布什政府的愤怒和谴责。

　　(3) 译文不宜太雅和太俗。近年来，汉、英新闻报道都有接近谈话体的趋势，但与口语体还是有明显的差别，可是并不是都用很正式的文体。因此，在翻译新闻时，均不宜过雅或过俗。

　　(4) 发扬严谨的翻译作风。在英美新闻报道中经常会遇到新词及句子结构松散的情况和用得不好的词，这时，我们的翻译原则是重内容，而不拘泥于语言形式。遇到含义不明确的松散词句，可以直译加注，"说明原文"如此。但这必须是在译者反复研究了原文，最好与有关专家商讨以后采取的权宜之计。(刘宓庆，1998：17-18)

　　另外，从上面两篇新闻报道来看，首先，作者在文章中提供了真实的人名、地名、民族名、机构名等，我们在翻译时决不要掉以轻心。翻译人名、地名时，可以参考新华社编的《世界地名译名词典》、《英语国家人名译名词典》、《世界人名翻译大全(光盘)》等资料，也可以参考一些学者和研究者公开发表的论著，尽量使用标准的、广为人接受的译名。有些专有名词可能比较生僻，很难找到标准译法，遇到这种情况只能按原词的读音来翻译，但在选字时要小心，尽量少用感情色彩太浓的字。翻译地名时，译者可以先通过查字典、地图、百科全书或因特网等弄清楚该地名的性质。

　　其次，作者在文章中常常提供具体的时间和其他数字来说明事实，翻译时都应该照实译出，不可马虎。

　　再次，作者在文章中用了直接引语来引述讲话者的原话，译时不要将其译成间接引语，否则，会影响新闻报道的真实性。

　　最后，新闻报道的语言通常简洁明快，大量使用陈述句，其他类型的句子也有。直接引语多为口语，翻译时要注意原文各部分的语域变化，用恰当的译入语句式和词汇加以表达。

四、描述及叙述文(主要是文学作品)的文体特征及翻译要点

1. 文学作品的文体特征

文学作品包括诗歌、小说、散文、戏剧等各种类型。文学作品"用艺术化形象化的语言，塑造艺术形象，反映深邃的历史与浩瀚的社会现实，反映人与人之间纷纭复杂的关系，描绘多姿多彩的大自然，抒发丰富的情怀，寄托人们的理想、愿望、追求，使读者通过它来认识世界，认识自己，从中受到感染、熏陶和教育，并得到一种美的享受。"(转引自陈宏薇，2004：262)英汉语皆然。

2. 文学作品翻译要点

在翻译文学作品时，不仅要译出原文的意义，而且要译出其中的感情和韵味，译文语言应该形象、生动、抒情，具有象征性和韵律感等，给人以启迪、陶冶、美感。意境是文学作品的生命，存在于小说、散文、诗歌当中。散文的意境是通过对具体事物的描绘，使人产生敬仰、喜爱、感动，或憎恶、讨厌之情，从而突出其意义，共同产生了意境。诗歌的意境是通过许多因素促成的。从语言上讲，诗歌有节奏、韵脚，讲究用词、句式，有形象，尤其是形象乃诗歌语言里最重要的成分。翻译诗歌时要反映出这些特点，要求译文高度真实，否则便难以传达原诗的新鲜和气势。但这种忠实不能限于字面相似，要考虑某一形象在译文中所具有的联想、力量、气氛是否与原文大体相符。例如：

◆It was remarked that the clock began to strike, and I began to cry, simultaneously.

译文 1：据说，钟开始敲，我也开始哭，两者同时。

译文 2：据说那一会儿，当当的钟声，和呱呱的啼声，恰好同时并作。

译文 3：据说钟声当当一响，不早不晚，我就呱呱坠地了。

原文是文学语言，富有意美；句中重复了 began 的对仗，富有形美；全句前十八个音节都是抑扬格，富有音美。译文 1 是直译，同原文形似、意似，但"两者同时"不是文学语言，缺少意美；"钟开始敲"读来短促，没有原文抑扬格的音美和形美。译文 2 用"当当"和"呱呱"的对仗使译文富有音美和形美，但是放在句尾的"恰好同时并作"虽和原文形似，但也不是文学语言，没有传达原文的意美。译文 3 虽然在形式上与原文有些不同，将 simultaneously 放到了中间，但却很好地传达了原文的音美和意美。而意美的传达在文学翻译中尤其重要，为此，牺牲一些形似，也是可以的。

◆昔我往矣，杨柳依依。今我来思，雨雪霏霏，行道迟迟，载渴载饥。我心悲伤，莫知我哀！(选自《诗经·采薇》)

译文：When I left here,

　　　Willows shed tear.

　　　I come back now,

　　　Snow bends the bough.

　　　Long, long the way,

Hard, hard the day.

My grief o'er flows.

Who knows? Who Knows?

译文说出了诗人离家出征时的忧伤，将杨柳依依不舍，译成树流眼泪，而且是用的 tear 的单数，属具体名词的抽象用法。将"雨雪霏霏"英译成雪大得压弯了树枝，象征诗人战后回家时精疲力竭，压弯了腰肢。译文和原文并不形似，而是神似，却传达了原诗的意美。"行道迟迟"重复了"迟"字，译文重复了 long(长)，看起来和原文不形似，却传达了原诗的意美和音美。原诗每句四个字，译文每行四个音节，传达了原诗的形美。原诗有韵，译文两行一韵，传达了原诗的音美。在译诗时，传达原诗意美是第一位的，传达原诗音美是第二位的，传达原诗形美是第三位的，最好是"三美"齐全，如果不能兼顾，就要从全局考虑取舍。(许渊冲，2006：9)

3. 关于文学作品翻译方法的问题的论争

归化和异化作为两种主要的翻译方法一直是翻译界研究和争论的焦点之一。归化 (adaptation)，又称 domestication，是指以目标语文化为归缩，要求译者向目标语读者靠拢，采取目标语读者所习惯的表达方式来传达原文的内容。异化(alienation)，又称 foreignization，是指以源语文化为归宿，要求译者向作者靠拢采取目标语读者所习惯的表达方式来传达原文的内容。

在中国翻译史上，归化和异化之争，由来已久。早在一千多年前，著名的佛经翻译家鸠罗什主张翻译时应"依实而华"，他指出，如果一味局限于原文硬译，那么就会"虽得大意，殊隔文体，有似嚼饭于人，非徒失叶，乃令呕秽也"。纵观我国文学翻译百多年的历史，先后有四次繁荣的翻译高潮期。第一次为 20 世纪头十年，小说被作为改良社会的工具，译者在翻译过程中，主要考虑的是如何顺应晚清的社会及文化趋势，博得读者的喜爱。当时的译者基本上采用了归化的翻译方法，以适应当时的社会文化发展状况，如严复翻译的赫胥黎的《天演论》和亚当·斯密的《原富》。第二次的文学翻译高潮是 1919 年，随着"五四"新文化运动而开始的。鲁迅、茅盾等许多翻译家都主张从外国文学作品中汲取营养，以达到改造文化、丰富汉语语言的目的。鲁迅在当时就明确地提出归化与异化的问题，"动笔之前，就先得解决一个问题，竭力使它归化，还是尽量保存洋气呢？"其中的"洋气"即我们现在所说的异化。当时的译者一般都采用了异化的翻译方法，大量引进西方的词汇、句法结构，还给中国带来了自由诗、散文等文学形式，在一定程度上丰富了汉语语言文化。当时所采用的异化翻译方法是为了适应"五四"新文化运动和当时社会发展需要而定的。值得一提的是，这一时期的汉语仍带有文言特点，采用异化方法译出的作品往往晦涩难懂，很难引起大众读者兴趣。张谷若、朱生豪、傅东华等大翻译家却主要采用归化的方法强调译文与原文的"神似"，翻译了大量优秀成功的作品。中华人民共和国成立后的 17

年，是文学翻译的第三次高潮期。翻译工作者在两种方法之中努力寻找平衡点，以卞之琳为代表的一些人主张用异化的方法，而傅雷、钱锺书等则倾向归化的方法，前者主张"从内容到形式全面求信"，后者则主张"重神似而不重形似"，把"化境"作为文学翻译的最高理想。这一时期，译界在寻找平衡点中仍然偏向归化翻译的方法。第四次高潮是在 20 世纪最后 20 年。改革开放的深入，对外交流的加强，大大增进了我们广大读者了解异邦文化的愿望。在这一时代背景下，异化翻译法普遍地被采用，如"汉堡包"、"欧佩克"、"瓶颈"、"可口可乐"等词的汉译和 Toufu, Gongfu, Taiji 等词的英译等。

因此，王戈冰、李一凡(见 Vincent's Workspace)认为翻译方法有时代性，要适应时代的需要，不应过分片面强调使用归化或异化中的一种方法，应根据译者所处的时代、翻译文本、翻译目的、源语与目标语的不同等，应用相应的不同的翻译方法，或采用归化译法，或采用异化译法，或两者兼而有之。

新世纪关于文学作品翻译方法的问题的论争依旧没有停止过。21 世纪初，学者们对文学翻译是以归化为主还是以异化为主的讨论还未结束，仁者见仁，智者见智。孙致礼先生在其《中国的文学翻译：从归化趋向异化》(《中国翻译》2002(1))中认为中国的文学翻译是从归化趋向异化。他认为从 19 世纪 70 年代到 20 世纪 70—80 年代这一百来年的时间里，中国的文学翻译主要是以归化为主；20 世纪最后 20 年，是对归化与异化进行重新思考的时期；21 世纪的文学翻译是以异化为主导，要尽量传达原作的异域文化特色，尽量传达原作的异域语言形式，尽量传达作者的异常写作手法。总之，他认为，我国 21 世纪的文学翻译将以异化为主调，这是提高文学翻译水平的必经之径。他同时还指出，异化法的运用是有一定限度的，这限度主要表现在两个方面：一是汉语语言文化的限度，二是中国读者接受能力的限度(注意：孙教授是在谈英译汉)。这就是说，我们在运用异化法的时候，既不能搞得"翻译腔"十足，令读者感到头痛，也不能作出荒而唐之的译文，让读者莫名其妙。特别是在引进新的表现法的时候，还要注意符合汉语规范，起码要保证译文的通达，不可弄巧成拙。总之，他认为，采取异化法的时候还要注意限度，讲究分寸；行不通的时候，还得借助归化法——两种方法相辅相成，相得益彰。

针对孙教授的这些观点，蔡平在《中国翻译》2002 年第 5 期上发表了自己的看法。他认为随着时代的发展，国际间交往日益频繁，全球化趋势不可避免，各民族之间的了解加深，文化的借鉴与融合日趋明显，文化的异质色彩逐渐淡化。翻译的目的是为了让本国的读者通过本国文字了解他国文化，所以译文在绝大多数情况下要符合译语规范，这样才能让译文读者理解，从而达到翻译的目的，因此认为在文学翻译中，归化法将始终处于主导地位。认为异化与归化法并不是互相排斥的对抗性概念，而是互为补充、相得益彰的翻译策略和方法。译语表达中出现的个别异化现象是为了让译语读者更好地理解原文的一种手段。大量的翻译实践也证明了归化的翻译方法是主体，占主导地位，异化方法处于从属地位。所以，无论是从翻译的本质、目的还是从翻译的实践来看，翻译方法(特别是文学翻译)只能以归化为主调，否则，翻译就没有存在的必要了。

对此，孙教授在其《再谈文学翻译的策略问题》(《中国翻译》2003(1))一文中，又重申了自己的观点，认为我国文学翻译曾长期存在"重归化轻异化"的倾向，提出"异化为主，归化为副"，决不是为了"反其道而行之"，把翻译推向另一个极端——重异化轻归化。"异化为主，归化为副"是一个辩证统一的概念，包含两层意思：一是译者应有"异化为主"的意识，实在不能异化时也不要勉为其难，弄巧成拙，而应退而采取归化处理。驾驭两者关系的原则是：可能时尽量异化，必要时尽管归化，两者相辅相成，相得益彰。

有的学者认为，某一具体的文化翻译手段究竟是采取异化还是归化，往往与译者的母语思维习惯和表达方式有关。中国翻译家在英译汉时会习惯性地采用归化，而在汉译英时译作中或多或少总会显露出异化的痕迹。从某种角度说，这也或多或少反映出译者对目的语的驾驭能力——中国译者驾驭英语的能力远远不及母语为英语的英美译者那么得心应手。翻译中出现的"异化"现象，在很多情况下并非出于译者对源语文化的尊重或自我标新立异，而是有意无意之间显露出自身的局限性。(许建平，张荣曦，2002(5)：37) 的确，我国传统上的异化归化之争是在我国的翻译活动主要在以外译汉为主的语境下而不是在汉译外为主的语境下进行的，大多数中国译者驾驭母语——汉语的能力超过驾驭外语的能力，客观上就会出现归化超过异化的情况，而译者或研究者的翻译研究一般都是建立在对翻译作品的研究基础上的，归化多于异化的确是一种客观的存在，可能并不是译者有意为之。随着中国经济的崛起，外译汉的重要性会突显出来，由于受译者语言水平的局限，异化翻译也将会作为一种客观存在受到人们的关注。但是，异化翻译能为多少西方读者接受，接受的程度如何，更应该受到大家的关注和研究。

我国著名文学翻译家王佐良先生在《新时期的翻译观——一次专题翻译研讨会上的发言》中说"对于翻译理论……也想本着切实的精神，建议两点：一、辨证地看——尽可能地顺译，必要时直译；任何好的译文总是顺译与直译的结合。二、一切照原作，雅俗如之，深浅如之，口气如之，文体如之。"其实他所译的英国哲学家弗兰西斯·培根的作品就是最好的译例，如选自培根的《随笔》之一的《谈读书》(*Of Studies*)(注意：这也是将英语译成母语——汉语)。

【英文原文】

Of Studies

Studies serve for delight, for ornament and, for ability. Their chief use for delight is in privateness and retiring; for ornament, is in discourse; and for ability, is in the judgement and disposition of business. For expert men can execute, and perhaps judge of particulars, one by one; but the general counsels, and the plots and marshalling of affairs, come best from those that are learned. To spend too much time in studies is sloth; to use them too much for ornament is affectation; to make judgement wholly by their rules is the humour of a scholar. They perfect nature, and are perfected by experience: for natural abilities are like natural plants, that need pruning by study; and studies themselves do give forth directions too much at large, except they be bounded in by experience. Crafty men condemn studies, simple men admire them, and wise men use them; for they teach not their own use; but that there is a wisdom without them, and above them, won by observation. Read not to contradict and confute; nor to believe and take for granted; nor to find talk and discourse; but to weigh and consider. Some books are to be tasted, others to be swallowed, and some few to be chewed and digested; that is, some books are to be read only in parts; others to be read, but not curiously; and some few to be read wholly, and with diligence and attention. Some books also may be read by deputy, and extracts made of them by others; but that would be only in the less important arguments, and the meaner sort of books, else distilled are like distilled waters, flashy things. Reading makes a full man; conference a ready man; and writing an exact man. And therefore, if a man write little, he had need have a great memory; if he confer little, he had need have a present wit; and if he read little, he had need have much cunning, to seem to know that he doth not. Histories make men wise; poets witty; the mathematics subtle; natural philosophy deep; moral grave; logic and rhetoric able to contend. Abeunt studia in mores. Nay, there is no stand or impediment in the wit but may be wrought out by fit studies; like as diseases of the body may have appropriate exercises. Bowling is good for the stone and reins; shooting for the lungs and breast; gentle walking for the stomach; riding for the head; and the like. So if a man's wit be wandering, let him study the mathematics; for in demonstrations, if his wit be called away never so little, he must begin again. If his wit be not apt to distinguish or find differences, let him study the schoolmen; for they are cyminisectores. If he be not apt to beat over matters, and to call up one thing to prove and illustrate another, let him study the lawyers' cases. So every defect of the mind may have a special receipt.

【原文分析】

弗兰西斯·培根是英国十六至十七世纪的哲学家。培根喜欢用拉丁文写他认为重要的著作，以使全欧洲的学者知道并可垂久远。《随笔》的对象是当时英国统治阶级的子弟，书的内容是一个通晓人情世故的过来人对他们提出的各种劝导和忠告，目的是使他们更会"处世"，更易"成功"。《读书》是提出具体事务性指导的。文章里没有空洞的议论，而是对其心目中特定的读者有实用价值的经验之谈，对于当时社会的了解入木三分，充满了智慧和独到的见解。在培根的文章里，从词汇层面来看，时有古语词、拉丁语，如古语词 curiously(精细的), nay(相当于现在的 no)；拉丁语 *Abeunt studia in mores, Cyminisectores*。

从句子层面来看，有许许多多排比句，几乎满篇都是，如文中画线的句子。

从整个文章的结构来看，显得十分紧凑、精练。古语词和拉丁语使文章显得古色古香，十分雅致；大量排比句的使用使得整篇文章读来节奏优美、抑扬顿挫、琅琅上口；紧凑精练的结构使文章充满了智慧和文采。王佐良先生的译文很好地体现了原文的这些特点，使用了大量精练的文言词和文言文排比句，如大量使用汉语古文"于"、"也"、"之"、"其"、"然"、"者"、"凡"、"盖"等等，使译文如原文古色古香，优美上口，结构紧凑精练，文采飞扬，不失为译文佳作，流芳后世。

【王佐良译文】

谈读书

读书足以怡情，足以博采，足以长才。其怡情也，最见于独处幽居之时；其博采也，最见于高谈阔论之中；其长才也，最见于处世判事之际。练达之士虽能分别处理细事——或判别枝节，然纵观统筹、全局策划，则舍好学深思者莫属。读书费时过多易惰，文采藻饰太盛则矫，全凭条文断事乃学究故态。读书补天然之不足，经验又补读书之不足，盖天生才干犹如自然花草，读书然后知如何修剪移接；而书中所示，如不以经验范之，则又大而无当。有一技之长者鄙读书，无知者羡读书，唯明智之士用读书，然书并不以用处告人，用书之智不在书中，而在书外，全凭观察得之。读书时不可存心诘难作者，不可尽信书上所言，亦不可只为寻章摘句，而应推敲细思。书有可浅尝者，有可吞食者，少数则须咀嚼消化。换言之，有只须读其部分者，有只须大体涉猎者，少数则须全读。读时须全神贯注，孜孜不倦。书亦可请人代读，取其所作摘要，但只限题材较次或价值不高者，否则书经提炼犹如水经蒸馏，淡而无味矣。读书使人充实，讨论使人机智，笔记使人准确。因此，不常作笔记者须记忆特强，不常讨论者须天生聪颖，不常读书者须欺世有术，始能无知而显有知。读史使人明智，读诗使人灵秀，数学使人周密，科学使人深刻，伦理学使人庄重，逻辑修辞之学使人善辩：凡有所学，皆成性格。人之才但有滞碍，无不可读适当之书使之顺畅，一如身体百病，皆可借相宜之运动除之。滚球利睾肾，射箭利胸肺，慢步利肠胃，骑术利头脑，诸如此类。如智力不集中，可令其读数学，盖演题须全神贯注，稍有分散即须重演；如不能辨异，可令读经院哲学，盖是辈皆吹毛求疵之人；如不善求同，不善以一物阐证另一物，可令读律师之案卷。如此头脑中凡有缺陷，皆有特药可医。

但是王佐良先生所译的曹禺先生的《雷雨》的英译本是和巴恩斯(A. C. Barns)合

作完成的，最终为西方读者所接受并享有盛誉。另外一个例子是杨宪益夫妇，没有杨夫人戴乃迭与杨先生的合作，要完成大量的中国经典名著的汉译英工作，可能难度要大得多。这些外国人参与汉译英工作，对译文能否被西方读者接受起着很重要的作用。

　　事实上，无论是英译汉，还是汉译英，都不能忽视译文的可读性，都不能不考虑读者。归化的翻译因其具有更强的可读性而更易被译文读者所接受，而译者的语言素养对译文的可接受性起着至关重要的作用，归化的方法应该占主导。至于何时采用异化方法或在多大程度上采用异化的方法，译者应根据自己所处的时代(当时的社会、文化、政治)、翻译文本的语篇类型、翻译目的、源语与目标语的差异、读者的审美情趣与接受能力等多种因素结合起来考虑。在中国翻译的语境之下，"跨文化翻译的英译汉似可采用异化的手段作为归化的补充，以适当吸收一些源语的异质成分。而以外国读者群体为对象的汉译英则宜走归化之路。理想的汉译英翻译作品应当尽量向英语(读者)靠拢，以符合英语语言文化的习惯表达法，而且此类翻译工作宜由中外译者合作完成。"(许建平，张荣曦，2002(5)：38)

五、广告(商标)的文体特点及翻译要点

　　在当今商品经济时代，广告无处不在。忽视广告的翻译，经贸翻译就不完整。

　　美国广告协会给广告所下的定义是：广告最终的目的是传递情报，改变人们对于广告商品的态度，并诱发其行动而使广告主得到利益。广告语言的特点是：吸引注意，创造形象，说服顾客，影响行为。广告主要有广告口号和广告语句。从语言上看具有引人入胜、说服力强的特点；修辞手段的运用也丰富多彩，有语义双关、文字游戏，使人感到幽默、机智、新奇。从语言形式上看行文工整、对仗押韵、节奏感强、琅琅上口、一鸣惊人、耳目一新、耐人寻味、经久难忘。

　　在翻译广告文字时，无论是英译汉，还是汉译英，都不能满足于字面的对应，而要从广告的功能出发，进行创造性的翻译，才能最好地达到广告主的目的，使广告发挥最佳的商业功能，达至预期的商业效果。因此，对其他文体语篇适用的"忠实"、"通顺"的翻译标准是不足以用来解决广告翻译的问题的。翻译广告要做到传神、达意、表形、谐音，收到神似、意似、形似、音美的效果。要充分考虑英汉文化背景的不同和审美习惯的差异，才能使广告翻译激发起受众的美好想象和购买欲望，达到推销产品的目的。因此，广告翻译不仅涉及译者的语言知识、文化知识和相关知识，而且更需要译者在以上三方面知识基础上发挥创造力和想象力。广告翻译的创造性可以从英译汉和汉译英翻译手法上体现出来。

　　1. 英译汉

　　(1) 换用修辞手段

　　◆Ask for More. (摩尔香烟的广告语)

　　这句广告语的特点是运用了谐音双关的修辞手段。More 既是香烟的品牌，而作为一个词，它又具有本身的含义——更多的。因此，译文要把这两种含义都表达出来，又要能为中国消费者所接受，就必须结合中文广告语的特点，进行创造性的翻译。

【参考译文】1) 摩尔香烟，多而不厌。2) 摩尔香烟，多多亦善。

这两个译文都采用了押韵的手法进行翻译，而没有用谐音双关的方法来译，因为在英语里可以做到谐音双关的词，在汉语里却不一定做得到。因此，译者换用了其他的修辞手段，在汉语受众中可以引起同样的接收效果，达到同样的推销香烟的目的。

(2) 巧用汉语四字格词语或成语

◆Good to the last drop! (雀巢咖啡的广告语)

这是一句很普通的广告词，传递的信息是"咖啡味香，喝到最后一滴都是如此"的含义。

【参考译文】滴滴味香，直到最后。

◆A great way to fly. (Singapore Airline)

这句广告词主要传递的是 great (wonderful)这个词的意思。

【参考译文】新(加坡)航飞行，飞越万里，神奇之旅。

以上两句广告语原文都是句子，译文都创造性地运用了汉语的四字格，听起来言简意赅，寓意深长，音调和谐优美，极易为汉语受众喜欢和接受。

(3) 超额翻译

◆You're at 35,000 feet. Your head is in New York. Your heart is in Paris. Your Rolex can be in both places at once. (Rolex 手表的广告语)

【参考译文】身在 35000 英尺的纽约上空，巴黎的浪漫仍记在心中，唯有你的劳力士手表可以将两地包容。

在译文中增译了"浪漫"，和"手表"两处。增译"浪漫"，译者一方面想要照顾汉语句子的对偶和押韵，另一方面是想给受众介绍有关巴黎这座浪漫之城的背景知识，以引起他们对巴黎的联想，进而对劳力士手表产生兴趣。译者增译"手表"，也是想让汉语受众了解劳力士指的是什么东西。

◆Trust us for life. (American International Assurance)

【参考译文】财务稳健，一生信赖。

◆Anytime. (Global Express, Logistics & Mail TNT 快递服务)

【参考译文】随时随地，准确无误。

以上两则广告语的翻译主要是出于对中文表达习惯的考虑而进行超额翻译的。增加一句四字词语，使之成为对偶或押韵的句式，更符合汉语广告语的表达方式，从而更能为汉语受众喜闻乐见和接受。

(4) 欠额翻译

针对信息冗余的广告，在翻译成中文时，也可以按汉语习惯进行省略，即进行欠额翻译。如：

◆Wherever you are. Whatever you do. The Allianz Group is always on your side. (Allianz Group——安联集团广告语)

【参考译文】1) 安联集团永远和你在一起。2) 安联集团永远在你身边。

(5) 缺席翻译

由于英语在全球的普及，有些简洁的英语广告已经为汉语受众所熟悉或一看就明白其含义，因此，为了在广告翻译时标新立异，引人注意，在译广告词时可以将英文照搬。有时译者一时想不出很好的对应广告语，照搬英文实属无奈之举，也是个别现象。既然是翻译，就得译，因此，此举不宜效仿。

◆Open your eyes to the world (Slogan): The world's news leader. (CNN International)

【参考译文】CNN 国际新闻网让你放眼看世界(口号)：The world's news leader.

◆NEC Multimedia welcomes you home (Slogan): Just imagine. (NEC Multimedia)

【参考译文】这里变成你的家(口号)：Just imagine.

(6) 直译

当然，广告翻译也可以直译，前提是源语与译语在各自的受众中的效果相似。如：

◆We're Siemens. We can do that. (Siemens 广告)

【参考译文】我们是西门子，我们能办到。

◆Challenge the Limits. (SAMSUNG 广告)

【参考译文】挑战极限。

(7) 编译

适合因载体改变而需要改变体裁的广告；其次，适用于原文稿完成的时间较早而现在看来已经时过境迁的广告；再次，适用于为不同文化层次的受众所译的广告。经过编译的广告，有的已看不出原文形式上的痕迹，几乎是用译入语按照源语的意思在重写，目的是让它适合译入语受众的表达习惯和接受心理，达到宣传和促销的目的。例如上面提到的新加坡航空公司的广告译文。

汉语常用四字格，英语中没有这种语言形式，因此，译成汉语，为了达到最好的宣传效果，可以采用这种编译的方法。

2. 汉译英

(1) 寻找特点，巧妙转译

◆你不理财，财不理你。(《理财》杂志广告语)

这则广告语使用的手法是玩弄文字游戏。这种玩弄文字游戏(play on words)的手法在英语中也常常出现。

【参考译文】If you leave "Managing Money" alone, money will manage to leave you alone.

◆"美的"家电，美的全面，美的彻底。（"美的"家电广告语)

"美的"在中文里既是家电品牌，又有自身的含义。原文中共出现了三次，可以说给受众留下的印象是很深的。而其英文品牌名 Media 却没有 beautiful(美的)含义，因此，翻译时就很难做到音意兼顾。三个"美的"可以用三个 beautiful 来译，但不能按原文的语序。从修辞上来看，原文的双关语加排比句仅转换成了译文的排比句。

【参考译文】Media home appliances are beautiful—beautiful from head to toe, beautiful inside out.

◆优良的质量，优惠的价格，优质的服务（"三优"牌家具的广告语)

"三优"牌家具的标识是三个英文字母 U，在翻译成英语时，必须考虑到把英文字母 U 与汉语的"优"字相对应，做到音形意三者兼顾。

【参考译文】Unrivalled quality, Unbeatable prices, Unreserved service

◆我们实行"三包"：包修、包退、包换。（"三包"承诺)

翻译这则广告时，除了考虑"三包"的缩略特点外，还应尽量符合市场营销的表达习惯。

【参考译文】We offer 3-R guarantee, namely guaranteed repair, replacement and refund.

将"三包"转换成了实际译出的、符合英语表达习惯的"3-R"。

◆第一流产品，为足下增光。(一种皮鞋油的广告语)

这则广告语中，"足下"是一个双关语，第一层意思是对广告受众的尊称；第二层意思是指"脚"，如能在翻译时体现出来的话，效果一定不错。

【参考译文】Our first-rate shoe polish shines your shoes and makes you look great.

(2) 寻找原文的逻辑联系，恰当转译

◆她工作，你休息。(某种洗衣机广告语)

这则广告的意思是洗衣机把繁重的洗衣工作做了，因此人就可以轻松了，前后两部分之间存在有因果关系。

【参考译文】She takes over the washing and you can have a good rest.

◆不同的肤色，共同的选择。(青岛啤酒广告语)

这则广告的意思是说虽然人们的肤色不同，但是都喜欢喝青岛啤酒，前后两部分之间存在让步转折关系。

【参考译文】People of different colours like Qingdao Beer.

◆要想皮肤好，早晚用大宝。(大宝护肤霜广告语)

这则广告是说如果你要想皮肤好，大宝护肤霜能帮你达到目的，这是商家对消费者的一种承诺。前后两部分之间是假设和结果的关系。

【参考译文】Dabao skincare will take care of your skin.

◆皮张之厚无以复加，利润之薄无以复减。

这则广告想告诉受众的信息是，我们的产品质量好，价格又便宜。这样物美价廉的皮鞋谁不喜欢啊？前后两部分之间是对比关系——"厚"和"薄"、"无以复加"和"无以复减"。

【参考译文】The leather of our shoes is very thick; the profit we make is very thin.

(3) 讲究用词，通俗转译

做广告的目的是为了向广大受众推销产品，文字不宜过于典雅，以免给人以不真实之感。如：

◆为您提供美，为您提供乐，

　为您提供爱，为您提供趣。(《故事会》杂志广告)

【参考译文】It gives you joy and it gives you fun.

　　　　　　It gives you beauty and it gives love.

原文和译文除了韵律美之外，还有简洁美，更加口语化。因此，使人觉得亲切可信。如果将 gives 换成 provides，效果就不一样了。试比较：It provides you joy and it provides you fun. It provides you beauty and it provides you love. provides 是两个音节，读起来稍显啰唆；而 gives 只有一个音节，简洁明了，通俗易懂。

(4) 编译

汉语和英语的有些文章中，要表达相同的功能，可能会有不同的表达形式，这与两种语言的语言传统有关。比如下面一则关于钱塘潮的宣传介绍。

【中文原文】

钱江涌潮(节选)

"八月十八潮，壮观天下无"

浙江钱塘江河口的涌潮，自古蔚为天下奇观。它是大自然赋予的神奇景象。由于天体引力和地球离心作用，每逢农历初一至初五，十五至三十(应为"二十"。本书作者注)，天体引潮力特别强，易形成大潮；农历八月十八日的大潮尤为壮观。而杭州湾喇叭口的地形特殊，海湾水域广阔，但河口狭窄，加之河床泥沙阻挡，易使潮流能量集中，江潮迅速猛涨，流速加快，涌潮现象频频发生。钱江涌潮，一年四季，周而复始。全年共有 120 天的"观潮日"，每天有日、夜两潮，尤以秋潮为最佳。每当大潮来时，开始远处呈现一条白线，声如闷雷。数分钟之后，白线向前推移；继而巨浪汹涌澎湃，如万马奔腾，潮声震天动地，真有翻江倒海之势，最高潮差达 8.93 米。钱塘江涌潮举世无双，其奇、其高可与亚马逊河媲美，被誉为"世界八大奇观"之一。

素练横江滚滚来——"一线潮"

明末以来，随着江河变化，钱塘江涌潮向下推移，海宁的盐官镇成了观潮的最佳胜地。涌潮每到占鳌塔时，便成一字形，故名"一线潮"。

漫漫平沙起白虹——"W 形潮"

涌潮到达眼前时，有万马奔腾之势、雷霆万钧之力，势不可挡，时而成"V字潮"，时而成"S形潮"，时而成"W形潮"。

卷起沙堆如雪堆——"返头潮"

潮水猛冲，凸入江中的围堤，形成"卷起沙堆如雪堆"的"返头潮"。

钱江后浪推前浪——"重叠潮"

涌潮经过长途奔袭，中途受到各种障碍物的阻挡，到达距钱江口 50 多公里的六和塔时已支离破碎，形成多头、多层、重叠的潮水，给人以"后浪推前浪"之感。

【参考译文】(郭建中译)

The Tidal Bore of the Qiantang River

Translated by *Guo Jianzhong*

"On the eighteenth of the eighth lunar month,

The tidal bore of the Qiantang River

Is a grand view second to none on earth."

The tidal bore located at the mouth of the Qiantang River in Zhejiang affords a magnificent view and constitutes a remarkable natural phenomenon. The bore is at its highest from the first day to the fifth, and from the fifteenth to the twentieth every month according to the lunar calendar. At this time, the moon and the sun exert the greatest pull on the ocean at the mouth of the Qiantang River. The bore is at its most spectacular every September on the eighteenth day of the lunar calendar's eighth month. The river's special physical features account for this remarkable natural phenomenon. Its outlet to the ocean, Hangzhou Bay, is extremely wide, shaped like a large trumpet. When the sea tide rises, it brings with it a huge amount of water, pushing inland at a great speed. However, the river narrows abruptly at this point. This, together with the river's sandy bed, prevents the water's smooth progress. As waves follow one after the other, the tide surges and creates a gigantic wall of tidal water, the so-called "tidal bore". The tidal bore operates in a cycle; there are only 120 days on which it is good to watch the bore. Moreover, there are two tides per day, the day tide and the night tide.

The tides are greatest in autumn, the most spectacular time to view it. On the September day when the greatest tidal bore first appears, it is shaped like a long, white streak, and one hears a sound like muffled thunder in the distance. A few minutes later, a long, white streak of water chases itself down the river. As the tidal waves travel upstream, the water piles up higher and higher, as though tens of thousands of untamed horses were galloping upstream. The deafening noise inspires awe and admiration. Tidal waves created by the bore of the Qiantang River is now considered to be one of "the Eight Wonders in the world." Its unique shape and height have been compared to those of the Amazon River.

"A long, white streak rolls horizontally like a silk scroll."

Because of changes in the watercourse since the end of the Ming Dynasty, the tidal bore has gradually retreated lower down the Qiantang River. Nowadays the town of Yanguan in Haining City affords an excellent spot from which to view the bore. When the tidal waves reach the Haining Pagoda, they appear as a long, white streak. Thus it is called the "Thread Bore."

"A wall of waves stands abrupt against the horizon."

The tidal waves seen to pile on top of another, in a force similar to that created by thousands of wild horses. Here, one hears a muffled roar, as the tidal bore approaches nearer and nearer. It first appears in the shape of a "V", then as an "S", and finally, as a "W"; thus it is called "W-shaped Bore".

"Wonderful waves roll by, creating enormous clouds of foam."

As the waves crash against the river's bank, they create enormous clouds of silvery foam. Hence the name "Back-flow Bore".

Having traveled a long distance, the tidal bore gradually decreases in power. The tidal bore finally reaches the Six Harmonies Pagoda in Hangzhou, located about 50 km. away from the mouth of the Qiantang River. Here one can see the waves behind driving on those ahead, overlapping each other, so it is called the " Overlapping Bore."

汉英两种语言在文体和表达方式上有很大的差异,如汉语原文对江潮的描写以及其中的种种比喻,在汉语里读起来可能很美,但如果照字面翻译,有些说法在英文里会显得十分突兀,更不必说是合乎英语的表达习惯了。(郭建中,2005(6):89—90) 那么,英语读者又怎么能对江潮产生一睹为快的向往呢?

广告的翻译方法有时不是单一的,可以在一则广告中综合运用几种方法,目的就是为了给受众留下很深的印象,达到最好的宣传促销效果。

3. 商标的翻译

广告是为商品而做的,因此,在广告翻译中不得不涉及商品名称的翻译。商品的名称虽然很短,但里面包含了丰富的文化内涵,如果不译、乱译或错译,无论广告词的其他部分写得多么漂亮,都会影响产品的销路甚至销售不出。

美国经济学家 R. 海斯给商标下的定义是:A brand, i.e. trademark, is a name, sign, symbol, design or a combination of them that tells who makes it or who sells it, distinguishing that product from those made or sold by others. A brand name is that part of brand that can be vocalized. (品牌,即商标,是产品的名称、标志、象征、设计或者是名称的总称,告诉我们谁生产了某一产品,谁销售这一产品,以区别于其他人生产和

销售的产品。商标就是品牌中能用声音叫出来的那部分。)从这一定义我们可以看出，其实商标就是产品自身的广告。

(1) 英译汉

商标英译汉要充分考虑中国受众的接受心理。中华民族是一个崇尚礼仪、和谐、吉祥，对美有着自己独特追求的民族。从中国人为自己的产品取的商标名可见一斑，如：华宝(空调)、太太乐(鸡精)、爱妻牌(洗衣机)、孔雀(电视机)、飞鸽(自行车)、金利来(服饰)、鸳鸯(枕套)、永芳(珍珠膏)、红星(电扇)、万里春(羊绒衫)、长城(电扇)、帅康(抽油烟机)等等，无不透出人们对美好生活的追求和向往。

1) 音译法

A. 第一种音译法。如果英语商标原文的读音优美，在汉语中又能找到对应的音意兼顾的表达，就可采用这种方法。在实际翻译中，采用这种翻译方法的情况最多。如：

Coca-Cola(饮料)——可口可乐	Buler(钟表)——宝来
Crest(牙膏)——佳洁士	Colgate(牙膏)——高露洁
Citizen(手表)——西铁城	Marlboro(香烟)——万宝路
Sprite(饮料)——雪碧	Benz(汽车)——奔驰
Aiwa(音响)——爱华	Ford(汽车)——福特
Youngor(衬衫)——雅戈尔	

B. 第二种音译法。这种方法比较适合以人名、地名、物名命名的商品。如：

Lincoln(汽车)——林肯	Apollo(手表)——阿波罗
Chrysler(汽车)——克莱斯勒	

2) 意译法

如果某种商标的含义在语言或文化方面不能为中国受众接受，译者应该对其灵活处理，译成能为中国受众喜闻乐见的名称。如：Volvo(汽车)——富豪。

(2) 汉译英

国外产品的许多著名商标都有较大的气势，或用大物名，或用人名，象征着无限的力量，如：Apollo，Boom，Cosmos 等著名钟表的商标；Chrysler，Lincoln，Volvo 等世界著名汽车的商标。(刘法公，2003(6)：70)

1) 需有跨文化意识

在将汉语商标译成英语时，要有跨文化意识。有些动物、植物、颜色为英语和汉语共有，但是也许在英语中这些词根本就没有汉语所包含的意思，或在英语中的引申意义或联想意义与在汉语中有差异或者大相径庭，甚至相反。如果将汉语中的一些以动物名、植物名或颜色词命名的商标照实译成英语，却不能被英语受众接受，甚至受到英语受众的抵触，这样就得不到宣传的效果，达不到宣传的目的，甚至得到相反的效果。因此，译者应该对这些在引申意义和联想意义上有差异的词语心中有数，避免误译。如：白象牌电池、孔雀牌电视机、红双喜香烟、鸳鸯牌枕套、柳树牌相册等。

在中国人的心目中，白象是非常可爱的形象，尤其象征着力量，可是在英美人心目中，White Elephant(白象)指 expensive and useless thing(昂贵而又无用的东西)。既然如此，谁还想买这样的商品呢？所以将取名为"白象"的汉语商标译为英语时就要小心，不能直译，而必须灵活处理。因此白象牌电池的商标，根据"白象"在汉语中的意思，可以考虑译为 Powerful Elephant。

Peacock(孔雀)在英语民族中常被视为污秽、猥亵之鸟，会给人带来厄运，但是在中国，孔雀象征着美丽和多彩。如果将孔雀牌电视机英译为 Peacock，肯定会引起英美人的反感，销售不出去。所以，需将孔雀在中国人心目中美好的引申意义经过转译才能达到宣传和促销的目的，有人建议将其译为 Kingbird，这样将其形象传译出去，做到了等效传译，一定会受到英美受众的欢迎。

在中国文化中，红色代表喜庆、革命等。过年过节和结婚等喜庆的日子人们都要挂红灯笼、贴红窗花、穿红衣服等，但在说英语的国家，红色却代表愤怒、气愤和不好的征兆等意思。因此，不能将红双喜香烟译为 Double Red Happiness。不如去掉Red(红色)，译为 Double Happiness，效果岂不更好？

在英语中有 Mandarin Ducks(鸳鸯)这种鸟名，但是却没有其在中文里的比喻意义。在中文里，"鸳鸯"象征着一对恋人，相爱无比。因此，如果将"鸳鸯"牌枕套译为Mandarin Ducks，在英美人心中根本就不能唤起一对恋人相亲相爱的联想。但是，如果将"鸳鸯"在汉语里的比喻意义译出来，就可能引起相似的联想。比如译为 Lovebirds就把汉语里的比喻意义传达出来了。

柳树在汉语中通常被赋予分离、思念的联想意义，在《诗经》中用"昔我往矣，杨柳依依，今我来思，雨雪霏霏"来描述戍边战士对家乡和亲人的思念之情。还有李白的"秦楼月，年年柳色，灞陵伤别"和"此夜曲中闻折柳，何人不起故园情"等等。柳树具有这样的文化内涵，是由于中国汉字文化中的谐音造成的。"柳"与"留"谐音，在长期的文字使用过程中，将"挽留，离别，思念"等含义赋予柳树也是很自然的，这恰恰反映了中国人喜欢以物喻人，借景抒情，崇尚自然文化的心理。而 willow 在英语中的文化内涵却与中国文化中的"柳树"完全不同，它常使人联想起悲哀与忧愁。在莎士比亚的《奥塞罗》和《威尼斯商人》中，柳树就象征了悲哀。因此，不能把柳树牌相册译为 Willow，谁愿意买让人悲哀的相册呀？如果译为 Miss You 倒不错。

2) 音意兼译

翻译生活用品的商标时，译者也可以参考汉语商标的音和意，进行音意兼译。如：

花为媒(床垫)——Howell Mattress

芳芳(爽身粉)——Fragrant Baby Talcum Powder

3) 意译

A. 有些以著名景点命名的汉语商标名，因为在国外已有一定的知名度，多半采用意译的方法处理。如：

西子香皂——West Lake Toilet Soap　　长城电扇——Great Wall Electric Fan

泰山特曲——Mountain Tai Liquor　　三峡照相机——Three Gorges Camera

B. 具有普通意义的商标尽量译出其意思。如：

万里春羊绒衫——Ever Spring Woolen Sweater

永久牌自行车——Forever Bicycle

4) 采用汉语拼音

对于一些以普通产地命名或以普通人名命名的汉语商标，由于汉语地名和人名的翻译采用汉语拼音的方式英译，因此，翻译带有产地的汉语商标名时，还是采用汉语拼音的方法。如：

北京烤鸭——Beijing Duck　　　　哈密瓜——Hami Melon

茅台酒——Maotai Liquor　　　　重庆火锅——Chongqing Hot Pot

麻婆豆腐——Mapo Toufu

广告文字的翻译需要译者有扎实的英汉语语言知识、英美文化知识、汉语文化知识、修辞知识、语言学知识(特别是功能语言学知识)，还必须充分发挥译者的创造性和想象力。

六、论述文的文体特征及翻译要点

论述文一般指社会科学论著、研究报告、文献资料及报刊社论和评论。论述文还包括正式的演说和发言。论述文不仅是社会科学论著中使用的语体，也是报刊政论(包括政治、经济、军事、法律及社会问题等专论)中使用的语体。政论性演说的发言虽然是口述形式，但使用的语言实际上是政论体，即论述文。

1. 论述文的文体特征

(1) 从词汇上来看，用词规范、严谨、庄重。论述文中一般没有不合语法和不合逻辑的词语，文章中大词、抽象、概括的词语较多。

(2) 论述文句子结构比较复杂，句型变化及扩展样式较多。

(3) 从文章内容来看，英、汉论述文都旨在解析思想、辨明事理、提出观点、表明态度，因此文章的内容比较复杂，文章的逻辑性较强，讲究修辞、发展层次和谋篇布局。

(4) 论述文是以"理"服人，不是以"情"动人，因此应该简明、畅达，重条理性、论据的充分性和论述的客观性。

2. 论述文的翻译要点

(1) 透彻理解原文。由于论述文大多是阐发思想，因此用词比较抽象和概括。要译好论述文，首先就要正确理解词义。

（2）注重逻辑性。论述文重在说理，因此很讲究逻辑性。译者要围绕文章的中心思想，分析文章的总体结构和谋篇布局的脉络，弄清作者逻辑推理的层次，才能忠实地传译出文章的意义。

（3）注意译文和原文用词倾向、风格、语体的大体吻合。一般说来译文行文不可太俗，也不可过分求雅而将译文弄得文白夹杂、不伦不类。

政治文章的翻译对忠实标准的掌握就要严格得多，这是因为政治文章涉及国家大政方针和基本政策，稍一疏忽就会引起严重的后果。政治翻译不能任意增加或删减字词，更不能离开原文任意发挥。有时原文的词序也不能任意改变，以免犯错误。政治文章的翻译要仔细衡量用词的政治含义和影响。从事政治文章的翻译要有政策头脑和政治敏感性。特别要注意的是西方传媒对第三世界的渗透，在无形中对中国传媒界的影响。(程镇球，2003(3))

3. 英语论述文举例

2006 年 TEM8 英译汉考题(《中国翻译》，2006(2))

On May 13, 1940, Winston Churchill, the newly appointed British Prime Minister, gave his first speech to Parliament. He was preparing the people for a long battle against Nazi aggression, at a time when England's survival was still in doubt.

"I have nothing to offer but **blood, toil, tears, and sweat**. We have before us an **ordeal of most grievous kind**. We have before us many, **many months of struggle and suffering**.

You ask, what is our policy? I say it is to wage war by land, sea, and air. <u>War with all our might and</u> **with all the strength God has given us,** <u>and to wage war against a monstrous tyranny never surpassed in the dark and lamentable catalogue of human crime.</u>

You ask, what is our aim? I can answer in one word. It is **victory.** Victory at all costs —Victory in spite of all terrors—for without victory there is no **survival**.

Let that be realized. No survival for the British Empire, <u>no survival for all that the British Empire has stood for, no survival for</u> **the urge, the impulse of the ages,** <u>that mankind shall move forward toward his goal.</u>

I take up my task in buoyancy and hope. I feel sure that our cause will not be suffered to fall among men. **I feel entitled at this juncture**, at this time, **to claim** the aid of all and to say, 'Come then, let us go forward together with our united strength.' "

对该篇论述文章的分析：

（1）用词规范、严谨、庄重，文章中大词、抽象、概括的词语较多(见文中黑体单词)。

(2) 句子结构比较复杂，句型变化及扩展样式较多，如文中画线部分。

(3) 文章的内容比较复杂，文章的逻辑性较强，讲究修辞、发展层次和谋篇布局。文章先提出摆在"我们"面前的使命，其次谈"我们"的政策，再谈"我们"的目标，最后谈自己的态度，层层推进，扣人心弦，催人战斗。

(4) 简明，畅达，重条理性、论据的充分性和论述的客观性。文章以短句为主，语气中透露出急迫和斗志，文字流畅，条理性强，摆事实，讲道理，说明不战斗就只有死路一条。论据充分、客观，使人信服并愿意采取行动。

【参考译文】(向红、王雪梅译，最后一段为笔者翻译)

"我没有什么可以奉献，只有热血、苦力、泪水和汗水。我们面对的是最为惨烈的考验。我们面对的是经年累月的、艰苦卓绝的斗争。

你们也许会问，我们的对策是什么？我认为那就是从海陆空发动一场全面的战争，一场竭尽我们所能、竭尽上帝所赐予我们全部力量的战争，一场与人类罪行簿上最黑暗、最可悲的凶残暴政相较量的战争。

你们也许会问，我们的目的是什么？我可以用一个词来回答，那就是胜利——不惜付出一切代价的胜利，藐视一切恐怖的胜利。这是因为，没有胜利就没有我们的生存。

大家必须认识到这一点：没有胜利，就没有大英帝国的存在，就没有大英帝国所代表的一切的存在，就没有促使人类朝着自己的目标奋勇前进这一世代相因的强烈欲望和动力！

我怀着希望和轻快的心情履行我的职责。我坚信我们的事业在人类历史上不会失败。在这一紧要关头，在这一重要时刻，我要所有人都伸出援助之手并且发出如下号召：'来吧，大家团结起来，共同前进！'"

4. 汉语论述文举例

共同开创中美经贸合作的新局面

(温家宝总理在纽约演讲摘录)

经贸关系是两国关系的经济基础。**互利共赢**的中美经贸关系，不仅给两国人民带来了实实在在的经济利益，而且成为中美关系发展的**重要基础和强大动力**。至于中美贸易合作的迅速发展，对于周边地区经济繁荣乃至世界经济增长所起的促进作用，更是**有目共睹**。

中美贸易之所以能迅速发展，根本原因在于两国经济具有**极大的互补性**。这种互补性，很大程度上来自两国经济资源条件、经济结构以及消费水平存在着**很大的差异**。中国是最大的发展中国家，**市场广阔**，**发展迅速**，**劳动力成本低**，但资金短缺、科技和管理相对落后。

美国是最大的发达国家，**经济总量大**，**资本充足**，**科技发达**，但劳动力成本高。**这种差异性和互补性**，将在今后长期存在，在经济全球化的大背景下显得更加突出。这就是中美贸易能够持续快速发展的客观基础。

中国有一句描写登泰山感受的古诗："会当凌绝顶，一览众山小。"我们对待中美贸易问题，要有这种**高瞻远瞩的战略眼光**。诸如美中贸易逆差问题，人民币汇率问题，知识产权保护问题，贵国社会各界甚为关注。

所有这些问题，是在中美贸易发展中出现的问题，是**可以取得共识，**也是可以逐步得到解决的，不应该也不可能影响中美经贸**发展大局。**随着中美经贸合作规模的扩大，有点摩擦**在所难免**。只要双方有诚意，这类问题完全可以**通过平等协商和扩大合作来加以解决**。

我愿意就发展中美公平贸易和经济合作提出五条原则，与各位**商榷**。这五条原则是：第一、**互利共赢。从大处着眼**，既要考虑自己利益，又要考虑对方利益。第二、**把发展放在首位。**通过扩大经贸合作来化解分歧。第三、**发挥双边经贸协调机制作用。**及时沟通和磋商，避免矛盾激化。第四、**平等协商。**求大同存小异，不动辄设限和制**裁。**第五、不把经贸问题**政治化。**

这五条原则，是建立在世贸组织**框架**和国际贸易**基本准则**基础上的，也是正确认识和妥善处理今后一个时期中美贸易可能出现的分歧和摩擦所需要的。这五条原则的核心和精髓是六个字：发展，平等，互利。**发展是动力，平等是前提，互利是目的。**这完全符合我们两国之间发展**建设性合作关系**的要求。

对汉语原文的分析：

(1) 用词规范、严谨、庄重，文章中没有不合语法和不合逻辑的词语，文章中的大词，抽象、概括的词语较多，见文中黑体部分。

(2) 论述文句子结构比较复杂，长句较多，如文中画线部分。

(3) 文章的内容比较复杂，逻辑性较强，讲究修辞、发展层次和谋篇布局。旨在解析思想、辨明事理、提出观点、表明态度。文章首先提出，互利共赢的中美经贸关系不仅给两国人民带来了实实在在的经济利益，而且成为中美关系发展的重要基础和强大动力。接着指出中美贸易之所以能迅速发展，根本原因在于两国经济具有极大的互补性。然后指出我们对待中美贸易问题，要有高瞻远瞩的战略眼光，所有这些问题，是在中美贸易发展中出现的问题，是可以逐步得到解决的，不应该也不可能影响中美经贸发展大局。在此基础上提出发展中美公平贸易和经济合作五条原则，并指出这完全符合我们两国之间发展建设性合作关系的要求。层层推进，布局合理。

文章中用了排比、对比、比喻等修辞手段。如：

1) 中国是最大的发展中国家，市场广阔，发展迅速，劳动力成本低，但资金短缺、科技和管理相对落后。美国是最大的发达国家，经济总量大，资本充足，科技发达，但劳动力成本高。(对比)

2) 发展是动力，平等是前提，互利是目的。(排比)

3) "会当凌绝顶，一览众山小。"我们对待中美贸易问题，要有这种高瞻远瞩的

战略眼光。(比喻)

(4) 文章简明、畅达，重条理性、论据的充分性和论述的客观性，以"理"服人。文章内容尽管复杂，但条理性强，摆事实，重论据，使人信服。

【参考译文】

Working Together to Open New Prospects for China-US Trade Partnership

(Excerpts from Premier Wen Jiabao's Speech in New York)

1. Trade links form the economic foundation of bilateral relations. Pursuing mutual benefits and win-win situations, the China-US trade ties have produced tangible economic benefits for the two peoples, but also underpinned the two countries' overall relationship, giving it a strong impetus for expansion. The rapid development of the economic partnership between China and the US have also contributed to the economic well being of their surrounding areas and to the global economic growth, which is there for the world to see.

2. The strong growth in China-US trade is fundamentally attributed to the highly complementary nature of the two economies, which, to a large extent, stems from the big differences in their natural resources, economic structures and consumption levels. Being the world's largest developing country, China has a huge market offering plenty of business opportunities and low labor costs, but it is lacking capital funding, sophisticated technology and advanced managerial expertise.

3. On the other hand, the United States, as the world's largest developed country, has a large economic size and abundant capital funds as well as advanced science and technology. But the costs of labor in the US are high. Such differences and complementarity will continue to exist for a long time, and are likely to be standing out in the process of economic globalization. This has provided a solid basis for the sustained and rapid expansion of China-US trade.

4. Depicting his exhilaration of climbing Mt. Tai, an ancient Chinese poet once wrote, "I will ascend the mountain's dominant peak—to have a commanding view all in a sweep." When approaching problems in China-US trade, we also need to see things in a panoramic and strategic perspective. Problems such as US trade deficit with China, the RMB exchange rate, and the IPR protection, are all understandably of concern to various circles of American society.

5. However, those problems are growing pains accompanying the growth of China- US trade, and they can be ironed out gradually since common understanding can be reached through bilateral approaches. They should not, and will not, impede the general trend of development of China-US trade. With the expansion of two-way trade and economic ties,

certain frictions are bound to be cropping up. So long as the two sides act in good faith, such problems can be properly resolved through consultations on equal terms and the expansion of bilateral cooperation.

6. I would like to propose, for your consideration, the following five principles for fair trade and economic partnership between China and the US: The first principle is mutual benefit and win-win outcomes. With a broader vision, one side should take account of the other's interests while pursing its own. The second is giving priority to development. Existing differences should be resolved through expanded trade and economic cooperation. The third is to bring into full play the coordinating mechanisms in our bilateral trade and economic relations. Disputes should be addressed in a timely manner through exchanges and discussions to avoid possible escalation. The fourth is consultations on equal terms. The two sides should seek consensus on major issues while reserving differences on minor ones, shunning the resort to restrictions or sanctions at every turn. And the fifth is avoiding making economic and trade issues politicized.

7. Those five principles are based on the WTO framework and international trade norms. They are indispensable for effective approaching and proper handling of possible trade disputes or frictions between our two countries in the future. These five principles actually boil down to three points, namely: development, equality, and mutual benefit. Development is the propeller, equality the premise, and mutual benefit the objective. This fully conforms to the wish of both sides to foster a constructive and cooperative relationship between our two countries.

（原文和译文摘自《中国翻译》2004(4): 97)

译文较好体现了原文的特点，又符合译入语的表达习惯。

七、法律文体的文体特征及翻译要点

法律文体属于非常正式的文体，有专门的形式和用词，英汉皆然。一般有以下特点：

(1) 语气严肃、庄重。如：为了……特制定本法。This Law is formulated with a view to...; 订立合同，必须……，并不得…… In concluding a contract, the parties must...and shall not...

(2) 用词具体、清楚、规范。如：本法的适用范围是**中华人民共和国的企业**或者**其他经济组织**同**外国的企业**和**其他经济组织**或者**个人**之间订立的**经济合同**(以下简称合同)。但是，**国际运输合同除外**。

(3) 为了表达周密，所以长句多。如：

◆在中华人民共和国境内履行的中外合资经营企业合同、中外合作经营合同、中外合作勘探开发自然资源合同，适用中华人民共和国法律。

中华人民共和国缔结或者参加的与合同有关的国际条约同中华人民共和国法律有不同规定的，适用该国际条约的规定。

This Law shall apply to economic contracts concluded between enterprises or other economic organizations of the People's Republic of China and foreign enterprises, other economic organizations or individuals (hereinafter referred to as "contracts').

The law of the People's Republic of China shall apply to contracts that are to be performed within the territory of the People's Republic of China, namely contracts for Chinese-foreign joint ventures, Chinese-foreign cooperative enterprises and Chinese- foreign cooperative exploration and development of natural resources.

(4) 格式固定，英汉皆然。如：第一章　第一条　第二条　第三条……；第二章　第四条　第五条　第六条……；第三章……；第四章……；……

CHAPTER I　Article 1　Article 2　Article 3; CHAPTER II　Article 4…Article 5 Article 6; CHAPTER III…, CHAPTER IV…, …

法律文体的翻译要点：

(1) 用严肃、庄重的语气来翻译。

(2) 选词准确、具体，忌含混、游移。

(3) 英语中复合句多，汉语中前置修饰语多。

(4) 用英汉法律文章各自的习惯表达来表达。

汉、英法律文体的特点和翻译要点，可以从以下法律文本的中、英文对照文本中看出。

【中文原文】

中华人民共和国涉外经济合同法(节选)
(一九八五年三月二十一日第六届全国人民代表大会
常务委员会第十次会议通过并公布)

第一章　总　则

第一条　为了保障涉外经济合同当事人的合法权益，促进我国对外经济关系的发展，特制定本法。

第二条　本法的适用范围是中华人民共和国的企业或者其他经济组织同外国的企业和其他经济组织或者个人之间订立的经济合同(以下简称合同)。但是，国际运输合同除外。

第三条　订立合同，应当依据平等互利、协商一致的原则。

第四条　订立合同，必须遵守中华人民共和国法律，并不得损害中华人民共和国的社会公共利益。

第五条　合同当事人可以选择处理合同争议所适用的法律。当事人没有选择的，适用与合同有最密切联系的国家法律。

在中华人民共和国境内履行的中外合资经营企业合同、中外合作经营合同、中外合作勘探开发自然资源合同，适用中华人民共和国法律。

中华人民共和国法律未作规定的，可以适用国际惯例。

第六条 中华人民共和国缔结或者参加的与合同有关的国际条约同中华人民共和国法律有不同规定的，适用该国际条约的规定。但是，中华人民共和国声明保留的条款除外。

第二章 合同的订立

……

【参考译文】

LAW OF THE PEOPLE'S REPUBLIC OF CHINA ON ECONOMIC CONTRACTS INVOLVING FOREIGN INTERESTS

(Adopted at the Tenth Session of the Standing Committee of the Sixth

National People's Congress and Promulgated on March 21, 1985)

CHAPTER I   GENERAL PROVISION

Article 1   This Law is formulated with a view to promoting the lawful rights and interests of the parties to Chinese-foreign economic contracts and to promoting the development of China' s foreign economic relations.

Article 2   This Law shall apply to economic contracts concluded between enterprises or other economic organizations of the People's Republic of China and foreign enterprises, other economic organizations or individuals (hereinafter referred to as "contracts'). However, these provisions shall not apply to international transport contracts.

Article 3   Contracts shall be concluded according to the principle of equality and mutual benefit and the principle of achieving agreement through consultation.

Article 4   In concluding a contract, the parties must abide by the law of the People's Republic of China and shall not harm the public interest of the People's Republic of China.

Article 5   The parties to a contract may choose the proper law applicable to the settlement of contract disputes. In the absence of such a choice by the parties, the law of the country that has the closest connection with the contract shall apply.

The law of the People's Republic of China shall apply to contracts that are to be performed within the territory of the People's Republic of China, namely contracts for Chinese-foreign joint ventures, Chinese-foreign cooperative enterprises and Chinese- foreign cooperative exploration and development of natural resources.

Matters not covered by the law of the People's Republic of China shall be dealt with through international practice.

Article 6　Where an international treaty, of which the People's Republic of China is a Contracting party or a signatory, differs from the law of the People's Republic of China in matters relating to a contract, the provisions of the international treaty shall prevail, with the exception of clauses about which the People's Republic of China has declared reservation.

　　总之，翻译要根据不同文体的特点来确定翻译方法。"似乎可以按照不同文体，定不同译法。例如信息类译意，文艺类译文，通知、广告类译体，等等。所谓意，是指内容、事实、数据等等，需力求准确，表达法要符合当代国际习惯。所谓文，是指作家个人的感情色彩、文学手法、结构形式等等，需力求保持原貌，因此常须直译。所谓体，是指格式、方式、措辞等等，需力求该体在该语中的惯例，绝不能'以我为主'，把商品广告译成火气甚重的政治宣传品等等。""语篇类型的差异也使翻译活动呈现不同的特点。不同的语言对组也会出现不同的信息传译规律。这些都必然、也必然，在翻译教学中体现出来，分门别类地加以对待。笔译和口译需分开教，英译汉和汉译英也不宜混为一谈，按不同的语篇类型实施培训，如科技翻译、法律翻译，也已经有所实践。"（王佐良，1997：495）王先生的话，说出了翻译不同的文体所应该注意的重点，在今天仍然有着指导意义。

2.9　各种文体的练习所占的比例

　　由于学时数的限制，在翻译教学中应该安排好各类文体的练习时间，否则就会顾此失彼。一般来讲，以英译汉一年的教学为例，在实际教学中，应该首先从浅显的小故事、短文入手，经过半学期的练习后，学生才会对属于"语言共核"的部分的翻译比较熟悉，在这个基础上，再分阶段练习各种文体。每一种文体的练习结束后，进行归纳总结，使学生对该文体的特点和翻译要点有一个理性的认识。经过十几年的翻译教学实践，笔者认为这是可行的。

2.10　译者的跨文化意识和跨文化转换策略

　　首先，我们再来看看 2.1 中人们在不同时期为翻译下过的定义。

　　从这些不同时期给翻译下的定义来看，最早人们认为翻译只是将一种语言形式转换为另一种语言形式。后来人们认识到翻译不仅仅是语言形式的转换，而是两种语言文字意义的转换。奈达的定义又增加了一个内容，认为翻译不仅是语言和语义的转换，还包括文体的转换。在张今先生给翻译下的定义中，把翻译看作是两个语言社团的交际过程和交际工具，把非语言的因素，如社会的政治、经济、文化现实世界的逻辑映像或艺术映像都包括进去了。孙致礼先生的定义把翻译看作是交际活动，是有目的的交际活动。文化因素越来越受到翻译研究的关注。

　　翻译活动从原来人们认为的纯粹的语言之间的转换活动越来越被看成是跨文化的活动。然而，翻译作为特定语境下的跨文化交际活动，并不涉及某一文化整体的所有方面。

　　浙江大学许力生教授在其著作《跨语言研究的跨文化视野》中认为，讨论翻译问题要找到语言和文化的结合点——话语。因为我们需要的是对与翻译文本相关的话语状况的具体分析。特定的跨文化翻译通常并不涉及整体文化的所有方面，而只涉及相关的话语系统和话语社团。从"话语系统"、"话语社团"的概念和理论出发，许教授认为语言之间的翻译实际上应该进一步划分为"话语内翻译"(intra-discourse translation)与"跨话语翻译"(inter-discourse translation)。他认为，表面上不同的语言体系或语言社团之间并不是彼此孤立、毫无联系的，而是有所交叉和重叠，即不同的语言体系或语言社团中包含有相同或相似的话语体系或话语社团。换句话说，使用某一语言的某些人可能会与使用另一语言的某些人属于同一个话语体系或社团，因而这些人之间的交流就是同一话语内的交流，比较容易做到相互理解。他们之间交流的障碍主要产生于各自之间语言的差异。而对于那些不属于同一语言社团，又不属于同一话语社团的人们来说，交流不但会碰到语言上的障碍，而且还会因为话语体系或社团的不同遭遇更大的困难。他们之间的交流就较为复杂，理解上的障碍也更多。同一话语社团内的交流与不同话语社团间的交流所存在的差异，必然对其产生深刻的影响，并因此呈现不同的特征。这种观点为我们进行语篇研究和语篇翻译方法的选择提出了一个崭新的视角。"话语翻译"的提出，改变了我们把所有的翻译都笼而统之地认为是跨文化的翻译的观点，也为我们采用何种翻译策略提供了思路。对于同一话语社团的不同语言之间的翻译，一般以直译为主；对于不同话语社团的不同语言之间的翻译，一般以意译为主。文化的差异一般是存在于不同话语社团之间的。当然，"话语翻译"要建立在语篇分析的基础上。同时，"话语翻译"也对格莱斯的合作原则提出了质疑，这一合作原则可能适合某一话语社团，对其他不同的话语社团不一定适用。因此，在理解源语语篇蕴含义和在重构目标语语篇的时候，合作原则并不是处处适用。

　　语篇模式实际上是人们在特定文化的具体语境中使用语言完成其交际任务的习惯性方式和程序。从根本上说语篇的构建方式与所使用的语言没有必然的联系，尽管同一语篇模式在不同的语言中的实现可能会有一些差异。决定语篇构建方式的是文化，是基本文化观念与价值，包括如何看待外部客观世界以及人与世界的关系、如何看待人与人之间、个人与社会之间的关系，等等。这些决定文化基本特质的东西在很大程度上决定着人们会构建出什么样的语篇来。语篇的差异与使用的语言之间的不同并无本质上的联系，而与人们对语言的使用，即话语密切相关。因此一些用不同语言写成的语篇之间的相似之处可能明显大于用同一语言写成的语篇之间的相似之处，某些同一语言语篇之间的差异也可能大于与另外一种语言语篇之间的差异。那就是说，有些汉语语篇会跟某些英语语篇有更多的相似，而同样是汉语语篇或英语语篇，有些语篇各自内部之间的差异也许还会大于与另一种语言语篇的差异。

由此看来，我们可以这样认为，对于那些不属于同一语言社团，但属于同一话语体系或话语社团的话语内语篇翻译，由于牵涉到的文化差异相对较少，在翻译时可以考虑采取直译或异化翻译的方法；对于那些既不属于同一语言社团，又不属于同一话语体系或话语社团的跨话语语篇翻译，可能要采用意译或归化的翻译，以解决不同话语社团之间的文化差异问题，由此达到交流的目的。

《现代汉语词典(增补本)》给"文化"下了三个定义：1) 人类在社会历史发展过程中所创造的物质财富和精神财富的总和，特指精神财富，如文学、艺术、教育、科学等。2) 考古学用语，指同一历史时期的不依分布地点为转移的遗迹、遗物的综合体。同样的工具、用具，同样的制造技术等，是同一种文化的特征，如仰韶文化、龙山文化。3) 指运用文字的能力及一般知识，学习文化 | 文化水平。在翻译研究中，我们关心的是第一条定义。

按《文化语言学》(修订本)的文化分类法，将文化分为"物质文化、制度文化和心理文化。"(陈宏薇，2004：22)

物质文化(material culture)指人类创造的物质文明，指一切可见可感的物质和精神的产品，其下属的文化有饮食文化、服饰文化、建筑文化、戏曲文化等。制度文化(institutional culture)指人类社会制度、宗教制度、生产制度、教育制度、劳动管理分配制度、家庭制度、亲属关系、礼仪习俗、行为方式等社会规约以及与其有关的各种理论。心理文化(mental culture)指人类的思维方式、思维习惯、价值观念、审美情趣、信仰、心态等。

翻译不仅是语言转换，更确切地说是文化转换。文化的共性使转换成为可能，文化的差异使转换不可能完美。文化的个性形成文化差异的鸿沟，译者的使命就是架设跨越鸿沟的桥梁。我们还应该认识到语言和文化差异在很大程度上源于心理文化的差异，而在心理文化中，对语言文化转换最具阻力的是思维方式的差异(同上)。无论在英语中还是在汉语中，都有许多文化特色浓郁的词语，特别是在许多成语、谚语、俚语、方言、颜色词、动物名词、姓名中，文化内涵十分丰富，翻译这样的词语，应该掌握的一个原则是：一方面要尽可能传达源语的文化特色，另一方面又不逾越译语文化和译语读者可接受的限度，具体来讲，翻译这些文化内涵丰富的词语有三种策略(孙致礼，2003：127—131)：

(1) 移植法/直译法。就是在译语中保留原文的形象化语言，为读者保留下了解异域文化的机会。同时，新形象的引入，有利于提高译语文化对异域文化的解释和消化能力，成为译入语的"新鲜血液"，但表达时切忌生搬硬套。例如：将英语的 Beauty lies in the lover's eyes 译为"情人眼里出美人"；将汉语的"守口如瓶"译成 to keep one's

mouth closed like a bottle。

(2) 借用法。就是借用译入语现成的俗语来传译原文中的俗语。有两种情况：1) 源语中的表达方式在意思和形象上同译语的表达方式相似。例如：将英语成语 castle in the air 译成"空中楼阁"；将汉语成语"有其父必有其子"译成 Like father, like son。2) 源语中有许多表达方式尽管在译语中找不到"形同意同"的对等表达方式，但却可以找到"形异而意同"的表达方式。例如：将英语成语 leave no stone unturned 译成"千方百计"；将汉语成语"挥金如土"译为 to spend money like water。但在译"形似而意不似"的习惯说法时，要避免望文生义。例如：不能将 pull one's leg(跟某人开玩笑，取笑某人)译为"拖后腿"，或将 eat one's words(收回前言，承认错误)译为"食言"。

(3)意译法。由于英汉语言文化的差异，有些文化内涵丰富的表达方式，既不能采取移植法/直译法，也难以采用借用法，只能采取意译法。例如：将汉语成语"粗枝大叶"译为 to be crude and careless，而不是译为 with big branches and large leaves；将英语成语 fish in the air 译为"水中捞月"或"缘木求鱼"，而不是译为"在空中钓鱼"，等等。需要注意的是，语言的文化内涵并不总是一成不变的，随着时间的推移，有些文化内涵丰富的表达方式渐渐演变成了一般性词语，译时用意译法即可。如对 tribal war dances 的翻译，如果译成"跳着原始部落出战前跳的舞"，现代人可能觉得有点不太懂，还不如译成"狂欢乱舞"更易被当今的人们接受。

2.11　中西翻译理论的发展

一、中国的翻译事业及理论综述

中国的翻译事业约有两千年的历史，一直比较重实践、轻理论。自汉代到近代两千多年来，许多翻译家对翻译提出了精辟的见解。最初是在佛经翻译时的感想，如支谦对佛经翻译的论述，道安提出的"五失本三不易"，鸠摩罗什论西方辞体，慧远主张厥中之论，僧睿论翻译名实问题，僧佑论胡汉音义同异，彦琮论述译经必须以梵本为依据的"八备"，玄奘的"五不翻"，道宣对历代译经的批评，赞宁对译经理论的总结；接下来是徐光启、李之藻、杨廷筠、王徵、魏象乾等对翻译问题的论述；在近代有冯桂芬、马建忠、梁启超、严复、林纾、胡怀琛等的译论；在现代有胡适、刘半农、郑振铎、茅盾、郭沫若、朱自清、鲁迅、瞿秋白、朱生豪、朱光潜、金岳霖等的论述，之后还有傅雷、钱锺书、王佐良、许渊冲等的论述。这些论述大都是些随感式的，加在一起，还不足以形成真正系统的科学的译学理论。

据史书记载，我们的祖先很早就开始了与各邻近民族之间的文化交流和贸易往来。由于语言不通，给交往带来不便，就有了专司翻译之职的人员。到了公元前五到四世纪，我国与世界各地的贸易往来进一步发展，最远一度达地中海地区，翻译工作成为其中不可缺少的环节，只不过当时主要是言语的沟通，即我们现在所谓的"口译"为主。

67 ◆

The Teaching of Translation: Theory and Practice

　　汉武帝时(约公元前二世纪)，张骞两度出使西域，为开辟著名的"丝绸之路"作出了巨大贡献，东西方的文化、经济交流也随之日增，翻译人员为此所作的贡献是不可磨灭的。但是，真正形成我国历史上第一个重要的翻译时期，是始于汉末佛教的传入。从那时起到北魏、隋唐、宋初一千多年间，以佛教为主的笔译工作有了长足的发展，此间著名的翻译家有鸠摩罗什、真谛一起、玄奘等一些僧人。译经达一万五千卷以上，对中国文化的各方面，如哲学、宗教、文学、音韵学、语言文体、音乐舞蹈、绘画雕刻等产生了深远的影响。他们在佛经翻译的基础上不断总结经验，展开了翻译标准与方法的探讨与争论，初步形成了我国的翻译理论体系。

　　宋代以后，译经事业衰微，加上历代封建统治者奉行闭关锁国的政策，翻译事业处于停滞衰退的状态。明代郑和下西洋，重开了我国对外交流史的新纪元，沿海的对外贸易和商品经济开始活跃，西方的文化也随着经济往来逐渐传入我国，出现了明清之际介绍西欧各国科学文化的第二个重要翻译时期。这期间重要的翻译家有徐光启、林纾、严复等。明末爱国科学家徐光启曾与来华的传教士利玛窦等合作，编译了一些先进的科技著作，成为介绍西方科学的先驱。鸦片战争期间，面对西方列强的侵略，林则徐极力主张睁开眼睛看世界，于是设立译馆，组织翻译外文书报，搜集西方先进科学技术，"以夷制夷"。晚清时期，严复通过翻译西方哲学、政治学、经济学、法学著作，引进资本主义的"西学"、"新学"，与封建主义的"中学"、"旧学"作斗争，在中国思想界、学术界发挥了启蒙作用。林纾翻译了一百八十多种西方文学作品，使中国人了解了西方社会，加强了反帝反封建的意识。其中对翻译实践和理论作出杰出贡献的应首推严复。严复在大量翻译了西方政治、经济名著的基础上，总结出了"信、达、雅"翻译三标准。在他之前，马建忠在《拟设翻译书院议》中提出了"善译"说，即"译成之文，适如其所译……使阅者所得之益，与观原文无异"，可以说，马建忠的"善译"与严复的"信、达、雅"为我国及其以后的翻译理论的发展奠定了基础。

　　"五四"时期，我国的外国文学翻译达到了一个前所未有的高潮，通过鲁迅、瞿秋白、郭沫若、茅盾等人的倡导和努力，大量介绍了俄罗斯文学，被压迫民族的文学，以及英、法、德等国的现实主义和积极浪漫主义的作品，对我国人民反帝反封建的斗争起到了巨大的鼓舞作用。

　　中华人民共和国成立后的十多年，我国的翻译事业，遵循党的文艺方针，发扬"五四"以来新文化运动的光荣传统，一方面把重点放在翻译马列主义著作、介绍苏联和社会主义国家的文学作品上，另一方面又译介了不少西方资本主义国家的古典作品，以及反映这些国家人民为争取自由而斗争的现代作品，激发了我国人民的爱国热情，推动了我国的社会主义建设。

　　改革开放时期，我国的翻译工作达到了有史以来的顶峰，特别是对西方文化的介绍，不仅思想、理论和文学方面的译介工作搞得有声有色，而且在译介西方的经济建设和科技发展信息方面，在世界文化史上也堪称首屈一指，大大推动了我国的现代化建设事业。

但是，我国的翻译理论总的来讲缺乏系统性，没有形成理论学派。翻译理论不仅大都是些随感式的，而且基本上是针对文学翻译而提出的。如直译意译之争，"化境"、"神似"之说等等。

北京大学文学翻译教授，被称为将中文诗词翻译为英、法韵文惟一专家的许渊冲先生认为："中国文学翻译理论是全世界有史以来运用最广、水平最高、作用最大的翻译理论，是我国争办世界一流大学，出版世界一流文学作品的先声。全世界有 10 多亿人在用中文，又有 10 亿人在用英文，所以中文和英文是全世界用得最多的文字。中英互译是全世界最重要的翻译。不能解决中英互译问题的理论，不能算是具有国际水平的译论。20 世纪以前，没有一个西方学者出版过一本中英互译问题的文学作品，因此，不可能提出解决中英互译问题的理论。"他在其著作《翻译的艺术》一书中，根据自己长期从事文学翻译，尤其是诗歌翻译的亲身实践，提出了"中国学派的文学翻译理论"，主要包括：优化论、三势论、三似论、三美论、三化论、创译论、三之论、竞赛论、艺术论。

"优化论"是相对于"对等论"而提出来的。优化论和对等论的不同之处是：对等论认为文学译文应该用对等的译语表达方式；优化论认为文学译文应该用最好的译语表达方式。如果对等的方式就是最好的方式，那么，优化论和对等论是相同的；如果对等的方式不是最好的方式，那就要舍"对等"而取"最好"或"优化"。换句话说，对等论重真(或似，或忠实)；优化论重美(文学语言)。"真"是文学翻译的必需条件，是个对错问题，不真就不对，真却不一定好，所以只是个低标准；"美"是文学翻译的充分条件，是个好坏问题，不美的译文不一定算错，但美的译文却是更好的译文，所以是高标准。

"三势论"：发挥译语优势，改变劣势，争取均势。优化论就是发挥译语优势论。两种文字有时可以对等，那是均势；如果不等，一种文字就有优势或强势，另一种文字却处在劣势或弱势的地位。具体说来两种文字都各有优势，各有劣势。中文的优势是精练，含义丰富，成语典故较多，结构有四字词组等；英文的优势是精确，逻辑思维严密，语法结构清楚，有关系代词等。中文和英文有 45% 处在均势。因此，在翻译的时候，应该尽可能发挥译语的优势，改变劣势，争取均势。

"三似论"：形似、意似、神似。优化论是发挥译语优势论，对等论基本上可以说是形似论，奈达的动态对等论可以算是意似论，而优化论却可以包括更高级的神似论。

"三美论"：意美、音美、形美。优化的译文，就是具有意美、音美、形美的译文，特别表现在诗词翻译中。

"三化论"：等化、浅化、深化。传达原文的意美，包括达意和传情两方面。传达原文的"三美"可以用"三化"的方法：等化、浅化、深化。所谓等化，包括形似对等、意似的动态对等、词性转换、正说反说、主宾互换、主动被动互换、同词异译、异词同译、典故移植等。所谓浅化，包括一般化、抽象化、减词、合译、化难为易、以音译形等。所谓深化，包括特殊化、具体化、加词、分译、以旧译新、无中生有等。

"创译论"：最高级的深化论。从解构主义的观点来看，"所谓的'对等翻译'是不可能的，"赋予新的意义就是创译。

以上"优化论"和"三美论"是文学翻译的本体论，"优美"是文学翻译的本体，不优美的译文不能算是文学翻译。"三化"和"创译"是文学翻译的方法，用等化、浅化、深化、创译、超导、克隆等方法，可以产生优美的文学翻译。

"三之论"是文学翻译的目的论，借自于《论语》中的一句话："知之者不如好之者，好之者不如乐之者。""知之"，就是知道，了解；"好之"就是喜欢，爱好；"乐之"就是"愉快"、"快乐"。文学翻译的目的，第一是使读者知道原文说了什么，第二是使读者喜欢译文，第三是使读者觉得愉快。如果读者读后不知道原文说了什么，这就没有达到翻译的最低目的，也就是说，译文和原文不"意似"。如果读者知道原文说了什么，但不喜欢译文，这就没有达到文学翻译的目的，也就是说，译文只和原文意似，却没有传达原文的美意。如果读者不但喜欢译文，而且读得爱不释手，觉得是一种乐趣，那就达到了文学翻译的最高目的。

"竞赛论"：是对几种译文关系的认识论。"三似论"是对译文和原文关系的认识论，"三势论"则是对两种语文关系的认识论。几种译文摆在面前，看哪一种更能传达原文的意美、音美和形美，更能使人知之、好之、乐之，这就是许先生提出的"竞赛论"。

"艺术论"：许先生认为，文学翻译不可能不受译者的思想的影响，所以不是科学，而是艺术，因为"科学包含客观的真理，不受个人思想和感情的影响。"科学研究的是"真"，艺术研究的是"美"；科学研究的是"有之必然，无之必不然"之理；艺术研究的是"有之不必然，无之不必不然"之艺。如果用数学公式来表达，科学的公式是 $1+1=2$，$3-2=1$。艺术的公式却是 $1+1>2$，$3-2<1$。文学翻译可以意似(近真)，公式是 $1+1=2$，但译文也可以是形似而不意似(不真)，公式是 $1+1<2$；还可以是神似(近美)，公式就是 $1+1>2$。意似是个对不对、真不真的问题，不对不真，不能算是翻译；神似却是个好不好、美不美的问题，对而不好，真而不美，可以算是翻译，但不能算是文学，又对又好，又真又美，才能算是翻译文学。"真"是文学翻译的最低标准，"美"才是文学翻译的高标准。如果真和美没有矛盾，能够统一，那自然最好、最理想，但在中英互译的现实中，求真和求美往往是有矛盾的，不过矛盾的大小、多少不同而已。解决文学翻译中求真和求美的矛盾不是定型定量的科学方法可以做到的，因此，文学翻译理论也是一门艺术。

许先生还举了许多例子来阐明以上的文学翻译理论。但是像许先生这样根据自己的翻译实践对文学翻译进行如此系统的分析和总结的翻译家并不多。在中国，除了文学翻译以外，还有其他各种文体的翻译，有些学者对文体与翻译也进行过一些探讨，总结出了不少的翻译技巧和方法。但是缺乏深入系统的理论整合和论据充足的详细阐述，还没有形成学派。在中国，翻译作为学科提出来，乃是 20 世纪最后 20 年的事情。正如王宏印在《西方翻译理论流派研究》一书的代序中所说的："其理论建树和学科成就，仍然没有脱离草创和借鉴阶段，难免显得有些荒芜和杂乱。"

西方翻译活动开始于公元前三千年，早在 17 至 19 世纪就提出了系统、全面、带有普遍意义的理论模式。特别是 20 世纪第二次世界大战结束后，翻译理论研究有了质的飞跃，有影响的翻译理论家层出不穷。翻译流派和思潮此起彼伏，20 世纪后半叶出现了翻译理论空前发展、思想流派异彩纷呈的繁荣局面。出现了奈达、卡特福德、纽马克、穆南、威尔斯、费道罗夫等在世界范围内很有影响的翻译理论家，积累了丰富的经验，摸索出了许多可行的翻译方法，形成了较为完整的翻译理论。

二、西方翻译历史及理论综述

西方翻译活动开始于公元前三千年，到了公元前 3 世纪，有文字记录的翻译作品的问世标志着西方古代翻译的开始。最早的有一定规模的翻译活动从古罗马开始，大量的希腊文学作品被译成拉丁语，因此，西方的翻译理论一开始就具有文学翻译的特征。人们开始发表对翻译的零星见解，比较重要的有西塞罗与贺拉斯的保留原作风格，反对字当句对的理论；昆体良提出的译作应"与原作赛跑"。古罗马帝国后期，为满足基督教的快速传播，《圣经》文本的翻译提到了议事日程。随《圣经》翻译发展起来的译论，有哲罗姆的"文学用意译，圣经用直译"以及"不逐字对译"的观点；奥古斯丁的翻译风格取决于译本读者的类别，认为翻译的基本单位是词，并从译词与原词的对等来衡量翻译的对等，发展了亚里斯多德的符号学说。他的译论对后世的语言与翻译的研究起了重要的作用。

到了中世纪，随着宗教势力的逐渐加强，为了使普通百姓能有自己的《圣经》文本，教会神职人员用民族语言翻译《圣经》的活动日益普遍，同时，亚里斯多德、柏拉图等人的大量古典哲学和科学名著被翻译出来。像但丁、乔叟、维尔等都是十分活跃的翻译家，他们对翻译发表了各自的看法，但在整个中世纪，西方的翻译理论的研究仍然是不系统的，主要是直译与意译的问题。

14 至 16 世纪的文艺复兴对古希腊、罗马文学、艺术和科学的重新发现大大地促进了古典文化的发展和传播，使《圣经》、古典文学作品和其他人文科学著作的翻译达到了一个新的高潮。西方各国广泛的翻译活动不仅对译论提出了积极的需求，而且为译论的发展提供了肥沃的土壤。许多翻译理论家同时也是翻译家、文学家、哲学家或艺术家，这使翻译理论的研究一开始就具有十分明显的实践性和跨学科或学科交叉的鲜明特征。这一时期马丁·路德的译论发挥了积极的作用。

　　17 世纪至 19 世纪是西方翻译理论史上的一个重要发展时期。各国翻译活动的规模虽不如文艺复兴时期，但翻译的题材更加广泛。翻译理论家开阔了视野，提出了更加全面、系统、带有普遍意义的理论模式。泰特勒发表了《论翻译的原则》，阿诺德与纽曼围绕荷马史诗进行了激烈的论争，歌德、施莱尔马赫和洪堡从语言学和文学的角度对翻译进行了深入探讨，法国围绕德·阿伯兰库的就翻译原则和方法展开了古今之争和准确与自由之争，以巴托的议论最有建树。俄国在翻译活动与译论研究上提出了翻译的文艺学观点，出现了普希金、别林斯金等著名的译论家。这些都极大地促进了翻译的发展，为翻译研究开辟了崭新的、逐渐科学化的道路。

　　20 世纪被纽马克誉为"翻译的时代"，这一时期的世界翻译活动和翻译理论研究发生了空前的变化。世界范围的翻译教学蓬勃发展，翻译工作者协会、翻译组织和刊物应运而生，培养翻译人才的专门学校也开始出现。随着机器翻译的问世，人们开始研究译论面临的新问题，翻译理论研究的广度和深度超过了以往任何时代。20 世纪的译论可大体以第二次世界大战结束为界分为两个阶段。第二次世界大战结束以前，西方的译论主要仍从古典文学翻译的角度出发，大多停留在传统的翻译方法上，确有突破的见解不多。第二次世界大战以后，翻译理论研究在上述基础上有了质的飞跃，有影响的翻译理论家层出不穷，研究的领域日益广泛。翻译对本民族语言的作用与贡献、各民族语言的共性与差异、可译与不可译的科学根据、翻译的目的、文本的类型和翻译方法之间的关系都成为翻译关注的中心。随着相关科学的日益相互渗透，除语言学、文学、美学之外，心理学、社会学、跨文化交际、符号学、信息论、机器翻译、人机对话均成为翻译理论家研究和考察翻译的新视角，翻译流派和思潮此起彼伏，使 20 世纪后半叶出现了西方翻译理论空前发展、思想流派异彩纷呈的繁荣局面。奈达、卡特福德、纽马克、穆南、威尔斯、费道罗夫等成为世界范围内极有影响的翻译理论家。

　　为了较为客观、系统、全面地再现两千多年来西方重大翻译理论流派的全貌，使中国学界能清楚地把握流派的变迁和发展的脉络，以及每一流派的重大理论家的翻译思想，李文革先生将这两千多年的西方的重大翻译理论分为七大流派并分章予以介绍与评述。

　　1. 翻译文艺学派

　　语言学成为一门现代意义的语言学科始于 19 世纪后半叶，仅有一百多年的历史。但在两千多年以前人们就开始研究语言了，这期间研究语言的学问就是语文学。传统语文学的研究不涉及语言体系内部的层次结构、语言作为交际工具的社会功能以及语言本身的变化和历史发展等，只是对古书作校勘和训诂工作，通过语言去研究古代的文化艺术、典章制度和风俗习惯。语文学家们对语言的研究都是主观的规定和臆测多于客观的描述和检验。他们往往只限于解释古代的书面语，以经典文献为依据制定刻板、教条的规范语法。

翻译的语文学理论就是语言学前时期,以语文学为基础的理论。这是一批哲学家、语文学家、作家和诗人对翻译所持的观点。他们只对如何翻译经典文献和文学作品感兴趣,大部分精力都集中讨论译文内容的选择和组织以及修辞手段,重点是解决两对矛盾: 1) 直译与意译的矛盾; 2) 翻译的绝对必要性与其内在的不可能性的矛盾。尤金·奈达和简·德·沃德对这一学派的特点作了精辟独到的论述,认为其"注重从原文的文学特征着眼,特别关心主题结构和话语文体;但是一般都比较注重原文(作者和文件背景),而不注重读者"。"着眼的基本问题始终在于究竟是调整信息的形式以适合读者的接受能力,还是督促读者求取足够的背景知识以充分领会原文的某些妙处"。18 世纪翻译家施莱尔马赫将其总结为:"译者要么可以尽量不惊动作者,而让读者去适应作者;要么可以尽量不惊动读者,而让作者去适应读者。"当然,由于时间和地点的差异,翻译的文艺学派在译论观点上也存在着差异。

2. 翻译语言学派

翻译语言学派即根茨勒所说的翻译"科学"派。翻译语言学派批判地继承了 19 世纪施莱尔马赫、洪堡等人的语言学翻译观。20 世纪初索绪尔提出的普通语言学理论,不仅为语言学的发展奠定了基础,也为翻译的语言学派的确立注入了活力。韩礼德的系统功能语法、布龙菲尔德的结构语言学,乔姆斯基的转换生成语法等为翻译语言学派提供了理论基础。翻译语言学派也是对翻译文艺学派重文学价值和美学体验而缺少系统化理论的反拨,使翻译研究深入到词、短语和句子的层次上。

这一派的理论家们基本达成的共识是,翻译应归属于语言学的研究范围,是应用语言学和比较语言学的一个分支,与语言学有着密切的关系。这是因为一方面是语言学的发展所取得的成果为翻译理论研究开辟了新的研究途径;另一方面,诸多语言学派的形成也使翻译的语言学派众多。

语言学翻译理论的缺陷在于,理论分析往往局限于单个词和句子,而忽视了话语结构这一更广泛的内容。近十年来,随着语言学和翻译理论研究的深入,语言学翻译理论已开始摆脱单个句子研究的局限,而更加重视话语结构和交际功能的研究了。

翻译语言学派的特点是有朦胧的学科意识,认为需要加强翻译的理论研究,使之成为一门"科学",但并没有使之成为一门独立的学科,而心甘情愿地让翻译研究成为别的学科的附庸,具体来说就是成为语言学的一个分支。这一学派的代表研究者有雅可布逊、奈达、卡特福德、威尔斯、纽马克、赖斯、弗米尔、费道罗夫等。

3. 翻译研究学派

在西方,更多的人现在已逐渐接受把翻译看成一门独立的学科。但对"翻译学"何时成立,各人意见还不一致。根茨勒具体地把 1976 年比利时洛文会议的召开看作是翻译学学科成立的标志,但更多的人认为,翻译学之成为"学科"是 20 世纪 90 年代的事情。翻译之成为学科,"翻译研究派"的努力功不可没,现在国际上已经通用的翻译学学科名称就是出于该派的建议。

　　翻译研究学派最早的几位学者霍姆斯、巴斯奈特和勒弗维尔都与荷兰、比利时有关，加上其他一些人，因此人们常说翻译学是从"低地国家"兴起的。另外两位学者埃文-佐哈尔和图里都在以色列的特拉维夫大学从事研究工作。翻译学为什么会在低地国家和以色列这样的地方兴起。根茨勒认为这与他们的社会、历史、地理条件有关：1) 他们都是小国，人口少，说的是小语种，"民族"文学深受周围"大"语种文学的影响，如荷兰受到德语、法语和英语文学的影响，以色列深受德语、俄语和英语的影响。以色列的情况比低地国家还要严重，低地国家至少还具有自己特色的文学传统，而以色列的希伯来语根本没有自己的文学典范，其文学作品的深度和广度完全依赖于外语文本；2) 更重要的是，由于政治和经济的原因，这些国家的整个文化都依赖于翻译。对于荷兰和比利时人来说，懂的外语越多，经济、学术和社会活动的机会就越多；对于以色列人来说，整个民族的生存都依赖于翻译。以色列人在翻译学研究方面比荷兰人更朝前走了一大步，也表现出了许多不同点。这可以从他们所处的地理位置得到有力的解释。荷兰和比利时处在欧洲的十字路口，以色列不仅处在东西方的交汇点，还处在西方国家和第三世界的交汇点。翻译学兴起的时候，人们还只是对语言学派不满，想寻找文学回归，以色列人更进而认为，不但语言的界限要突破，文学的界限也要突破，要把翻译研究纳入整个文化的范围，不但要研究不同文化间的文学和翻译的联系，研究同一文化系统内部不同文学间的联系，还要研究翻译作品引起的语言和文学的演变。他们同荷兰等国的翻译学家有许多共同点，但也有许多不同点。荷兰等国的翻译学家还基本相信翻译家的主观能力，认为成功的翻译作品会影响特定社会的文学和文化习惯，而以色列的翻译学家则恰恰相反，认为是接受一方的文化决定了翻译家的美学观念，从而影响其翻译过程中的策略。

　　翻译研究学派的奠基者是荷兰学者霍姆斯，还有经常和他在一起交流的捷克斯洛伐克的一些学者如列维、波波维奇、米柯等，还有后来常和他在一起交流以色列学者埃文-佐哈尔和图里，比利时学者兰姆伯特、布罗依克和勒弗维尔，还包括英国的巴斯奈特和赫斯曼、比利时学者杜尔斯特等人。这些学者形成了翻译研究学派的中坚，推动了翻译学在全世界的确立。最后，这支研究队伍扩大到观点相近的学者，如德国的弗米尔、纽伯特、斯奈尔-霍恩比，加拿大的贾尔、品姆和美国的韦努蒂等。进入20 世纪 80 年代以来，翻译研究出现了新发展，其中以斯奈尔-霍恩比形成的"综合学派"和以巴斯奈特和勒弗维尔为代表的"文化学派"使翻译研究学派进入了一个新阶段。此外，翻译研究学派的巴西后殖民主义学者和加拿大的女权主义以译者为中心的新角度来进行翻译研究，为翻译研究提供了一个新思路、新途径。这一学派还赢得过"低地国家学派"、"洛文-特拉维夫轴心"、"操纵学派"、"多元系统学派"、"描写翻译学派"等美名。

　　埃文-佐哈尔的"多元系统理论"对翻译研究产生了很大的影响，使人们对"翻译"的观念的认识发生了变化："翻译"的概念应该大大拓宽，关键在于译入语文化读者的眼里是否把文本视为翻译，而不是说要翻成什么样子才能成为翻译，这跟过去以原著为中心的翻译观念大不相同。翻译研究派的另一位重要代表人物勒弗维尔把所有直译、意译、改写、改编甚至假"翻译"等等都视为翻译，成为考察的对象，并提出"翻译就是重写的一种形式"的论断。把这一理论应用于中国的翻译研究，我们或许能从新的视角来理解和解释许多翻译现象。

　　翻译研究学派的学者在描写研究中发现，翻译研究必须开展译语文化背景和特征的文化研究，探讨文本以外的社会文化因素在翻译活动中的作用，扩大了翻译研究的范围，开拓了新的研究领域，使翻译研究得以向纵深发展。描写学派的贡献在于，它给予各种各样的翻译(直译、意译、改写、编写、复写、重写等)以正确的定位，避免了由于规约性的翻译标准而造成的概念上的困惑以及无谓而又无休止的争论。"描写翻译学派"对翻译有两个基本的认识：翻译的不完整性，即不可能把原文百分之百统统翻到译文中去，任何翻译都经历了不同程度的"摆布"，因此同一原文会在不同的译者手里和在不同的时代产生许多不同的译文。描写学派并不想完全推翻和摧毁传统的规约性的翻译标准的翻译理论，而是想解构之，即对它的一些不尽完善的地方提出批评。"描写翻译学派"的兴趣不在语言上。

　　"描写翻译学派"在 20 世纪 90 年代出现了文化转向，学者们开始把翻译放在政治、文化的大背景之下进行研究，权力、社会意识形态、政治等成为他们的主要议题，代表人物是勒弗维尔和巴斯奈特。前者指出，翻译研究仅限于翻译技巧的研究是不会有成果的。文学翻译的研究，在本质上是社会的、历史的研究……翻译研究中最重要的不是首先考虑词语的对等，而是要研究为什么在那种情况下算是对等的；又是什么样的社会、文学和思想意识的考虑，使译者这样译或那样译；译者那样译试图达到什么目的；又是否达到了目的；为什么说达到了，又为什么说没有达到？这些才是翻译研究的中心问题。巴斯奈特翻译思想的一条非常重要的原则是：翻译绝不是一个纯语言的行为，它深深植根于语言所处的文化之中。他认为，翻译就是文化内部与文化之间的交流。翻译等值就是源语与译语在文化功能上的等值。

　　翻译研究学派的"综合学派"的代表人物斯奈尔-霍恩比的主张，填补了语言学与文学之间的空隙，将文化作为翻译的背景；文本分析要从宏观的语篇开始到微观的词语，而每个词语又不孤立地看，要联系它在整篇文章中的地位和功能；翻译不是静态而是个动态的过程，是译者作为读者把原文的理解在另一种文化中完整地创造出来，因而文学作品不断需要重译，完善的翻译永远不可能存在。这样翻译就必须是个综合性的跨文化的学科，它还必须吸收进心理学、人类科学和哲学的内容，而不属于这些学科中的任何一种，是个独立的学科。……翻译必须研究各种语言文本，而不像

语言学派那样只关心普遍语言而排斥文学语言，或传统的"操纵学派"那样只关心文学翻译。(李文革，2004：232)

　　翻译研究学派的研究还涉及女性主义、"食人主义"和后殖民理论等。女权主义否定翻译和译者的从属地位，想要建立译者的主导地位，强调译者的存在，强调译者对原文的占有和操纵。"食人主义"认为，真正的翻译不是对原文亦步亦趋地顶礼膜拜，而是主动地把握甚至吞食原文，为我所用。由于翻译大多是弱小的民族或语言翻译强大的民族或语言的文本，后殖民主义的翻译研究实际上表明了弱者与强者抗衡的努力。后殖民翻译理论把翻译和政治联系在一起，探讨弱小民族或语言对译者因意识形态、权力等因素的影响而采取的不同翻译策略。传统的翻译理论忽视了蕴涵于翻译文本的权利关系和历史语境。探索翻译在帝国主义文化霸权的解构和建构过程中的作用，强调翻译的文化和政治功能，对传统翻译研究构成了巨大的挑战，促使我们不得不重新审视对传统译论里的一些基本问题的固有认识，也为 21 世纪的翻译研究提供了全新的视角和思维空间。

　　4. 翻译阐释学派

　　阐释学是关于理解、解释和应用的方法论学说。其英文名称是 Hermeneutics，最早出现在古希腊文中，拉丁文的拼法是 Hermeneuein。Hermes(赫尔墨斯)是古希腊神话中奥林波斯诸神的使者，宙斯的传令者，是使节和传令官的庇护者。他主管商业、交通、畜牧、竞技、演说等，在为诸神传递消息时也有意无意地添上自己的"阐释"。因此，阐释学最初的意义可能是对"神"的旨意的诠释，在中世纪发展成为神学阐释学，教廷用来阐释《圣经》，以达到传播宗教的目的。由于人们不同的理解、解释和翻译，Hermeneutics 这一术语以不同的客体名称进入汉语：解释学、阐释学、诠释学、传译学等。

　　施莱尔马赫、狄尔泰、海德格尔等人为阐释学的发展作出了巨大的贡献。他们扩大了其研究范围，认为阐释学不只是一种诠释技巧，也是在不同环境中，包括宗教、世俗、科学和日常生活进行解释和理解的理论和实践。

　　阐释学并不是一门孤立、单一的学科。帕尔墨把其分为八个分支：1) 释经学(解释《圣经》)理论；2) 一般语言学方法论；3) 理解语言的科学；4) 研究人文科学的基础方法论；5) 存在与存在思维的现象学；6) 理解神话、象征和行动后而隐藏的意义所使用的解释系统；7) 关于解释过程和其有效性的理论；8) 研究社会环境中的人的阐释学经验学派。在思想渊源上，阐释学理论同马克思主义、实证主义、批判理论、现象学等都有联系。从阐释学本身的研究方向来看，理解是最基本的目标和任务。理解的对象包括文化现象，如生活方式、思维模式、一个人乃至一篇文本及文本中的段落、句子、短语和词汇等各个方面，包括翻译阐释学与翻译的联系主要在于如何解释源语与译语之间纯语言差距之外的文化和思维差异，如何较恰当地理解源语、表达译语。阐释学的基本观点与翻译理论是相通的，对翻译理论应起一定的指导作用。"阐释学与翻译的联系主要在于如何解释出发语与归宿语之间纯语言差距之外的文化和思维差异，如何恰当地理解出发语、表达归宿语"。(转引自李文革，2004) 翻译把外国语言移植为本国的语言，就是超越彼此之间的一切文化差距，使之可以理解，并重新固定下来。因此"翻译"是解释学的杰出楷模。(转引自李文革，2004)

阐释学派并不把文本当作共识的对象，他们感兴趣的是原作者的精神过程，文本只是一个透镜，通过它，译者可以探析原作者的精神过程和思维轨迹，把握超乎文本的"前结构"。

翻译的阐释学派强调翻译和理解之间密不可分的关系，对理解的作用及方式进行不同的阐述。从 18 世纪开始，德国学者便运用阐释学的概念来分析翻译过程。如施莱尔马赫的翻译理论明显地体现了阐释学派的一个基本概念：真正的理解是对语篇作出"创造性的重新解释"。(转引自李文革，2004) 他的观点与现代"以译者为中心"的翻译理论是一脉相承的。(转引自李文革，2004) 乔治·斯坦纳(1975)对施莱尔马赫的阐释学发扬光大，明确提出"翻译也是理解"的论断。他对翻译过程创造性地提出了信任、攻占、吸纳、补偿四个具体的阐释步骤，使翻译成为对原文的再创造，标志着阐释学翻译理论渐趋全面和成熟。海德格尔和伽达默尔从哲学和阐释学的角度在翻译理论问题上也提出了独特的见解。

5. 翻译的解构主义学派

长期以来，以逻各斯中心主义(logocentrism)为理论基础的结构主义在西方占据了主导地位。人们习惯于给事物定性，总希望从一个固定点出发，寻找某个确定的结果或答案。一旦失去这种固定性和稳定感就会感到茫然，并会努力营造一种固定性和稳定感来使自己觉得踏实。由于逻各斯中心主义在意识形态领域中长期占统治地位，各种翻译流派、各种结构主义的翻译观都不可避免地深受影响，而且有意无意地把逻各斯中心当成其理论基石。结构主义的翻译观认为，原文有固定确切的意义，原文作者是原文的主体，因而在翻译中必须仰视原文及其作者，将其作为翻译的本源，把再现原文当成中心任务，以求得译文与原文之间的等值。以前的各种文艺学派和语言学派、翻译流派大都属于结构主义翻译观。

20 世纪 60 年代起，在西方文艺理论界产生了对结构主义的反叛，出现了解构主义(deconstructionism)，又称后结构主义(post-structuralism)的思潮。从 20 世纪 80 年代末 90 年代初起，这一思潮在西方翻译理论界的影响日益扩大，并对传统的翻译理论产生了巨大的冲击。

解构主义是法国哲学家德里达在 20 世纪 60 年代倡导的一种反传统思潮。属于解构主义学派的翻译理论家有法国的德里达、巴特、福柯和美国的德曼。他们将解构主义引入翻译理论，给翻译研究注入了新的活力和生机，开拓了翻译研究的新视野，并逐渐形成了解构主义的翻译学派，又称翻译创新学派。解构主义学派与以前的翻译学

The Teaching of Translation: Theory and Practice

派不同的是，他们抨击逻各斯中心主义，主张用辩证的、动态的和发展的哲学观来看待翻译，不再像结构主义者那样机械地把原文看成一个稳定而封闭的系统，而是认为由于能指和所指之间存在着差异，原文意义不可能固定不变，只是在上下文中暂时被确定下来。由于原文意义不可能确定，译者应充分发挥主观能动性来寻找原文意义，发掘出使原文存活的因素。由于文本的结构与意义既不确定，又难把握，因而该派否定原文—译文，以及由此派生出来的种种二元对立关系，主张原文与译文、作者与译者应该是一种相互依存的共生关系，而不是传统理论中的模仿与被模仿的关系。他们认为原文取决于译文，没有译文原文无法生存，原文的生命不是取决于原文本身的特性，而是取决于译文的特性。文本本身的意义是由译文而不是原文决定的。另外，该派还超越了微观的翻译技巧的讨论，从根本上改变了人们的翻译观念。解构主义的兴起，使人们重新发现和审视德国翻译理论家沃尔特·本亚明在 20 世纪 20 年代写的《译者的任务》一文，并被德曼等学者在 80 年代进行了重新评论与阐释。另一解构主义的翻译思想倡导者韦努蒂在 20 世纪 90 年代从新的视角提出了解构主义的翻译策略。

解构主义是一种结构消解似的批评，是一个反传统、反理性、反权威的怀疑主义思潮。它以解释哲学作为哲学基础，以拆解结构、瓦解系统、消除中心、否认本质为特征。它从结构内部寻找缺口，发现不合逻辑的因素，然后打破它的封闭性，让它朝着一切可能性开放，并使外部因素与其内部因素达到自由结合，主张多元性看问题。因此，解构主义学派打破了结构主义模式翻译学的封闭性。与结构主义模式相反的是，解构主义学派把翻译学不仅仅设定在语言学领域内，把语言不再看成是由句法—语义规律设定的一成不变的东西，把排除在结构之外的若干因素如主体(包括作者、译者)、语境、受体(读者)、传播渠道等也纳入了翻译研究的领域，从而形成了一种多元的研究。然而，解构主义学派热衷于对理论的探索，却忽视了理论对实践的指导性。在抽象的理论论述之后，他们并没有提供具体的翻译模式、翻译方法和技巧，对具体的翻译过程的探索也微乎其微。解构主义学派是一个争议很大的学派，已经引起了中国翻译界的重视。有的学者认为，解构主义翻译观的最终目标是以"再创造"去颠覆先在的语言结构，瓦解先在的写作或阅读成规，批判先在的社会文化上下文。这实际上是以"再创造"的名义来替代实乃消解其他翻译理论的可能性。李文革认为，现代作者死亡论为现代文学研究开拓了新的视野，也为翻译研究开启了一个新的领域，使有关翻译主体的讨论成了热门话题。但无论是对读者作用的研究，还是对文本之未言之意的研究，还是不能抛开作者的意图、文本的意义。另外，过分夸大读者的作用，强调文本意义的游移，无原本，必然导致相对主义文本阐释的随意性、蛮横性。对文学翻译原则会带来胡译和乱译，造成不负责任的译文。我们应该把解构主义作为阐释、研究现代翻译文本的方法论和作为指导具体翻译实践的可操作方法区别开来。吕俊先生对解构主义翻译思想持有不同的看法，他认为中国翻译界大多强调和注重解构主义

"解构"的一面，而忽略了解构后的"重构"问题，应该把两者结合起来研究才能正确把握和了解解构主义的翻译思想。

解构学派毕竟只一种崭新的翻译学派，向我们展现了研究翻译的一个崭新视角，丰富了我们对现有的翻译理论和对译学的认识。解构主义的多元建构对翻译学作为一门独立的学科的牢固建立作出了贡献。其观点对翻译理论和实践的启示还有待更深入、更广泛的探讨和研究。

6. 美国翻译培训班学派

美国翻译培训班学派(亦称美国翻译研讨班学派)(The American Translation Workshop)产生于 20 世纪中叶。在此之前的美国学术界历来都把翻译看成是机械的、无创造性可言的第二性活动，既不能引起评论界的重视，也不能得到广大读者的关注。很多译者对此不满，抱怨说他们的作品没有市场，即使有幸得以发表，也会被评论家贬得一文不值。从 20 世纪 60 年代起，在美国，文学翻译越来越受到公众和学术界的关注。大量外国文学作品被译成英语，从而推动了翻译理论在美国的发展。到 1963 年，全美还没有一个专门的翻译论坛或翻译中心，也没有文学翻译者协会，更没有个专门的翻译出版物。1964 年，依阿华大学写作培训班的主任保罗·恩格尔首创了翻译培训班。他为翻译培训班雇用了专职主任，并为文学翻译授予学分。第二年，得克萨斯大学奥斯汀分校在福特基金会的资助下设立了美国翻译理论研究中心。1965 年，T. 休斯和韦斯伯特编辑出版了第一期《现代诗歌翻译》杂志，为文学翻译工作者提供了自己的学术园地。1968 年，美国翻译理论研究中心出版了第一期刊物《迪洛斯》，专门研究翻译史及翻译美学。文学翻译开始在美国占了一席之地。

对文学翻译的热潮和接受在 20 世纪 70 年代得到了继续。耶鲁、普林斯顿、得克萨斯大学和纽约州立大学等相继开设了翻译课，举办培训班，并对从事文学翻译史研究、理论研究的学生授予文学翻译的学位。70 年代末，美国文学翻译家协会(ALTA)成立，并出版了学术杂志《翻译》(*Translation*)。到了 1977 年，文学翻译的发展得到了美国政府的肯定，并设立了奖励基金。从此，翻译培训班在各高校陆续建立起来。一个围绕着翻译培训班的学派随之形成。

翻译培训班创立的前提就是能否进行文学翻译教学的问题。耶鲁大学的策德内斯在《翻译教学：翻译教材结构的几点说明》(1987)一书对此做了论述。他通过实践打消了翻译无法进行教学的疑虑，认为翻译确实可以进行教学，并希望能吸引有志于文学的青年一起"探讨诗歌翻译的理论与实践"。策德内斯认为，翻译是一种主观思维活动，旨在阐述文学，翻译研究能加深我们对翻译性质的理解。在他看来，翻译作为一门艺术，不仅可以进行教学，而且可以使学生对诗歌、语言美学及诠释等有更深的认识。他的观点在很大程度上代表了当代翻译理论者对翻译教学的看法。正是在人们普遍认为翻译可以进行教学的前提下，美国各高校才纷纷建立翻译培训班。

　　翻译培训班学派作为翻译研究的一个理论流派，其理论和实践的代表应推哈佛大学的理查兹、诗人翻译家庞德以及依阿华大学的威尔。理查兹曾在哈佛大学创办阅读培训班，为翻译培训提供了理论基础和丰富的实践经验；庞德阐明了译者必须高度重视原文文本的能量、意象、细节以及语言之间的相互联系；威尔则从文学创作、翻译和认知形式上实践了翻译培训班学派的理论。

　　翻译培训班学派侧重翻译实践，轻视理论，强调译作品位与文学价值。所遵循的理论指导思想是新批评派，特别是其代表人物理查兹的文学理论。新批评派都主张集中注意作品的文本和肌质，即文学作品和各种修辞手段，通过细读，对文学作品作详尽的分析和注释。新批评派的创始人是英国文学评论家、语言学家和诗人理查兹。他曾在实验中把学生和文本与社会割裂开来，目的是为了证实自己的美学观点：文学作品中存在着"统一的意义"和"统一的评价系统"，并能找到用以评判上述"统一意义"的价值。

　　总的来说，翻译培训班学派的成员，声称反对任何理论的束缚，片面强调实践。虽然他们也谈对文学欣赏和阐释的感受，以及对翻译的种种看法，但都还是囿于个人体会和经验，严格说来还未形成什么系统的理论。其研究方法基本上还未脱离传统的语文学的范畴，对当代翻译理论建树的贡献不大，但对翻译实践的影响颇大。但无论如何，翻译培训班学派所做的翻译尝试和实践以及翻译主张，丰富了翻译理论，拓宽和加深了翻译研究的视角。他们的贡献在于语义的联想、认知和乐感等方面，在于揭示翻译过程中头脑里面的这个"黑匣子"方面。其影响和对翻译尤其是对文学翻译实践的启示还有待于进一步的挖掘和研究。

7. 法国释意理论派

　　以法国著名的口译专家、释意理论的创始人 D. 塞莱丝柯维奇为代表的释意理论派因其系统性和对实践的指导作用而受到国际翻译界的高度重视，正发挥越来越大的作用。过去人们认为，翻译只同语言相关，而忽视了语言是被有思想的人使用这一事实。为避免同语言学概念混为一谈，释意理论特别对语言、言语、话语、篇章等作出定义。释意理论认为，语言和话语在与认知知识结合前可谓宏观符号，没有实际交际意义。在任何情况下对文章的理解都不能只依靠构成文章的语言。对其的理解在任何场合都需要语言知识和语言外知识的结合。译者不能满足于翻译语言，因为词汇相加的总和并不等于意义，意义的产生有赖于译者认知知识的参与。释意理论强调翻译是交际行为，在自然交际中，语言只是工具，因此翻译的对象应该是信息内容，而不是语言。释意理论还强调，理论研究的目的是解释并指导实践，而不是研究语言错误，因此应以成功翻译为基础，排除任何由于译者工作语言水平不足造成的翻译错误。

　　对于翻译的层次，释意派理论认为，词义层次的翻译是逐字翻译；话语层次的翻译是脱离语境和交际环境的句子翻译；篇章层次的翻译是语言知识与认知知识相结合的翻译。前两种层次的翻译只能称为语言的对译，只是语言中字词句意义的简单相加；而第三个层次的翻译才能称为真正意义上的翻译，因为篇章将语言的共性、言语的个性、简单特指的事实、环境、思想和情感有机地融合起来。

该派认为：交际中双方感兴趣的主要不是对方的语言，而是对方表达的思想和传递的信息。思想和信息也自然是人们相互交流、相互理解、进行文化技术合作的根本目的。强调翻译是交际行为。翻译是理解原文意义并用符合译语习惯的方式表达源语简单的内容与信息。"成功的翻译背后是对篇章的释意，是语言外知识的参与"，因此，翻译的对象不是语言。

对于翻译过程的理解，该派认为，如果翻译是交际行为，翻译的对象必然是交际意义，理解的内容也必然是交际意义。要达到正确的理解，必须首先具备语言知识、主题知识、学科知识和熟悉交际环境。理解必须包括语言知识的理解和对言外之意的准确把握两个方面。前者是理解"明喻成分"，即语言的字面意义，后者指的是理解"隐喻成分"，即言外的意义。言外之意不属于翻译的范畴，但对理解和翻译十分重要。……译者若想翻译作者或讲话者的话语，必须拥有与其相应的知识，才能达到理解其意图所需的水平。读者如要正确理解篇章，还必须具备理解上下文和交际环境的能力，具备"由记忆、经验、重要事件及激情组成的"认知知识。……此外，主题知识和百科知识对理解原文的篇章也十分重要。翻译科技作品和文学作品需要译者具有不同的主题知识，前者需要相应的主题知识，后者需要相应的历史、文化、背景知识和较高的语言表达能力。即使同属自然科学，理解医学或数学篇章需要的主题知识也不一样。主题不同，交际者不同，场合不同，都会使相同的词语或语言形式具有不同的意义。但无论哪类翻译，都必须将语言知识与语言外知识有机结合起来，才能准确理解原文的交际意义，否则无法进行翻译。

对于"表达"，释意派理论认为，(翻译)要表达的应是原讲话者或作者的思想，而不是源语的语言层次，译语的表达方式也应符合听众或读者的接受习惯。

释意派对于翻译标准的理解也很独特。与以前其他学派的翻译不同的是，释意派理论家注重篇章意义，强调交际意义对等，而不是语言对等，其代表人物之一维耐·凯尔在《翻译科学》一书中分析确定文体等值的因素，以具体确定等值的观念。他归纳出五个层次的对等：

(1) 译文应传达原文有关语言外事实的信息，即"外延对等"。

(2) 译文应忠实于风格，达到"语言层次、社会规则、句型的地理外延"对等。

(3) 译文应与原文的体裁一致：烹调书与法律条文的撰写规范就完全不同。这实际上是"规范对等"。

(4) 译文应适应读者的知识水平和理解能力。

(5) 译文的形式应能够产生与原文同样的美学效果。(许均，1998：226)

The Teaching of Translation: Theory and Practice

　　这五个对等尽管有些理想化，但优秀的译者清楚这些因素给翻译可能造成的后果和困难。尽量照此标准努力，最终能出色地完成任务。

　　除此之外，释意派理论还将语言划分为"可直接转达"和"不可直接转达"两类。"专有名词、数字、单一意义的词汇、固定词组、有对应意义的谚语或格言、习语等可以直接转达"，其余的需要发挥译者的创造性。同样，科技翻译与文学翻译的要求和评价标准也不一样，前者允许的自由度很小，后者虽然对译者的母语水平、文学修养要求很高，但同时又赋予译者更多的表达形式或表现手法的自由。但这种自由是有限度的，决不能滥用，否则就会出现文体上的胡译和乱译。

　　释意派理论家对翻译教学的概念、教学内容和方法也提出了独特的观点。塞莱丝柯维奇和释意派理论家认为，要进行翻译教学应首先区别教学翻译和翻译教学这两个概念。从理论上分清楚两者的关系，有助于明确翻译教学的任务、手段，改进教学方法。前者指语言教学中的一种外语教学的方法，旨在传授语言知识、检测和巩固外语语言语法知识。而后者是以"学生掌握语言为前提，旨在向他们传授寻找篇章意义，建立意义对等的方法"。既然翻译教学是在学生具备一定的语言交际能力的基础上进行技能训练，必然有自身的一些特点，必须有自己的教学内容和方法。

　　释意派理论家就翻译教学内容和方法提出了独特的观点。该理论认为，翻译教学的特点是强调信息交流而不是传授知识，因此注重技能训练，而"不是简单的诀窍或知识传授。教员的任务不是给学生提供'药方'，而是开药方的原则和方法"。(许均，1998：211) 在塞莱丝柯维奇和勒代雷合著的《口译推理教学法》中，作者对翻译教学的内容和方法进行了详尽的论述，其中包括如何听懂意义、分析内容、利用形象化等手段记忆信息内容、归类、听数字、赋予字词含义以意义、使大脑中的被动记忆复活，如何学会边听边讲及表达的清晰和准确(许均，1998：211)。释意派理论对笔译的理论和方法也进行了阐述，提出应该将翻译同作文训练结合起来，笔译同口译在翻译程序上有细微差别，笔译应该增加译后审校这一步骤。(口、笔译)翻译程序的讲解应该是近似的。

　　此外，释意派理论还提出了翻译教学的原则和条件。该理论认为，翻译训练也是一种技能训练，要求接受翻译培训的人拥有一定的智力水平、百科知识、相关语言的知识和主题知识。训练的目的是帮助他们学会辨析意义、将语言知识同语言外知识结合、利用分析和综合能力掌握信息内容及表达的技巧和方法。该理论将翻译训练分成四个阶段：听(阅读)与理解、分析与意义的出现、译入语表达和笔译的审校。翻译教学的教师应该是职业的译员或译者，并且熟悉教学方法。教员的职责是给学生指明练习的必要性、方向和方法。

　　塞莱丝柯维奇创造的释意学派理论以独特的视角研究了翻译理论、翻译实践及翻译教学问题，对中国翻译界的研究也有重大的指导意义。

北京语言大学教授刘和平认为，释意理论对译学的主要贡献有三点：

(1) 在特定的时期提出以译者为研究对象，从而将传统的翻译研究从静态的、语言层面的思考带入了动态的、认知层面的研究。另外，为避免在借鉴其他学科时造成理解和表述上的混乱，该学派不断规范了翻译研究术语。

(2) 释意理论是翻译程序的基本理论，指出思想与语言的差别，特别是在理解后又脱离源语语言形式的思想(信息)。在翻译研究中，人们一直围绕可译性进行论争，而"脱离源语语言外壳"恰好回答了这个问题：信息意义是可译的，且不受各语言之间差异的影响；在职业翻译中，意义对等是第一原则。

(3) 严格区分职业翻译教学与语言教学，为培养高层次翻译人才提出了以翻译理论为指导，以技能训练为原则的一套相对完整的教学方法。

同时，刘教授也指出了释意理论不完善的地方：

(1) 由于其所处时代语言学、语言心理学、神经心理学、认知心理学、信息学等相关学科的发展水平限制，还缺乏更多的实证分析数据，还需要同其他领域的专家学者进行深入合作，深入探究人类大脑这个黑匣子在翻译中的"表现行为"，从而从理论上证明"脱离源语语言外壳"后的记忆形式，或称"载体"，因为，只用"意义在大脑中呈意识状态"解释载体恐怕还远远不够。国内也有人曾把释意理论同阐释学混淆在一起，在这一点上，释意理论还没有系统论述。

(2) 特殊语言与翻译的关系有待证明，例如汉语同英语、法语等语言的差异对翻译思维的影响等。按照该派理论，所有数字和专有名词都可进行代码转译，但问题是：除了汉外数字的表达方法不同，汉字还有其特殊含义。可以说，汉字与其所指和能指的关系有特殊性，因为汉字是象形文字；讲汉语的人形象记忆功能更发达，这对翻译会有什么帮助？汉语的提示作用是否比外语更强？(刘和平，2006(4)：25—26)

三、如何看待当今西方译论

近二十几年，外国翻译理论不断地被介绍到中国来，这开阔了我国翻译理论研究的视野。但是，我们对于外国纷繁众多的翻译理论不可盲目地全盘接受，而应该在分析理论出现的历史背景的基础上，正视外国翻译理论的局限性，汲取有用的成分。

在谈到中国如何看待西方译论时，丹麦哥本哈根大学英语系翻译研究中心主任凯伊·道勒拉普(Cay Dollerup)曾经说过："第一，你们必须用批判的眼光看待一切西方翻译理论。原因是西方的翻译理论是建立在印欧语言为主的欧洲语言之间的翻译问题基础之上的，汉语和英语属于两个截然不同的语系，即使你们非向西方借鉴不可，也一定要保持谨慎的态度。例如，我知道奈达的理论曾经对中国翻译研究影响颇大，但是我认为将奈达的'对等'概念放到英汉翻译上是非常奇特而且不恰当的。另外，正如我前面讲到过的那样，欧洲 60 年代以来的翻译理论具有其独特的'去殖民化'和欧盟扩张的历史背景，这一点是你们需要认真考虑的。第二，尽管我们习惯于将翻译简化为一个从发出者到译者再到接受者之间的过程，但是这并不是事实。所谓的'理论'其实首先是以人们自己的感觉为基础的，然后将其应用于翻译。这不是一个单纯的理解和传递的过程，其中包含了各种复杂因素的制约。我想你们可以借鉴的是西方理论流派发展的基本路线。西方翻译理论的发展经历了一个'思索—提出假说—验证—形成理论—修正理论'的基本过程。你们的翻译理论虽然已经有了一些假说，并诉诸某些理论，但这些假说和理论在某种程度上是从西方移植过来的，因而你们并没有经历完整的理论形成过程，没有从自己的翻译实践中建立并验证假说。例如通过实证的方法(empirical way)，你可以比较不同译者对同一文本的翻译；你可以描述相同的因素控制翻译行为的结果等。至于你们如何借鉴各种流派的翻译理论，我想主要有三个方面：首先，注意这些流派产生的背景，因为这种考察可以告诉你许多问题。其次，分析其理论的实质，因为这些内容指出部分你应该考虑的因素。再次，考察并检验这些理论流派的局限。这种方法可以让你们更清楚从某个流派中应该汲取什么东西。"(胡显耀，2005(4)：97)。

因此，面对当今纷繁复杂的西方翻译理论，我们不能盲目照搬，而要根据自己的实际，认真分析，汲取其能为我所用的养分和研究方法，繁荣我国的翻译理论，更好地指导我们的翻译实践。同时，面对西方众多的翻译理论，我们也不应该妄自菲薄，而应该在不断学习的基础上努力去为中国翻译理论的建立和发展作出应有的贡献。

四、翻译理论在翻译教学中所占的比例

李运兴在《英汉语篇翻译》(第二版)前言中论述了翻译的教学体系。他认为："首先，所有的教学活动必须自觉地在'纯'理论分支所提供的某种框架下进行，而'纯'理论分支的描写范畴是沟通翻译教学和抽象原则的十分重要的环节，翻译教学能从描写语料库中汲取许多有用的材料。教师在理论的指导下制定教学大纲，编写教科书，制定实施教材的方法和建立反馈机制，还要制定出具有高信度和效度的测试手段。"可以看出，教师的理论素养在整个教学过程中起着关键作用，不懂理论的教师不是合格的教师，只能停留在师傅带徒弟的经验加实践的层次上，不能高效地培养人才。

在本科阶段的翻译课程上，如果大量介绍翻译理论和翻译学派，恐怕没有几个学生能听得懂，也不会对此产生太大的兴趣。因为本科阶段，翻译技能的培训应该是占重要位置的，应该占大部分的学习时间。翻译理论的介绍如果能以讲座的形式进行介绍，或者老师在充分消化了各学派翻译理论的基础上，适当地将其贯穿于学生练习的讲评当中，可能会对学生有帮助和启发作用。也可以作为课后的阅读练习，让学生们自己去涉猎，或上网或查阅文本资料。因此，翻译理论的学习和掌握方式应该是灵活而有趣的，应该是精练而不是系统的，切不可枯燥地灌输给学生。

第3章 英汉翻译常用的技巧

"所谓的翻译技巧，说到底就是对语言差异的'灵巧'处理。""照理说，理想的译文应该是'形神皆似'，但是，由于英汉两种语言在词法和句法上存在巨大差异，'形神皆似'的译文往往不可多得。……对译文做出必要的变通，以达到变中求信、变中求顺的目的。"(孙致礼，2003：81)

一般来讲，文章有多重语境，包括语言语境和非语言语境。语言语境指的是文章的上下文，非语言语境指的是与文章相关的其他因素，如事件发生的背景、社会因素、作者因素等等。我们这章要讨论的是文章中几个突出的语言问题。语言是由思维决定的，思维方式的不同决定了语言的不同。中英两个民族有着不同的思维方式和思维习惯，这就决定了这两个民族有着不同的语言表达方式。从语序方面来看，中英都以"主语+谓语+宾语"(SVO)或"施事+行为+受事"为基本语序。相异之处在于两种语言句内和句间语序的灵活性以及定语、状语等次要成分在句中位置的差异。

这一章主要归纳翻译中常用的技巧：抽象与具体、增补与省略、正译与反译、主动与被动、词性的改变、语序的调整(包括名词从句、定语从句、状语从句、长句的译法、分句与合句)、习语的译法、专有名词外来词新词的译法、声音色彩词和动物词的译法等。在汉译英部分主要讨论连贯的问题。翻译是一种跨文化交际活动，意思是语言所包含的信息中有文化因素，离开了语言这一载体，信息(包括文化)也就无法得到传递、传译。因此，离开了对所涉及的语言的研究是无法做好翻译的。对翻译中语言的研究和对语言转换规律的研究是非常重要的，这也体现了翻译的科学性的一面。

3.1 抽象与具体

在实际翻译中，抽象与具体的转换是常常发生的。例如：

◆Mark his professions to my husband. Can anything be **stronger**? 你听听他对我那可怜的丈夫说的话。还有比这**更肉麻的**吗？(将句中黑体部分抽象的意思转化成了具体的意思)

◆"In that case, sir, Adele ought to go to school; I am sure you will **perceive the necessity** of it." "那样的话，先生，阿黛勒该上学去；我相信，你会看到**这样做的必要性**。"(将句中黑体部分抽象的意思转化成了具体的意思)

◆"To **get** her **out of my bride's way**; who might otherwise **walk over her** rather emphatically." "让她离开我的新娘远远的，否则，她决不会让她好受。"(将句中黑体部分具体的意思转化成了抽象的意思)

3.2　增补与省略

增补与省略是翻译中最为常用的变通手段，增补也好，省略也好，都是增词不增义，减词不减义，不仅如此，还能使意义更加明确，文字更加通达。

英译汉中的增补大致可以分为两种情形：一是根据原文上下文的意思、逻辑关系以及译文语言的行文习惯，在表达时增加原文字面上没有、意思上却包含的字词；二是增补原文句法上的省略成分。

汉语里有而英语里"无"的表示法，其中包括时态结构助词、量词和句末语气词，翻译时需要酌情加以增补。需要补充说明的是，有时候，英语中出现一些过于简洁的表达法，翻译时不增补不足以说清意思，或导致译文的生硬别扭，在这种情况下，译者也需酌情加以增补。例如：

◆The human brain weighs three pounds, but in **that three pounds** are ten billion neurons and a hundred billion smaller cells. 人脑只有三磅重，但就在这三磅**物质**中，却包含着一百亿个神经细胞，以及一千亿个更小的细胞。(句中黑体部分为增补)

◆Some had beautiful eyes, others a beautiful nose, others a beautiful mouth and figure: few, if any, had all. 她们有的长着漂亮的眼睛，有的**生着**俏丽的鼻子，有的**有着**妩媚的嘴巴、婀娜的身段；但是，这样样都美的，虽然不能说一个没有，却也是寥寥无几。(句中黑体部分为增补)

◆She told the others, and soon all of them were in it, caught up in the approach of Vingo's home town, looking at the pictures he showed them of his wife and three children—the woman handsome in a plain way, the children still unformed in the cracked, much-handled snapshots. 她告诉了别人，不一会儿大家全知道了。车朝文戈的故乡越开越近，他们的心也随着紧了起来。文戈拿出几张照片给他们看。**照片上**是他的妻子和三个孩子，他妻子自有一种朴实的美，孩子都还小。**由于**经常翻看，照片弄得尽是折痕。

◆I have more reason for coming to school-myself. 我上大学还有一个原因——**那就是为了我自己**。

有时，英语里的一些表达法，在汉语里却是可有可无无关紧要的，或者译成汉语却显得啰唆或属"画蛇添足"的，在翻译时可用省略法。例如：

◆In a moment she reappeared to hurl my change and the ticket on the counter with such force that most of it fell **on the floor** at my feet. 不一会儿工夫，她又回来了，将零钱和车票往柜台上猛地一摔，大半都撒落在我脚边(而不是"……脚边的地板上")。(省

译了原文中的黑体部分)

◆In autumn the leaves fell **from the trees** and the grasses became yellow. 秋天到了，叶落草枯(而不是"……叶子从树上掉下来了……")。(省译了原文中的黑体部分)

3.3　正译与反译

英语中含有 no, not, never, non-,un-, im-, in-, ir-,-less 等成分的词句，汉语中含有"不"、"没"、"无"、"未"、"别"、"休"、"莫"、"非"、"毋"、"勿"等成分的词句，都称为否定说法，简称反说；相反，英汉语中不含这些成分的词句称为肯定说法，简称正说。从原则上说，英语中的正说最好译成汉语的正说，英语中的反说最好译成汉语的反说，以便更准确地传达原文的意义。但在实践中，两者的正反表达形式有时不能吻合，必须进行正反的转换，即将正说处理成反说，将反说处理成正说，译文才通顺。例如：

◆They were of course all intending to be surprised; but their astonishment was **beyond** their expectation... 当然大家都做好了惊讶的准备，但却**没有**料到会惊讶到这个地步……(黑体部分为正说反译)

◆Another person runs **to avoid doing** anything else, **to dodge a decision** about how to lead his life **or a realization** that his life is leading nowhere. 另一个人跑步则是为了避而**不做别的事，不对如何生活作出决定，不去感受**自己生活碌碌无为。(黑体部分为正说反译)

◆I do think it is **beyond** his power to fulfill the task. 我的确认为要完成这项任务是他力所**不及**的。(黑体部分为正说反译)

◆Please **lose no time** in dispatching our goods. 请**立即**为我们发货。(反说正译)

3.4　主动与被动

英汉两种语言都有主动和被动两种语态，但由于表达习惯上的差异，翻译时也经常需要进行语态转换。一般说来，英语比汉语更喜欢使用被动语态，因此，在英译汉的过程中，原文中的不少被动语态需要作出转换处理。主要有以下三种转换方式：

一是将英语的被动句译成汉语的主动句。这种处理办法，主要是把原文中处于主语位置的受事者变成宾语，而将施事者改作主语。例如：

◆I was truly **dumbfounded** by this deep fury that possessed her whenever she looked at me. 她一见到我就这么气势汹汹，真**把我惊呆了**。

◆They can be purchased pre-washed, pre-faded, and pre-shrunk for the suitably proletarian look. 人们**还可以**买到经过水洗、褪色和缩水处理的牛仔裤，以符合无产者的形象。

◆Almost forty years later a brief ceremony **was conducted** in the small garden where his ashes **were placed** beneath a white jade marble stone on which **is inscribed**, "In memory of Edgar Snow, an American Friend of the Chinese People, 1905—1972." Above the English lettering the words **are repeated** in the Chinese calligraphy of Premier Chou Enlai, who wrote the brief text. 差不多 40 年之后，在这里的小花园**举行了**一个简短的仪式。他的骨灰**安放在**一个汉白玉大理石碑下面，碑上**刻着**"纪念中国人民的美国朋友埃德加·斯诺(1905—1972)。"在英文上面是周恩来总理亲笔书写的**同样内容的**、简短的中文碑文。

二是将英语的被动句转换成汉语的被动句。所谓"汉语的被动句"，大体可以分为两类：一类不带表被动意义的标记，另一类带有表示被动意义的标记。其中前一类似乎更为多见，例如：

◆The task **was done**, not free from further blunders... 课上**完**了，做学生的并没有根绝错误。

◆Levi's jeans **were** first **introduced** to the East, apparently, during the dude-ranch craze in the 1930s... 里维的牛仔裤最初**引进**到东部，显然是在 20 世纪 30 年代的农场度假热的热潮中……

汉语表示被动语态的标记比英语丰富多彩，常见的有"被"、"由"、"给"、"把"、"让"、"受"、"为"、"遭"、"所"、"获"、"使"、"加以"、"予以"、"蒙"等等，译者可酌情进行选择。例如：

◆And as such and all of them **were warmed** without by the sun, so each had a private little sun for her soul to bask in... 她们大家，不仅个个身上都**给**太阳晒得暖烘烘地，而且人人心里都有一个小太阳，温暖着各自的心灵……

◆One must remember that human beings also can only do what they **are "programmed"** to do. Our genes "program" us the instant the fertilized ovum **is formed**, and our potentialities are limited by that "program". (I. Asimov: *The Difference between a Brain and a Computer*) 我们应该记住，人类同样也只能**按照**"程序"办事。受精卵一形成，基因就给我们编好了"程序"，我们的潜能也就要**受到**这个"程序"的限制。

以上两句避开了主被动的问题，这些都显示了汉语的灵活多变。

三是采取某种特殊的变通手段，"消解"原文中的被动语态。这主要指改变原文的措辞或表达方式，化被动句为非被动句。例如：

◆In the course of my travels in American I **have been impressed** by a kind of fundamental malaise which seems to me extremely common and which poses difficult problems for the social reformer. 我在美国旅行期间，**注意**到了一种根深蒂固的忧郁症。我觉得这种忧郁症似乎极其普遍，这就给社会改革家出了难题。

◆Each year, more than 250,000,000 items of Levi's clothing **are sold** including more than 83,000,000 pairs of riveted blue jeans. 每年，李维服装的**销售量**超过 2.5 亿件——其中包括 8300 多万条钉有铜铆钉的蓝色牛仔裤。

3.5　词性的改变

转换词性是翻译中最为常用的一种变通手段，是突破原文词法、句法格局，化阻滞为通达的重要方法。离开必要的词性转换，势必会导致生硬拗口，甚至晦涩难懂的译文。当然，词性转换要本着一个原则，即不违背原文的意思，有助于译文的通顺流畅。

从理论上来说，翻译中的词性转换是没有限制的，比如说，名词可以转换成动词、形容词、副词等，动词可以转换成名词、形容词、副词等，而形容词、副词也可以转换成名词、动词等等。但是在实践中，英汉语的词性转换也有一定的规律，最明显的一点，就是英语比较喜欢多用名词和介词，而汉语则是动词用得多一些。因此，我们在做英译汉时，词性的转换比较多地表现在名词、介词变为动词上。例如：

◆It's interesting to look around and at people and compare **their faith or lack of faith in** other people with **their success or lack of success in life**. 观察一下周围的人，并对他们对别人**信任与否**同其**生活成功与否**加以比较，是很有趣的。(将名词 their faith or lack of faith in 和 their success or lack of success in life 转译成动词"信任与否"和"生活成功与否")

◆Tess's **pride** would not allow her to turn her head again, to learn what her father's meaning was, if he had any… 苔丝**出于自尊**，不愿再回头去看父亲在搞什么名堂，如果他真有什么名堂的话……(将名词 pride 转译成动词"出于自尊")

◆It is my **conviction** that though men may be no more wicked than they always have been, they seem less likely to be ashamed. 我**相信**，人们虽然未必比以前还要不讲道德，但似乎要比以前更加不知差耻。(将名词 conviction 转译成动词"相信")

将带有介词的词组转换成动词的例子，也是举不胜举：

◆I saw that his face was pale. I followed his eyes and looked across the room to a woman who was **setting a tray of drinks before** some customers. 我见他脸色煞白。我循着她的目光，看到餐厅的那边有个女人端着托盘给几位客人**上饮料**。(将 setting a tray of drinks before 译成"上饮料")

◆Father passed his hand **over** his face. 父亲用手**摸了摸**脸。(将 passed over 译成"摸了摸")

3.6　习语的译法

习语是语言长期使用的结果，世界上凡是历史比较悠久的语言都包含大量的习语。习语是人民群众智慧的结晶，是经过长期使用而精练出来的短语和短句。就广义而言，习语包括惯用语、成语、俗语、谚语、典故等。

习语是人民大众在劳动中创造出来的，与人和人生活的环境密切相关，与一个民族的地理环境、历史背景、经济生活、风俗习惯、宗教信仰、心理状态、价值观念等方面有着不可分割的联系。习语好比一面镜子，能清楚地反映出一个民族的文化特色。英语是世界上使用最广泛的语言之一，有着丰富的习语，这些习语从各个方面反映了英语民族文化的特色。

一、有些特色可从英汉习语的对比中看出

(1) 世界各国人民都生活在同一个地球上，他们的经历和意识必然会有相似的地方。如因为缺乏科学知识，在古代中英两个民族的人民都把人的"心脏"(heart)误认为灵魂、思维和情感的中枢。因而在汉英两种语言中都出现了许多与"心脏"有关的习语。如：汉语中的"全心全意"、"心情沉重"、"灰心丧气"、"心心相映"，在英语中有 with a heavy heart, heart and soul, lose heart, heart to heart。

中英两国人民共同的劳动经历也使这两个民族产生相同的人生体验。以下习语惊人地相似，说明了这点：

趁热打铁	to strike while the iron is hot
欲速不达	more haste, less speed
鱼目混珠	to pass fish eyes for pearls
火上浇油	to pour oil on the fire
事实胜于雄辩。	Facts speak louder than words.
沽名钓誉	to fish for praise

(2) 汉英两种语言中有同义或近义习语，这是对不同的地域环境中两种不同的生活的反映。如：

犟得像头牛	as stubborn as a mule
牛饮	to drink like a fish
味同嚼蜡	as dry as sawdust
山穷水尽	to be at the end of one's rope
狗急跳墙。	despair gives courage to coward.
一朝被蛇咬，十年怕井绳。	The burnt child dreads the fire.

(3) 汉英两种习语比喻形象相同，比喻意义不同或不完全相同，这反映了中英两个民族对事物的看法不同。这类习语最易使英语学习者产生误解，在使用上容易产生歧义。如：

to bleed like a pig	血流如注
to make a pig of oneself	吃得过多；过分放纵自己
pig in the middle	两人相互投球，而另一人站在中间设法抱球的游戏

| on the pig's back | 走运；幸福之极；洋洋得意 |
| to live like pigs in clover | 生活优裕；养尊处优 |

"猪"这种动物在汉语中比喻"蠢笨"、"懒惰"等意思，在英语中的意思却比较中性。

中英两个民族对狗也有不同的看法。中国人一般在心理上鄙视这种动物，常常用它来比喻坏人坏事，如："狗仗人势"、"狗腿子"、"狼心狗肺"、"狗眼看人低"等等；而英国人人都对狗有好感，觉得它忠实可爱，并把当成的朋友，许多人把它们当成宠物喂养。如：

a lucky dog	幸运的人
a big dog	要人；大亨；保镖
a clever dog	聪明的小孩；伶俐的小伙子
a dumb dog	沉默寡言的人；守口如瓶的人
a dirty dog	道德败坏的人；坏蛋
a yellow dog	可耻、卑鄙的人；胆小的人
to sleep a dog-sleep	睡睡醒醒地打盹儿
to dog-ear a book	折书角
to work like a dog	拼命地工作
to teach a dog to bark	做白费心机多余的事
the dogs bark, but the caravan goes on	我行我素，人言何干

"猫"也是欧洲文化的宠物，多用来比喻女人，在英语中常用 she 来指代猫。英美文化中，猫同狗一样，常用来比作人，特别是女人。如：

old cat	脾气坏的老太太
like a cat on hot bricks	如坐针毡
to play cat and mouse with	对……欲擒故纵
cat and dog life	争吵不休的生活，尤指夫妻不和
not a cat in hell's chance	毫无机会
all cats are grey in the dark	人在未成名时，很难看出什么差异
curiosity killed a cat	太爱管闲事会带来麻烦
enough to make a cat speak	令人惊讶

二、有不少习语反映了英国民族的历史

在英语习语中，我们随处可举出不少与"Rome(罗马)"有关的习语：

Do in Rome as the Romans do.	在罗马就要像罗马人一样行事。(喻：入乡随俗)
Rome was not built in a day.	罗马不是一天建成。(喻：伟业非一日之功)
All roads lead to Rome.	条条道路通罗马。(喻：殊途同归)

The Teaching of Translation: Theory and Practice

Great Caesar!　　　　　　　　天哪！

Appeal to Caesar.　　　　　　向恺撒诉说。(喻：诉诸最高权力机关或长辈、上级)

这些习语反映了古罗马人入侵对不列颠岛的影响。

三、任何文化的特色都离不开它所处的地理环境

每种文化都因其地理位置、气候、环境而呈现不同的特征。英国是一个岛国，其四面环海形成了其独特的生活方式和发展模式。这些在英语中都有所反映。

(1) 习语中反映出的航海情景：

all at sea	全在海里(喻：不知所措)
to go by the board	顺着船舷走(喻：安排、计划落空)
to hang in the wind	在风中摇摆不定(喻：犹豫不决)
to raise the wind	找风(喻：筹钱)
to see how the wind blows	探测风向(喻：观察形势，了解情况)

(2) 习语中反映出的英国民族以捕鱼为生的生活：

big/cool/dull/loose/odd fish	大亨；厚脸皮；乏味的人；放荡的人；怪人
like a fish out of water	像离水之鱼(喻：处在陌生环境中，不自在)
another kettle of fish	另一锅鱼(喻：不是一回事)
a big fish in a little pond	小池塘里的大鱼(喻：小范围内出名的人)
the best fish smell when they 　　are three days old	在一起相处得太久，再好的朋友都会生厌
Gut no fish till you get them.	鱼未捉到不要忙着取肠肚。(喻：不要过早乐观。)

(3) 英语习语中反映出的英国采煤业的发展：

to carry coals to Newcastle	把煤运到纽卡斯尔(英国著名的产煤地)(喻：多此一举)
as common as coals from 　　Newcastle	跟纽卡斯尔的煤一样不稀奇

(4) 英语习语中反映出的英国畜牧业的情况：

wool-gathering	干琐碎无聊的工作(喻：无精打采，心不在焉)
much on the back	背上羊毛很多(喻指人很有钱)
dyed in the wool	染在羊毛上(喻：根深蒂固，彻头彻尾)
much cry and little wool	叫声大，羊毛少(喻：雷声大，雨点小)
black sleep	长黑羊毛的羊不及长白羊毛的羊值钱(喻指微不足道的无用之辈)

(5) 语习语中反映的英国多雾多雨的气候特点：

as right as rain	像下雨那样正确，完全令人满意。

It never rains but pours.	不雨则已，一雨倾盆。(喻：倒霉的事情总是一起发生)
for a rainy day	为雨天而准备(喻：为可能碰到的困难日子作准备)
in a fog	在雾里(喻：在雾里行走的困惑感觉)
Have not the foggiest idea.	如坠五里雾中，完全不知道是怎么回事。

(6) 英语习语中反映出的英国的饮食习惯：

to earn one's bread	赚钱糊口
to take bread out of someone's mouth	抢走别人的饭碗
It is a dread-and-butter satellite.	那是"一颗实用的卫星"。
They asked some bread-and-butter questions.	他们问了一些"平庸的问题"。
Alice wrote the Johns the usual bread-and-butter letter.	爱丽丝给琼斯夫妇写了"一封例行的感谢款待的信"。
to butter both sides of one's bread	可以在同一时间从两件事中获利
to butter up	巴结，讨好，过分恭维
big cheese	大人物，大官
whole cheese	最重要的人物
to have jam on it	一心只想好上加好，奢望过高
jam tomorrow	许诺但不兑现的东西，可望不可及
to take tea with	与某人打交道；与某人发生冲突
cup of tea	令人喜爱的东西
tea and sympathy	对不幸者的安慰与同情
milk for babies	适合儿童的简易读物，儿童容易接受的理论；粗浅的东西
There's no use crying over spilt milk.	为不可挽回的事忧伤是没用的。
to bring somebody to his milk	使某人头脑清醒过来；迫使某人屈服(或默许)
to cry in one's bear	借酒浇愁
to drink one's bear	要某人闭嘴
on the bear	狂饮中；烂醉着
more praise than pudding	赞扬多；实惠少
The proof of the pudding is in the eating.	任何东西的好坏都要经过实践才能证明。

to live on wind pudding　　　　生活毫无着落

to have a/one's finger in every pie样样事情都参与；每件事情都要管

pie in the sky　　　　　　　　渺茫的希望；不能实现的许诺

从以上习语中可以看出，面包(bread)、黄油(butter)、果酱(jam)、奶酪(cheese)、茶(tea)、牛奶(milk)、布丁(pudding)、派(pie)是英国人的主要食品，围绕这些日常食品产生的许多习语，渗透到生活的各个方面，丰富着英语语言。

(7) 英语习语中反映出的英国人的宗教信仰：

宗教是人类思想文化的重要组成部分，不同的宗教是不同文化的表现形式，反映出不同的文化特色和不同的文化背景，体现了不同的文化传统。一般认为，宗教包括神论观点、教义经典和教职制度三个要素，缺一不可。习语与文化的关系极为密切，从中能折射出宗教对文化的影响。基督教的神论经典是《圣经》，英语习语中有不少《圣经》中的人物和故事，《圣经》中有不少句子和短语也慢慢成了习语。如：

not know someone from Adam　根本不认识某人

Job's(约伯的) comforter　　　　只会增加痛苦的安慰者

to beard the lion　　　　　　　奋勇追敌；不畏强暴；敢在太岁头上动土

broken the reed　　　　　　　　不可靠的人

to cast one's bread upon the waters 做好事而不期望报答

to cast pearls before swine　　　不要把珍贵的东西送给不识货的人；不要对牛弹琴

(8) 英语习语中反映出的寓言神话：

神话有鲜明的民族性，不同民族有不同的神话。神话是民族文化的源头之一。一个民族的语言浸透着该民族的神话传说，习语中更是如此。英语习语中常常反映出希腊、罗马神话和《伊索寓言》中的人物和故事。如：

Promethean(普罗米修斯的) fire (产生生命体的机能和活动的)生命力

Pandora's box　　　　　　　　潘朵娜的盒子——罪恶之源

the wooden horse of Troy　　　特洛伊木马

Helen(海伦) of Troy　　　　　　倾城之美

to the pillars of Hercules(赫克利斯)　到天涯海角

Golden Fleece(金羊毛)　　　　众人历经艰险觅得的宝物

to cry wolf　　　　　　　　　狼来了

a wolf in sheep's clothing　　　披着羊皮的狼；貌善心毒的人

dog in the manger　　　　　　自己不做/用，却不让别人做/用

sour grapes　　　　　　　　　假装瞧不起自己想得又得不到的东西

(9) 英语习语中还常常反映出文学名著中的语句，如：莎士比亚(William Shakespeare)、乔叟(Geoffrey Chaucer)、弥尔顿(John Milton)、拜伦(George G. Byron)、

狄更斯(Charles Dickens)等作家的作品中的名句：

to flutter the dove cotes	扰乱鸽棚(喻指使和平的人惊扰)；闹得鸡犬不宁
enough to make the angels weep	愚蠢得使人丧失信心
green-eyed monster	嫉妒别人的人
a nine days' wonder	轰动一时的事件
heads I win, tails you lose	反正我赢定了，我总不吃亏
King Charles' head	某人在谈话中反复讲的话题
to damn someone/something with	
faint praise	寓贬于褒；用冷淡的赞扬进行贬责

了解了英语习语的来历及其密切相连的文化历史背景，我们就不会对一些英语习语的特殊语序、习语中包含的事物、现象感到陌生和诧异，在理解、翻译和写作过程中就会恰当地、自如地运用英语习语，以增强语言的表现力，这好比锦上添花，以达到更好的交际效果。

四、英语习语的汉译

通过以上对英语习语产生的根源的探究，我们可以看出：

(1) 有的英语习语是平铺直叙的，既没有典故，也没有什么联想意义，只是用词与搭配固定，对于这类习语，我们可以采取直接翻译的方法。如：

heart and soul	全心全意
more haste, less speed	欲速不达
heart to heart	心心相映
to strike while the iron is hot	趁热打铁
with a heavy heart	心情沉重
to lose heart	灰心丧气
to laugh in sb's face	当面嘲笑
last but not least	最后一点但不是最不重要的一点

(2) 有的英语习语有很明显的比喻意义，有的还包含历史和神话典故，随着中西文化交流的广泛深入的开展，其比喻意义已为中国读者熟知和接受，也可以采取直接翻译字面意义的方法。如：

the wooden horse of Troy	特洛伊木马(喻：暗藏的敌人)
ivory tower	象牙之塔(喻：世外桃源)
Promethean fire	普罗米修斯之火(喻：(产生生命体的机能和活动的)生命力)
All roads lead to Rome.	条条道路通罗马(喻：殊途同归)
Pandora's box	潘朵拉的盒子(喻：罪恶之源)

　　(3) 由于中西文化差异的缘故，有的英语习语的字面意义不能为中国读者所接受，可采取避开字面意义译出比喻意义的方法。如：

old cat	脾气坏的老太太
to play cat and mouse with	对……欲擒故纵
cat and dog life	争吵不休的生活，尤指夫妻不和
curiosity killed a cat	太爱管闲事会带来麻烦
a lucky dog	幸运的人
a big dog	要人；大亨；保镖
a clever dog	聪明的小孩，伶俐的小伙子
to sleep a dog-sleep	睡睡醒醒地打盹
to work like a dog	拼命地工作
in a pig's whisper	低声的；顷刻间
to draw blood	伤人感情，惹人生气
to hang on sb.'s sleeve	依赖某人
to be full of beans	精神旺盛，精力充沛
black sleep	微不足道的无用之辈

　　(4) 有的英语习语同汉语习语的比喻形象非常相似，可采用相似的汉语习语来翻译英语习语。如：

to burn the boat	破釜沉舟
castle in the air	空中楼阁
to kill two birds with one stone	一箭双雕
hang by a hair	千钧一发
one's hair stands on end	毛发倒竖
out of sight，out of mind	眼不见，心不想
to go west	归西天
to pay the debt of nature	了结尘缘

　　(5) 大多数英语习语是无法在汉语中找到比喻形象相同或相似的对等习语的，可采用意义对等的汉语习语来翻译。如：

to have an axe to grind	别有用心
enough to make the angels weep	愚蠢得使人丧失信心
green-eyed monster	嫉妒别人的人
a nine days' wonder	轰动一时的事件
heads I win, tails you lose	反正我赢定了；我总不吃亏
by the skin of one's teeth	九死一生

(6) 英语习语的翻译与跨文化交流意识。要注意两点：

1) 有的英语习语尽管其比喻形象与相应的汉语习语所用的比喻形象完全不同，但是，将英语的比喻形象直接译成汉语，不会在文化上和语言上妨碍中国读者的理解，这不仅给中国读者了解异域文化的机会，还丰富了汉语的表达。如：

to kill two birds with one stone	一石二鸟(不一定非要译成"一箭双雕")
to kill the goose that lays the golden eggs	杀鹅取卵(不一定非要译成"杀鸡取卵")
There is no smoke without fire.	无火不生烟。(不一定非要译成"无风不起浪。")
to flog a dead horse	鞭打死马(不一定非要译成"做无用功")
In the country of the blind, the one-eyed man is the King.	盲人国里，独眼人称王。(不一定非要译成"山中无老虎，猴子称霸王")

2) 注意"文化传真"。不要用文化含义很丰富的汉语习语(含有中国特有的人名、地名、历史、典故、风土人情等的习语)来翻译英语习语。如：

Beauty lies in the lover's eyes. 应译为"情人眼里出美人"，不要译为"情人眼里出西施"。因为"西施"出自中国的典故。

(7) 英语习语的翻译与语篇意识。英语习语的感情色彩是根据语篇来确定的。特别是感情色彩中性的英语习语，其具体的褒、贬含义由语篇决定。如：to wash one's hands of 既有"洗手不干"，又有"撒手不管"的意思；to reap what one has sown 有"自作自受"、"自食其果"、"咎由自取"、"玩火自焚"等含义。

(8) 翻译英语习语时切莫望文生义。有些英语习语同有些汉语习语在语言形式上非常相似，其实其意义与这些汉语习语有很大的不同，在翻译时要弄清楚这些英语习语的真正含义，以免误译。如：

to pull one's leg	愚弄某人(不是"拉后腿")
child's play	简单的东西(不是"儿戏")
to eat one's words	承认自己说了错话(不是"食言")

英语习语的正确翻译是建立在对英语习语的含义的深刻理解的基础上的。同时，在翻译英语习语时，还要有跨文化交流的意识和语篇意识，才会把英语习语翻译得恰当。

五、英汉翻译中汉语四字格的使用

在汉语写作和英汉翻译中，汉语四字格的使用非常频繁。汉语四字格分为两种，一是汉语成语，二是普通词语的四字格。为什么人们喜欢用四字格呢？这是因为四字格在内容上言简意赅，在形式上整齐匀称，在语音上悦耳顺口。汉语的成语有 97% 采用四字格，就是因为四字格具有这些优点。

在翻译中使用四字格能给译文增添文采，收到较好的效果。例如：

◆He was **canny, openhanded, brisk, candid, and modest**. 他聪明活泼，慷慨大方、

忠厚耿直、谦虚谨慎。

◆One of Major Eisenhower's friends was Brigadier George Moseley, Whom Eisenhower later described as "a **brilliant**" and "**dynamic**" officer "**always delving into new ideas.**" (Ibid) 陆军准将乔治·莫斯利是艾森豪威尔少校的朋友。艾森豪威尔后来说他是个"**才气横溢**"、"**生气勃勃**"、"**富于创见**"的人。

◆There were a few middle-aged and even elderly women in the train, **their silver-wiry hair** and **wrinkled faces, scourged by time** and **trouble**, having almost a **grotesque**, certainly a **pathetic**, appearance in such a **jaunty** situation. 游行队伍里的妇女，有几位中年的，甚至还有几位上了年纪的；她们都**饱经风霜，受尽磨难，一头白发，满脸皱纹**，却也夹在这种**轻快活泼**的队伍里，让人觉得几乎**不伦不类**，毫无疑问十分**可怜可叹**。

◆In a **dangerous** and **uncertain** world, the strengthening of national defense is the best guarantee of a nation's vital interests. 在**危机四伏、动荡不安**的世界里，巩固国防是一个国家的根本利益的最好保证。

但是在英译汉时使用汉语的四字格须注意以下几点：

(1) 注意四字格词语的感情色彩。不要为了使用四字格而不顾词语的感情色彩，这样译文不仅达不到好的效果，反而会弄巧成拙，适得其反。

(2) 注意原文的语体风格，如果原文是口语，过多地使用四字格会使译文的语体风格与原文大相径庭。

(3) 注意人物的身份。我们不能一味追求语音的美感和辞藻的华丽而不顾原文的人物塑造、语言特点及其人物所处的环境。

3.7　专有名词、外来词和新词的译法

一、专有名词的翻译方法

英语中有许多专有名词，如人名、地名、民族名、企业团体、国际组织及各类科技词汇等，在汉语中没有现成的表达方式，因而需要采用一些特殊的方法来翻译。一般来说，人名、地名和民族名等都采用音译法来处理，即用发音与原文相近的汉字译出。以上几种专有名词均可参照商务印书馆出版的《英语姓名译名手册》、《外国地名译名手册》和《世界民族译名手册》以及各种英汉辞典译出，使之统一起来，以免造成不应有的混乱或误解。但是仍有一些具体情况需要区别对待。

(1) 有些约定俗成的译名，不必按其发音重新译出，免得出现混乱不一的现象。例如：

New York 译成"纽约"，而不译成"新约克"

Paris 译成"巴黎"，而不译成"巴黎斯"

Hollywood 译成"好莱坞"，而不译成"好莱坞德"

Singapore 译成"新加坡"，而不译成"辛加坡"

John Leighton Stuart (解放前美国驻华大使)译为"司徒雷登"，不要译成"莱顿·司图尔特"

Adam Smith (英国古典经济学家)译为"亚当·斯密"，不要译成"亚当·史密斯"

Conan Doyle (英国侦探小说家)译为"柯南·道尔"，不要译成"柯南·多尔"

Joseph Needham (英国科学史学者)译为"李约瑟"，不要译成"约瑟夫·尼德汉姆"

San Francisco 一般译为"旧金山"(也可译作"圣弗朗西斯科"，但不如前者通用)

(2) 有些人名、地名有重复现象，为了区别同名异地异人，也按约定俗成的译法处理。例如：

Cambridge	剑桥(英国)		坎布里奇(美国)
Fanny	范尼(男名)		范妮(女名)
Jessy	杰西(男名)		杰希(女名)
Regan	里根(美国前总统)		里甘(美国前任财政部长)

(3) 有的地名也用意译和半音译半意译，因为其中全部或有一部分为普通名词。例如：

1) 意译

Oxford	牛津	Salt Lake City	盐湖城
Iceland	冰岛	Longland	长岛

2) 半音译半意译

New Zealand	新西兰	Grand Forks	大福克斯
South Wales	南威尔士		

但是 New York 译成"纽约"，不必译成"新约克"。

(4) 带有序数词或其他普通词语的人名也应半音译半意译。如：

Henry V	亨利五世	Charles I	查理一世

(5) 有些影片名、小说名，可采用比较灵活的方法译出，以达到吸引观众的目的。比如，根据内容另起标题：

Oliver Twist	《雾都孤儿》
Waterloo Bridge	《魂断蓝桥》
Carve Her Name with Pride	《女英烈传》
Cramer vs. Cramer	《克莱默夫妇》
Gone with the Wind	《漂》
Pretty Woman	《风月俏佳人》
Casablanca	《北非谍影》
Sleepless in Seattle	《西雅图夜未眠》

（6）国外企业、团体、国际组织及国家的名称大都全部或部分由普通名词构成，亦有统一的译法。有些译名查不出统一的译法，可以根据具体情况或音译或意译或采取音意结合的方式进行翻译。例如：

Morgan Guaranty Trust	摩根抵押信托公司
Canadian Imperial Bank of Commerce	加拿大帝国商业银行
Shell	壳牌石油公司
Standard Chartered Bank	渣打银行
Standard Pool	标准普尔公司

（7）一些企业或组织名称经常用缩略语表示，其译法不一，有的仍译其全称，有的简译全译并存，也有少数音译意译两可的。

1）全译。例如：

UNESCO	联合国教科文组织
WHO	世界卫生组织

2）简译全译并存。例如：

ASEAN	东盟(东南亚国家联盟)
WTO	世贸组织(世界贸易组织)
NATO	北约(北大西洋公约组织)
UNICIF	儿基会(联合国儿童基金会)

3）音译意译两可。例如：

OPEC	欧佩克或石油输出国组织

（8）有些地名也用来指代该地特产，翻译时要弄清其含义，音译并增词说明。例如：

Morocco	大写为"摩洛哥"，小写则指"摩洛哥山羊皮"
Brussels	大写为"布鲁塞尔"，小写则指"布鲁塞尔毛圈地毯"
China	大写为"中国"，小写则为"瓷器"

（9）值得注意的是，有些英美名著、典故和神话传说中的人名、地名经过长期的沿用和演变，已具有普通名词的含义，或者说，具有了比喻义，因此先要理解其含义后再采取适当的方法译出。例如，可用音译加注的方法或意译：

Cinderella 可译为"灰姑娘"或"仙度里拉"(童话人物，喻义：不受重视的人)。

Uncle Tom 可译为"逆来顺受的人"或"汤姆叔叔"(《汤姆叔叔的小屋》中的人物——一个逆来顺受的人)。

Eden 可译为"乐园"或"伊甸园"(《圣经》中的地名——乐园)。

Catch-22 可译为"无法逾越的障碍"或"第二十二条军规"(来源于美国一部小说《第二十二条军规》，这是一条使人左右为难的一条军规)。

(10) 有些专有名词甚至可以转译成动词：

to Richard Nixon	偷偷将录音抹掉
to Bond a thriller	拍一部詹姆士·邦德(系列侦探片《007》的主角)式的惊险片
to Bill Clinton	作伪证
to Hamlet	拿不定主意
to Shlock	放高利贷

(11) 有些由专有名词与普通名词组成的词语具有特定的含义，千万不能望文生义，应查阅字典或有关参考资料，找出其准确的译名。如：

French leave	不辞而别
India summer	小阳春
Italian hand	暗中干预
British warm	军用短呢大衣
Turkish delight	橡皮糖
Spanish moss	铁兰
American plan	(旅馆的)供膳制
Dutch auction	逐渐降价的拍卖

(本节例子有的选自李正中，王恩冕，佘去媚，1992：255—261)

二、外来词的翻译方法

随着大量国内原先没有的事物或概念进入我国，指代它们的词语也被汉语引进、消化和吸收，成为汉语语汇的组成部分，这就是所谓的外来语。世界上每种语言或多或少都有这种情况，汉语也不例外。早在古代佛教传入我国时，就有了源于梵语的外来语，如"菩萨"、"罗汉"、"涅磐"、"超度"、"圆寂"等。近代以来，随着我国与世界各国的交往和交流的增多，汉语中也涌现出大量的外来语，其中以英语外来语居多，这是由于英语是世界上用得最为广泛的语言之一的缘故。人们一般也把前面所说的人名、地名等专有名词也归入外来语的范围。但是，汉语中的外来语基本上是指指代一般事物或概念的普通名词。

(1) 许多外来词在引进的过程中都经历了从音译到意译的阶段，有的还保留着音译和意译并用的现象。例如：

telephone	电话(旧译：德律风)
science	科学(旧译：赛因斯)
microphone	话筒，麦克风
taxi	出租车，的士
sonnet	十四行诗

engine		发动机，引擎	

(2) 有些外来词则以音译的方法固定下来。例如：

humour	幽默	logic	逻辑
guitar	吉他	trust	托拉斯
chocolate	巧克力	coca-cola	可口可乐

(3) 在翻译有些外来语时，为了说明其类别，可以增字加以说明，但有些外来语的说明性增字已是可有可无的了。例如：

bowling	保龄球	café	咖啡馆
bar	酒吧	sardine	沙丁鱼
banjo	班卓琴	golf	高尔夫球
poker	扑克牌	disco	迪斯科舞
cigar	雪茄烟	tank	坦克车
champagne	香槟酒	hamburger	汉堡包
pizza	比萨饼		

(4) 有的外来词采取半音译半意译的方法翻译。例如：

ice-cream	冰淇淋	credit card	信用卡

三、新词语的翻译

以上都是一些有固定译法的外来语。然而由于科学技术的飞速发展，每天都会产生的大量的新词语。这些新词语有些是用旧词语拼凑起来的，有些则是新造的。此外，英美报刊上也时常出现一些拼缀词(blends)、缩短词(clipped words)、缩略词(acronyms)和临时造的词(nonce words)等等。

(1) 这些词语中有的可以根据构词法或其中的含义意译。例如：

filmdom (film + kingdom)	电影王国		
slimnastics (slim + gymnastics)	减肥体操		
mechantronics 机械电子学		psywar	心理战
high-tech	高技术	show biz (show business)	娱乐性行业
birds flu	禽流感	taikongnaut	宇航员
the severe acute respiratory syndrome (SARS)	非典型性肺炎		

(2) 有的新词可以音译。例如：

quark	夸克(带电核粒子)	libido	利比多(性的本能)
hertz	赫，赫兹(频率单位；周/秒)		

(3) 有的新词可以音译意译结合，辅之以说明性增字。例如：

Irangate	伊朗门事件	AIDS	艾滋病

(4) 有的新词可以不译。例如：

| SARS | （非典） | GDP | （国内生产总值） |
| GNP | （国民生产总值） | | |

3.8　声音词、色彩词和动植物词的译法

一、拟声词的译法

根据张培基等人的看法，凡以模仿事物或动作的声音而构成的词都称为拟声词。拟声造词是比较简单、原始的构词法，世界各民族的语言都有大量的拟声词。英语和汉语的历史发展过程中，拟声词不断丰富了词汇，并且继续起着这种作用。拟声不但是一种构词法，同时也是一种重要的修辞手段。在英语文学作品中，拟声词的应用范围是很广的。如摹仿金属的声音的有 clash, clank, ting, tinkle, clang, tick-tack 等；摹仿水等液体的声音的有 splash, bubble, sizz, drip-drop 等等；摹仿各种动物叫声的有 neigh, baa, moo, miaou, hiss, cook-a-doodle-do 等等；摹仿人的各种发声的有 giggle, chuckle, shriek, sneeze, snigger, whisper, grumble, murmur, chatter 等等。英汉两种语言使用拟声词的情况有同也有异，在英汉两种语言中，拟声词都可以作为独立成分，但在汉语里的拟声词一般都直接摹写声音，如"砰砰砰"、"咚咚咚"、"咯咯咯"等等；在英语里，一些动词和名词本身就具备了拟声的特点，融音与义为一体，引起音与音之间的联想，如 rumble (隆隆)，clatter(噗噗噗)等等，因此拟声词的英译汉可归纳为三种情况：

1. 英语原文有拟声，汉译时也运用拟声词

(1) 英语拟声词往往同感叹词一样，独立使用，不作为所在句中的任何句法成分。汉语拟声词也有同样的情况，因此，在这种情况下汉译时就把英语原文中作独立成分使用的拟声词相应地译成汉语中作独立成分用的拟声词即可。例如：

◆"**Thump**!" A table was overturned!　"哗啦！"桌子推翻了。

◆Two heavy guns went off in the woods—**BRUMP! BRUNP!**　两门重炮在森林里开始发射了——**轰隆！轰隆！**

(2) 英语拟声词大多作动词、名词或动词派生词(如不定式、动名词、分词)等使用，而汉语的拟声词则大多是状语或定语。例如：

◆White jagged lightning, followed by the brazen clash and deep **rumble** of thunder. 天空中闪过一道成 V 形的白色闪电，紧接着传来一声霹雳，然后是深沉的**隆隆**雷声。

◆But as the door **banged**, she seemed to come to life again.　可是当门**砰地**关上的时候，她好像又清醒过来了。

◆"What's that?" he suddenly exclaimed, hearing a **rustle**; and they both looked up.　他听见一种**沙沙的**声音，就突然喊道，"什么东西？"接着，他们两个抬头看去。

◆They heard the **twitter** of birds among the bushes.　他们听到树丛中鸟儿发出的**喊喊喳喳**声。

(3) 英汉两种语言中有时同一个拟声词可兼状几种不同事物的声音，互译时，往往在甲语言是一词多状时，在乙语言却每状各有专词。反之亦然。如英语的拟声词 rumble 可摹仿闷雷、车辆、人的肚子响等不同的声音，译成汉语时却各有专词。如：

◆Thunder **rumbled** in the distance. 远处雷声**隆隆**。

◆The cart **rumbled** past. 大车**咕噜咕噜**地驶过。

◆His stomach **rumbled** emptily. 他的肚子饿得**咕咕**响。

2. 英语原文有拟声词，汉译时不用拟声词

(1) 英译汉时，按汉语的表达习惯，并不是一定要把原文中的拟声词都翻译出来，可以用汉语的非拟声词来表达英语的拟声词。例如：

◆The cop carried a stick, ready to **thwack** anybody who offended his ear or eye. 警察提了根棍子，遇到他不顺耳、不顺眼的，动手就**打**。

◆He **slammed** his tea cup down on the table. 他把茶杯往桌上一**顿**。

(2) 各种非生物的声音在英语中很多是由专词表达，而在汉语中却往往把非生物的声音简单笼统地表达为"……声"或"……响"等等，不附加任何拟声词。如：

◆We heard the machines **whirr**. 我们听到了**机器声**。

◆The **screeching** of the brakes got on my nerves. **刹车声**刺激了我的神经。

(3) 英语一般都用专门拟声词表达各种动物的叫声。汉语以前也由专词表达，如"狗吠"、"狼嗥"、"鹤唳"、"马嘶"、"虎啸"、"狮吼"等等。但是，在现代汉语中，特别在口语中，这些专词有的已不常用，往往被"……叫"、"……声"等所替代。例如：

◆The moment he rushed in, the hens **chucked** and the dogs **barked**. 他进门时，鸡也在**叫**，狗也在**咬**。

◆A **crashing** thunderstorm, with thick rain **hissing** down from skies black as night, stopped Victor Henry from leaving the White House. **轰隆隆**几声雷，漆黑的天空中**哗啦啦**下起大雨。维克多·亨利无法离开白宫。

◆The frogs in the fields outside the town were **croaking** cheerfully. 青蛙在城郊的田野里起劲地**叫**着。

3. 英语原文没有拟声词，汉译时加用拟声词

根据英语原文上下文的意思，为了加强表达效果，英语中本来无拟声词，译成汉语时也可增加拟声词。例如：

◆The child fell into the water. 小孩**扑通**落入了水中。

◆Phyl expected them to start brawling, but Mrs. Cooper merely laughed good-naturedly. 菲儿以为他们要开始吵架了，可是库珀太太只是很和善地**哈哈**大笑了一阵。

◆He was very angry and closed the door behind him. 他非常生气，把门**砰**地关上了。

以上拟声词的翻译方法也适用于汉译英。

二、颜色词的译法

由于英汉两种语言的使用者所处的语言环境不同，对颜色词有不同的认识，有时，汉英两种语言中都有的相同的颜色词在汉英读者心中引起的联想却很不相同，有时甚至还截然相反。因此，在英汉互译时，一定要弄清楚各颜色词在英汉两种语言中的具体内涵，避免引起误解，导致交际失败。

几种主要的颜色词在英、汉语中的不同含义：

一些颜色词为不同的语言和文化所共有，而其文化内涵却截然不同。在中国，人们用蓝色表示肃穆、严肃，但是在西方蓝色则表示沮丧、消沉或者猥亵、下流。白色在中国被用来象征死亡和恐怖，而在西方文化中，白色可能是纯洁、天真无邪的象征，人们结婚时穿上白衣裙，white day 是吉祥日。在中国文化中，红色代表喜庆、革命等，过年过节和结婚等喜庆的日子人们都要挂红灯笼、贴红窗花、穿红衣服等，但在说英语的国家，红色却代表愤怒、气愤和不好的征兆等意思。绿色在中国文化中代表春天、新生和希望，在西方它可能被联想为"缺乏经验"。对颜色词的翻译大多采用意译的方法，即将该颜色词所表达的象征意义译出即可。例如：green-hand 新手；Can you see any green in my eyes? 你认为我是好欺负的吗？

三、动物名词的译法

同样，一些动物名词同为不同的语言和文化共有，但有着迥然不同的文化内涵。如：英语中的 cricket 和汉语中的"蟋蟀"同指一种鸣叫的小昆虫，但是在中国文化里它给人一种忧伤凄凉、孤独寂寞的联想。如欧阳修在《秋声赋》里有一句"但闻四壁虫声唧唧，如助余之叹息"；杜牧在《寝夜》里有"蛩唱如烟波，更深似水寒"。而在英美文化中蟋蟀却成了"快乐的小蟋蟀"，英国民俗也认为在圣诞夜听到蟋蟀鸣叫的人将会无比幸运；在英国诗歌中的蟋蟀是欢乐、愉快的形象。如在 R. Southey 的"Hymn to Penates"："When by the evening hearth contentment wits / And hears the cricket chip". J. Milton 的"Penseroso II"："Far from all resort of mirth, / save the cricket on the earth…"

在汉语中，"龙"及其相关词语具有至尊至上的色彩。中国古代皇帝被称为"真龙天子"，其后代为"龙子龙孙"，老百姓希望自己的孩子有出息叫"望子成龙"；"龙凤呈祥"表示对幸福美满生活的期盼；"龙飞凤舞"比喻书法刚劲活泼等等。龙是华夏民族的图腾。但是，在西方国家，dragon(龙)则是古代硕大、凶残的古怪野兽，不仅无端吞食人类和动物，而且制造水灾和火灾，危及人类的生存，所以西方人对龙绝无好感。

Owl 在英语中有不吉利、凶兆、死亡的联想意义，但是另一方面，猫头鹰还象征聪明。在中国文化中，猫头鹰也常常被认为是不吉利的，常给人带来厄运。

对动物名词的翻译也大多意译，将其在源语中的象征意义传达到目标语中或用目标语中具有同样象征意义的词来替代即可。例如："亚洲四小龙"译成英语是 Four Tigers in Asia，就避免了 dragon 的出现在英美人心中引起的不好的联想而把"龙"在原文中的意思扭曲，而 tiger 在英美人的心中却是万兽之王，威猛无比。

　　Peacock(孔雀)在英语民族中常被视为污秽、猥亵之鸟，会给人带来厄运，但是在中国，孔雀象征着美丽和多彩。因此，如果将孔雀牌电视机译为 Peacock Television 肯定会引起英美人的反感，销售不出去。这里宜采用变通的译法，如译成 Remarkable Television Set。

　　在英语中有 Mandarin Ducks(鸳鸯)这种鸟名，但是却没有其在中文里的比喻意义。在中文里，"鸳鸯"象征着一对恋人，相爱无比。有的学者建议将其译成 Love Birds。

　　有的动物在英语文化和汉语文化中有相同的意思，译时直译无妨。如

打草惊蛇	to stir up the grass and alert the snake
竭泽而渔	to drain to catch all the fish
对牛弹琴	to play the lute to a cow
井底之蛙	to be like a frog at the bottom of a well

文学作品中的动物名称也不必像在科技英语中那样译得很精确，因为这些动物名词有象征和比喻的意义。如："五洋捉鳖"的"鳖"可译为 giant turtles；《满江红·和郭沫若同志》中的两句诗"蚂蚁缘槐夸大国，蚍蜉撼树谈何易"被保罗·安格尔和他的夫人聂华苓译为：

ants on the locust tree

boasting of being big nations,

mayflies think they can shake the tree.

蚂蚁和蚍蜉分别被译成了 ants 和 mayflies。

四、植物花草名词的译法

　　柳树在汉语中通常被赋予分离、思念的联想意义，在《诗经》中用"昔我往矣，杨柳依依，今我来思，雨雪霏霏"来描述戍边战士对家乡和亲人的思念之情。还有李白的"秦楼月，年年柳色，灞陵伤别"和"此夜曲中闻折柳，何人不起故园情"等等。柳树具有这样的文化内涵，是由于中国汉字文化中的谐音造成的。"柳"与"留"谐音，在长期的文字使用过程中，将"挽留，离别，思念"等含义赋予柳树也是很自然的，这恰恰反映了中国人喜欢以物喻人，借景抒情，崇尚自然文化的心理。而 willow 在英语中的文化内涵却与中国文化中的"柳树"完全不同，它常使人联想起悲哀与忧愁。在莎士比亚的《奥塞罗》和《威尼斯商人》中，柳树就象征了悲哀。

　　玫瑰(rose)在中国文化和西方文化中都象征着爱情，但是在中国文化中，人们常用带刺的玫瑰来比喻那些容貌美丽但难以接近的姑娘；而英语成语 under the rose 却是秘密和沉默的象征，这反映了在会议桌上方悬挂玫瑰花意味着所有与会人员必须保守秘密的古老习惯。这一习惯又源于希腊神话。Cupid 给了沉默之神 Harpocrates 一枝玫瑰以防止他泄露 Venus 的不检点行为。

由于受民族文化的影响，一个普通的词在一种语言中常有极其丰富的联想意义，而在另一种语言中就可能仅仅是一个语言符号。这类词往往会导致理解上的障碍和引起不必要的误解。例如"竹子"就与中国的传统文化有着深厚的关系。中国人常用竹来以物喻人，表达自己坚定、正直的性格，颂扬人们刚正的气节。竹子的这种高尚的文化内涵使历代文人赏竹、咏竹。画竹成为一种高雅的风范，而竹也逐渐成了中国人坚强、高风亮节的性格的象征。而 bamboo 一词在英语里几乎没有什么联想意义，甚至 bamboo 一词都是从其他语言借用来的。因为竹并不是土生土长在英国，因此英国人对于竹并不像中国人那样熟悉，这也是该词缺乏文化内涵的缘故，在多数情况下，它只是一个名称而已。英语里也有许多具有丰富联想意义而汉语中却没有的词。例如 daffodil 在汉语里的意思是"黄水仙"，仅仅是一种花而已。但是在英语里它是春天、欢乐的象征。华兹华斯的 I Wondered Lonely as a Cloud 就反映了诗人当时愉快的心情。

植物花草名词在植物学里有专门的名称，称作学名，多用拉丁语表示。在文学作品中，尤其在诗歌里，植物花草名称多有象征和抒情的意味，不宜译得太精确。

《毛泽东诗词·重阳》中有一句"战地**黄花**分外香"被保罗·安格尔及其夫人聂华苓译为 Battlefields fragrant with **yellow flower**。"黄花"译成了 **yellow flower**。

他们将《答李淑一》中的一行诗"吴刚捧出**桂花酒**"译为：Wu Kang brought out **cassia wine**。"桂花酒"译成了 cassia wine(肉桂酒)。

《答友人》中有一行诗"**芙蓉**国里尽朝晖"，分别被保罗·安格尔及夫人聂华苓和赵甄陶译为：

1) (I want to dream of traveling through the clouds, looking at) **the lotus land**, lit all over with morning sun. (The Engles)

2) The morning sunlight floods your **Land of Lotus Blooms**. (Zhao Zhentao)

将"芙蓉"分别译为 the lotus land 和 Land of Lotus Blooms。

在白居易的《长恨歌》里，有这样的诗句：归来池苑皆依旧，太液**芙蓉**未央**柳**。芙蓉如面柳如眉，对此如何不泪垂！春风**桃李**花开日，秋雨梧桐叶落时。西宫南内多**秋草**，**落叶**满阶红不扫。

许渊冲先生译为：Back, he found her pond and her garden in the old place; With **lotus** in the lake and **willows** by the hall. **Willow leaves** like her brows and **lotus** like her face; At the sight of all these, how could his tears not fall? Or when in vernal breeze were **peach and plum** full-blown; Or when in autumn rain **parasol leaves** were shed? In western as in southern court was grass o'er grown; With **fallen leaves** unswept the marble steps turned red. 诗里面的花、叶、草、木都是直译的。

杨宪益、戴乃迭(Gladys Yang)夫妇译为：The palace was unchanged on his return; With **lotus** blooming in the Taiye Pool and **willows** in the Weiyang Palace. The **lotus**

flowers were like her face; The **willows** like her eyebrows. How could he refrain from tears at their sight? The spring wind returned at night; The **peach and plum trees** blossomed again. **Plane leaves** fell in the autumn rains. **Weeds** choked the emperor's west palaçe; Piles of **red leaves** on the unswept steps. 诗里的花、叶、草、木也基本都是直译的。

3.9　语序的调整

在英译汉时，如果英语句子的结构恰好与汉语句子相同或基本相同，我们可以把原文的句子结构完全保留下来或稍加改变就可以了。但是，由于英汉两种语言的差异，有时要对原来的句子结构作较大的变动，才能译出符合汉语表达习惯的句子。

一、分句与合句

对于英语中一些又长又复杂的句子，如果进行"字对字"的翻译，译文就会不通顺，翻译时，常常要进行分译处理，这就叫分句法；相反，合句法一般用于英语简单句的翻译，特别是两个或两个以上的英文句子有同样的主语的时候。汉语一般不喜欢重复某一名词，或使用某一代词作主语，在这种情况下，不如把几句话串联成汉语的一句话。例如：

◆The day before I was to leave I went walking across the river to the red mesa, where many times before I had gone to be alone with my thoughts. 临行前一天，我淌过河来到红石山下。我以前曾多次来过这里，独自遐想一番。(分译)

◆I wasn't an enemy, in fact or in feeling. I was an ally. 无论在事实上，还是在感情上，我都不是他们的敌人，而是她们的盟友。(合译)

二、名词从句

名词从句包括主语从句、宾语从句、表语从句和同位语从句。一般来讲，翻译这些从句时，大多数可按原文的句序译成对应的汉语，但也有例外。

1. 主语从句

(1) 以 what, whatever, whoever 等引导的主语从句一般按原文的顺序翻译。例如：

◆**What has happened** is no surprise to us. **所发生的事**对我们来说并不奇怪。

◆The King declared, "**Whoever makes my daughter laugh** shall marry her." 国王宣称："谁要能把我女儿逗乐了，就可以娶她做妻子。"

◆**Whether we did or did not choose to take them** was up to us. 我们想不想带他们，由我们自己决定。

(2) 以 it 作形式主语的主语从句，翻译时真正的主语可以提前，也可以不提前。真正的主语提前时，为了强调，it 可以译出来；如果不强调，it 也可以不译出来。真正的主语不提前时，it 一般不需要译出来。例如：

◆It seemed inconceivable **that the pilot could have survived the crash**. 驾驶员在

飞机坠毁之后，竟然还能活着，这看来是不可想象的。(真正的主语提前，译出 it。)

◆It was obvious **that I had become the pawn in some sort of top-level power play**. 很清楚，某些高级人物在玩弄权术，而我却成了他们的工具。(真正的主语不提前，it 不译出。)

◆It's amazing **that we ever trust each other to do the right thing**, isn't it? 我们大家一向彼此信任，相信彼此都会做社会公德所倡导的事情，着实令人惊奇，是不是？(真正的主语不提前，不译出 it。)

2. 宾语从句

(1) 由 that, what, how 等引起的宾语从句汉译时一般不需要改变它在原句中的顺序。例如：

◆I also told him **how appealing I found the offer**. 我也告诉他，这提供的机会对我有多么大的吸引力。

◆He would remind people again **that it was decided not only by himself but by lots of others.** 他再三提醒大家说，决定这件事的不只是他一个人，还有其他许多人。(加了一个"说"字)

◆If we look at the sky on a perfectly fine summer's day we shall find **that the blue colour is the most pure and intense overhead**, and when looking high up in a direction opposite to the sun. 在晴空万里的夏日仰望苍穹，而且背对太阳向上望去的话，就会发现头顶上那方蓝天颜色最为纯净、浓重。

(2) 由 it 作形式宾语的句子，汉译时 that 引导的宾语从句一般按原文顺序译出，it 不用译。例如：

◆I take it for granted **that you will come and talk the matter over with him.** 我想当然地认为你会来跟他谈这件事情的。

(3) 有时也可将 that 引导的宾语从句提前。例如：

◆I deem it an honour **that I am elected the representative of the committee.** 我被选为委员会的代表，感到十分荣幸。

3. 表语从句

表语从句一般按原文顺序译出。例如：

◆That was **how we managed to finish this work**. 就这样，我们完成了这项任务。

◆What he emphasized over and over again was **that, no matter how difficult it might be, they should never retreat even for an inch.** 他再三强调的就是，不管多么困难，他们决不应该后退寸步。

4. 同位语从句

同位语是用来对名词(或代词)作进一步的解释。同位语可以由单词、短语或从句来充当。

(1) 同位语从句汉译时可以提前，可以不提前。有时也可以增加"即"(或"以为")或用冒号、破折号分开或重复所解释的名词(或代词)。

◆The enormous amount of this dust is well shown by the fact **that then only we can look full at the sun, even when the whole sky is free from clouds and there is no apparent mist.** 只有在这个时候，我们才可以直视太阳，即使万里长空没有一丝云彩，不见一丝雾霭，那也无妨。这个现象充分说明了低空聚集着数量巨大的尘埃。(同位语从句提前)

◆He expressed the hope **that he would come over to visit China again.** 他表示希望**再到中国来访问**。(同位语从句不提前)

◆The meeting was to take place at a hotel, **the Park Hotel on Nanjing Road**. 会议在一家宾馆举行——**南京路国际饭店**。(同位语前用破折号)

(2) 单词、短语作同位语的译法：说明身份、称号的英语同位语一般放在所解释的名词、代词的后面，汉译时按汉语的习惯放在所解释的名词、代词的前面。有的也不用提前。例如：

◆This is Rebecca, **my wife**. 这是**我的妻子**丽贝卡。(同位语提前)

◆This theory was advanced by the famous Chinese geologist **Li Si-guang**. 那条理论是中国著名的地质学家**李四光**提出来的。(同位语不提前)

◆She told the others, and soon all of them were in it, caught up in the approach of Vingo's home town, looking at the pictures he showed them of his wife and three children **—the woman handsome in a plain way, the children still unformed** in the cracked, much-handled snapshots. 她告诉了别人，不一会儿大家全知道了。车朝文戈的故乡越开越近，他们的心也随着紧了起来。文戈拿出几张照片给他们看。照片上是他的妻子和三个孩子，**他妻子自有一种朴实的美，孩子都还小**。由于经常翻看，照片弄得尽是折痕。(同位语不提前)

三、定语(从句)的翻译

传统语法学家把英语定语从句分为限制性和非限制性两种，认为限制性定语从句对其先行词具有修饰和限制作用，非限制性定语从句则是对先行词加以描述或解释。这种观点基本上是停留在定语从句的表层形式上。如果对定语从句的理解仅限于此，在某些情况下难免会影响到翻译的质量。这是因为汉语中根本没有后置定语从句这个形式，无法在翻译时做到形式对等；另外，定语从句的运用自有其特殊的信息功能和语体功能。因此，理解定语从句应从其语义、功能和修辞特征等深层结构上着眼，以求用汉语忠实再现其全部含义。

首先，从传达信息这个角度来看，英语定语从句大致上具有以下几个功能，功能不同的从句在翻译时处理的方法也不同。

(1) 对先行词加以限制或修饰。具有这种语义功能的定语从句就是常见的所谓限制性从句。例如：

◆Few people do business well **who do nothing else**. 除了生意以外什么也不做的人是做不好生意的。

◆They reviewed the international situation **in which important changes and great upheavals are taking place** and expounded their respective positions and attitudes. 他们回顾了**正在发生重大变化和巨大动荡**的国际形势，并阐述了各自的立场和态度。

上面两例中的定语从句与先行词的关系密切，从句本身也不太长，译成汉语时转换成前置定语，十分妥帖，意思上也无出入。少数非限制性定语从句具有描写性，翻译时也可适当采用前置法。如：

◆Mr. Baker, **who had been silent before**, spoke up suddenly. **刚才一直沉默不语**的贝克先生突然开口了。

前置法一般用于较短的、限制性较强的定语从句的翻译。

(2) 对先行词加以评述，或在先行词的基础上提供新的信息。这类定语从句往往结构比较复杂，具有多重含义，如果一律用前置法来处理，译出的汉语句子会显得滞重、拖沓，重点不突出。其实，从深层含义上来看，这类定语从句与主句之间已不是纯粹的从属关系，而大多具有并列关系。因此，在翻译时可以使用拆译的方法：即把从句与主句拆开后，或译成并列句，或另译成一句；其位置多放在主句之后，所以又称为后置法；句中原有的先行词则可根据具体情况和行文需要，或重复，或省略。

◆A spirited discussion springs up between a young girl **who insists that women have outgrown the jumping-on-the-chair-at-the-sight-of-a-mouse era,** and a colonel **who says that they haven't**. 一位年轻的姑娘和一位上校展开了一场热烈的争论。**姑娘坚持认为妇女已有进步，看见老鼠就吓得跳上椅子的时代已一去不复返了，而上校则认为没有**。(重复先行词，译成独立句)

◆The reason of this is that near the horizon we look through a very great thickness of the lower atmosphere, **which is full of the larger dust particles reflecting white light**, and this dilutes the pure blue of the higher atmosphere seen beyond. 这是因为我们向天边望去时，目光要穿过一层极厚的低空大气层，**其中布满颗粒较大的尘埃**，反射出白光，这就冲淡了天际高空大气层的纯蓝色。(把先行词译成"其中"，将定语重句译成并列句)

◆But owing to the constant presence of air currents, arranging both the dust and vapour in strata of varying extent and density, and of high or low clouds **which both absorb and reflect the light in varying degrees,** we see produced all those wondrous combinations of tints and those gorgeous ever changing colours. 不过由于不断出现气流，把尘埃与水汽分层排列，广度不均，密度各异，加上高低空常有云层，**不同程度地吸**

收并反射阳光，我们这才看到各种斑驳陆离的色调和变化万千的绚丽色彩。(省略先行词，译成并列句)

需要注意的是，拆句后置的译法固然可行，但有时会使汉语句子结构松散。另外，在经贸类文章，尤其是具有法律性质的文件中，往往为了严谨、准确起见，对于一些限制性定语从句，宁可译成较长、结构复杂的前置定语。例如：

◆This Convention does not prevail over any international agreement **which has already been or may be entered into and which contains provisions concerning the matters governed by this Convention.** 本公约不优于**业已缔结或可能缔结并载有与属于本公约范围内事项有关的条款**的任何国际协定。

有些定语从句在句中只相当于一个插入语，拆译后置不妥，可以置于句首。例如：

◆Afterwards he never spoke to me, **which was a pity,** and I transferred to a school very far from New York before long because my family moved to the place we are living now. 可惜的是，后来他再也没有同我说话，由于搬家，我不久就转学到了一个离纽约很远的地方——现在我们还住在这里。

(3) 主句传递辅助信息，从句传递主要信息。在这类句子中，主句短小、简单，其作用是为主要信息开头和过渡。相比之下，定语从句转化为全句的信息焦点和重心而变得长得多，结构也要复杂得多。对于这类定语从句，无论是前置法还是后置法都不一定适用。这时可以根据句子的内容，把定语从句与主语融合到一起译成简单句；在句子中，主从关系相互转化，原先的主句仅仅译成译文句子的一个成分，而原先的定语从句则译成句子的主要成分。

◆It was a hope **which reflected the conviction expressed some years earlier by the then British Prime Minister.** 这个希望反映了若干年前当时在任的英国首相表达过的信念。

◆At sunset and sunrise, however, this last effect is greatly intensified, owing to the great thickness of the strata of air **through which the light reaches us.** 不过，在日出日落时，由于光线到达地面**需要穿过厚厚的大气层**，这种反射效果就大大增强了。

(4) 有些定语从句包含了丰富的内容，而先行词所在的句子又很短，可以将先行词所在的句子译成主语，定语从句作谓语部分。例如：

◆In that depth, **where darkness is absolute** and pressure exceeds eight tons per square inch, robotic submersibles have discovered enormous gorges, four times deeper than the Great Canyon. 这个深度的海中**完全是漆黑一片**，每平方英寸的压力超过 8 吨，自动操纵潜水器在这里发现了巨大的峡谷，比美国科罗拉多大峡谷深 4 倍。

(5) 在英语中，有些句子从表面上看是定语从句，但是如果从深层结构上仔细分析其语义及其与主句之间的关系，可以发现他们的功能并不是限制或修饰先行词，而是提供有关情况：有的是与主句形成对比，有的是交代前因后果，有的是交代条件、提出假设，有的是对主句中的部分内容加以评注，等等。如果不顾其语义功能，将这类定语从句统统译成汉语定语的话，便会背离原文的意思，甚至使译出的句子逻辑混乱、语义不通。所以，我们在充分理解原文意思后，应该打破定语从句的束缚，略微加以引申与调整，译成各种并列句，或转化为相应的状语从句后再译成汉语的偏正复合句。例如：

◆All the while, George Bush, **who was ultimately to benefit from the try that failed,** sat silently by, a nearly forgotten spectator. 在此期间，乔治·布什一言不发地坐在一边，几乎成了一个被人遗忘的旁观者，**然而他将最终从这一场失败的试探中获得好处**。(译成转折并列句，与主句形成对比)

◆Chinese trade delegations have been sent to African countries, **who will negotiate trade agreements with the respective governments.** 中国派了贸易代表团前往非洲各国，**与各国政府商谈贸易协定**。(译成表目的的偏正复合句)

◆Don't you feel it strange that she should be so much ungrateful to Robert, **who did so much for her when she was in trouble?** 虽然在她遇到麻烦之时罗伯特帮了她那么多忙，她竟然对罗伯特如此忘恩负义，难道你对此不觉得奇怪吗？(译成表让步的偏正复合句)

◆They amounted to near twenty thousand pounds, **which to pay would have ruined me.** 赔偿金额几乎达两万英镑，**如果要我来赔，我非倾家荡产不可**。(译成表条件的偏正复合句)

◆We see produced all those wondrous combinations of tints and those gorgeous ever changing colours which are a constant source of admiration and delight to all **who have the advantage of an uninterrupted view to the west** and **who are accustomed to watch for those not infrequent exhibitions of nature's kaleidoscopic colour painting.** 任何人只要有幸将西天的景致一览无余，只要有心观看大自然不时展现的缤纷画卷，都会为之赞美不已，喜不自胜。(译成表假设的偏正复合句)

◆A new and more brilliant light flushes the western sky, and a display of gorgeous ever-changing tints occurs **which are at once the delight of the beholder and the despair of the artist. And all this unsurpassable glory we owe to—dust!** 一片崭新的、更加灿烂的阳光染红了西天，一幅景观色彩绚丽，变化万千，**令观赏者心旷神怡，令丹青手自叹莫及。而我们之所以能领略到如此无与伦比的美景，全应归功于——尘埃**！(译成表结果的偏正复合句)

在翻译含有定语从句的英语复合句时，应该考虑到句子的文体和语体风格，翻译时多采用比较正式的文体，因为从修辞的角度来看，定语从句多见于书面语，尤其是常见于比较正式的文体之中，其主要功能是使句子的语义严密、完整。如对下面几例具有格言式的语体风格的定语从句的翻译，应该采用汉语中相应的形式，比如用古汉语译，译成对仗工整的句式等。

◆That is the best part of beauty, **which a picture cannot express; no, nor the first sight of the life.** 美之极致，非图画所能表，乍见所能识。

◆There is no excellent beauty **that hath not some strangeness in the proportion.** 举凡最美之人，其部位比例，必有异于常人之处。

◆The person **who knows how** will always have a job. But the person **who knows why** will be his boss. 知其然者，任事；知其所以然者，任人。

四、状语(从句)的翻译

汉语的复合句一般按事物发生的顺序安排，先发生的事先说，后发生的事后说；而英文句子的表达顺序与汉语句子的表达顺序有区别，其中一个原因就是英文句子中状语的位置比较灵活，状语(从句)有时放在主句之后，有时放在主句之前，有时又放在句子中间，不必考虑从句所述之事是先于还是后于主句动作。因此，英译汉时，如果事件发生的顺序很明确，或者因果关系明显，就不一定过分拘泥于原句的语序，而应按汉语的表达习惯进行翻译。

(1) 将原文和译文的状语的位置正好调换一下。例如：

◆He was working **with his mower in the garden the whole morning**.

　　　　　　　　(方式)　　　　　(地点)　　　　　　(时间)

他一上午都在花园里用割草机修剪草坪。

　　(时间)　　(地点)　　(方式)

(2) 除对语序作必要调整外，有时还要转换状语部分的形式，采取分译法，将状语译成状语从句或译成并列句。例如：

◆**On a gold standard,** even fewer people than now would own more of the world's wealth, **with the rest of mankind left bare-assed.** 如果实行金本位制，那么更少的人将拥有世界上更多的财富，而其余的人则成了穷光蛋。(将前一个状语 On a gold standard 转换成了状语从句，将后一个状语 with the rest of mankind left bare-assed 译成了并列句)

◆The Chinese seemed **understandably** proud of their economic achievements. 中国人似乎为他们在经济上取得的成就而自豪，**这是可以理解的**。(将状语 understandably 译成了一个独立句子)

(3) 与分译相反的是合译，即把从句译成单句中的一个短语，并作成分调整。例如：

◆**When we praised the Chinese leadership and the people** we are not merely being polite. 我们对中国领导人和中国人民的赞扬不仅仅是出于礼貌。(将状语从句译成了译文的主语)

(4) 状语的增补或省略。例如：

◆They were ready to be disposed of by their parents **if alive**, or **otherwise** by their nearest relations. 这些人的父母如果还在世，可由父母领回；**如果父母已故**，则由他们

的近亲代领。(增加状语，因为不增加意思就表达不清楚)

◆It was winter and the leaves were gone **from the trees,** the grass was dead. 冬天到了，叶落草枯。(省译，原文的说法"树叶从树上落下"，在汉语中是不言自明的，因此译出来有点"画蛇添足")

(5) 翻译英语的状语从句时，在处理关联词的时候，切不可望文生义。如 before 并不一定译作"在……以前"，if 不一定就是译成"如果，假如"，when 不一定译成"当……的时候"。例如：

◆**Before** I arrived in sight of it, all that remained of day was a beamless, amber light along the west; but I could see every people on the path, and every blade of grass, by that splendid moon. 我还没有望见那座住宅，天已经早暗下来了，只有西边天际还剩下一抹朦胧的琥珀色的余晖，但是我仍可借助皎洁的月光，看清小路上的每一颗石子，每一片草叶。

◆**If** I have seen farther than other men, it is because I have stood on the shoulders of giants. 就算我比别人看得高一点，也只是因为我站在巨人们的肩上了。

◆We do what we say we'll do; we show up **when** we say we'll show up; we deliver **when** we say we'll deliver; and we pay **when** we say we'll pay. 我们说了要做就会做；说了要来就会来；说了交货就会交；说了付款就会付。

五、长句的翻译

在英语中，我们常常碰到一些较长的句子。长句中除主句、从句外，还有分词短语、同位语、短语等成分，看上去非常复杂，这就增加了翻译的难度。但是，看到英语的长句一定不要乱了阵脚。因为句子再长也是万变不离其宗，其基本结构不会变。所以，在翻译长句时，首先要找出主句和从句(有时还不止一个)；其次根据主从关系抓住句子的中心内容和各层的意思；再分析各层意思之间的逻辑关系；最后按照汉语的习惯表达方式将原文的意思译出。当然，在按汉语的习惯表达译出时，为了使句子通顺，肯定要增加或省去一些词。一般来讲，长句的翻译方法主要有以下四种。

1. 顺译法

有些英语长句中，一系列动作发生的时间和空间的前后顺序和逻辑关系(因果、假设、让步等关系)与汉语表达方式相近，一般可按原文顺序译出。例如：

◆That is, ①if you have an idea for an article about nuclear-powered musical instruments of the future, ②you can't obtain protection for your concept ③because anyone can use your idea, and write, copyright and publish his or her own article about nuclear-powered musical instruments of the future. 这就是说，①你想写一篇关于未来核动力乐器的文章，那么，②你的这一设想无法获得版权保护，③因为任何人都可以利用你的设想，撰写出自己关于未来核动力乐器的文章，并取得其版权。

◆However, ①if somebody else wants to write an article dealing with the same subject or idea of your copyrighted article, ②that second somebody had better not lift sentences or paragraphs from your article, ③and had better not even paraphrase your article, or parts of it, ④because that would be copyright infringement. 但是，①如果有人写文章谈论与你拥有版权的那篇文章相同的题材或观点，②那么，这第二个作者最好别从你的文章里摘句取段，③甚至别诠释你的文章或其中的一部分，④因为那样做就会侵犯版权。

整个句子从逻辑顺序来讲与汉语基本相似，故以上两个句子都采用顺序法译出。

2. 逆译法

有些英语长句表达顺序与汉语截然相反，为了使汉语通顺自然，必须先译后面部分，然后逆着原文顺序逐一译出。

◆①You must keep in mind the definitions and laws of economics ②no matter how complex they may be, ③when you come in contact with them ④in order that you may understand the subject better and lay a solid foundation for further study. ④为了更好地了解经济学，为进一步学习打下坚实的基础，③当你遇到经济学的定义和规则时，②不管它们有多复杂，①你都必须记住。

◆①Its air of renewal has been heightened in this dour winter ②by Ronald Regan's promise of "a new beginning" for the nation and ③by the glow of ruddy Sun Belt optimism he brings to it. ②由于里根许诺要给国家以"新的开始"，③也由于他从那"阳光灿烂的地带"带来了乐观主义的霞光，①使就职典礼的更新气氛，在今年严峻的冬季，显得有为浓郁。

3. 分译法

有些英语长句，主句和从句或者修饰部分之间的关系不很紧密，而汉语常有使用短句表达的习惯，所以翻译时可以把长句中的从句和修饰部分译成短句，分开来表达。如：

◆ ① And confidence is growing ② in the debt-restructuring process, ③ the infuriatingly slow and untidy effort that puts debtor nations on the International Monetary Fund's stringent diet of hardnosed monetary policy, ④curtailed government spending, and fewer imports. ①人们对以下诸方面的信心正在增加：②重新确定偿还债务期限的进程；③债务国在执行国际货币基金组织严厉的货币紧缩改革时，所持的令人气愤的拖拉疲沓作风有所改变；④削减政府开支；只进口较少的产品。

◆①As the correct solution of any problem depends primarily on a true under-standing of what the problem really is and wherein lies its difficulty, ②we profitably pause upon the threshold of our subject to consider ③first, in a more general way, its real nature; ④the causes which impede sound practice; ⑤the conditions on which success or failure depend; ⑥the direction in which error is most to be feared. ①任何问题的解决，主要取决于是否真正了解问题的实质及其困难所在。②因此，按下面的方法做是最有好处的：

③我们在开始解决问题时，首先停下来更全面地考虑一下该问题的实质；④其次看看阻碍其正常进行的原因是什么；⑤然后了解决定其成败的关键条件；⑥最后考察最担心在哪些方面发生错误。(把原文中的短语③、④、⑤、⑥都译成了分句)

4. 综合法

有的英语长句翻译起来，既不适合用顺序法和逆序法，也不便采用分译法，所以只能根据句子以及其修饰语的主次、逻辑、时间先后，有顺有逆地综合处理。例如：

◆①When Kunta got home with the massa well into one night a few months later, ②Bell was less irritated than concerned that ③they were both too tired even to eat the good supper she'd prepared. ①几个月以后的一个晚上，昆塔跟随着老爷子深夜才回到家里。③贝尔看到他们两人累得连她准备的美味晚餐都吃不下，②心里的担心超过了气恼。

◆①While exploring the possibility of selling logs to a Korean chopstick factory, ②Ian Ward, a Vancouver lumber exporter, came to the almost incredible conclusion that ③he could make the sticks cheaper himself by modifying machines used to make Popsicle sticks. ②雅·沃德是温哥华的一个木材出口商。①他在探索向韩国一家筷子工厂出口原木的可能性时，得出一个几乎是不可思议的结论，③他完全可以改装生产冰棍棒的机器，自己生产更加便宜的筷子。

3.10　英语否定句的翻译

英语中有两种否定句，一种是全部否定，另一种是部分否定。前者是否定主谓之间的肯定关系，后者是否定句子某一成分而不影响主谓之间的肯定关系。

在前一种情况中，英汉否定词的位置是一样的，都放在谓语动词之前。例如：

◆We haven't finished the work yet. 我们还没有完成任务。

◆They did not say anything against me. 他们没有说任何对我不利的话。

在后一种情况中，英汉否定词的位置有时有差异，语义上否定某一个从属成分的否定词，在形式上看是否定主句的谓语，实际上是否定从句的谓语或是否定状语从句。译成汉语时就不能照原文译出，而要按汉语的表达习惯来译。例如：

◆**I don't think** that matters. **我认为**那**没有**什么关系。(否定从句的谓语，不要译为：我不认为那有什么关系。)

◆**None of them believe** he will do that. 他们都**认为**他**不会**干那种事。(否定从句的谓语，不要译为：他们都不以为他会干那种事。)

◆**I did not become a doctor** because I wanted to, but because my mother wanted me to. 我当**医生**并**不是**因为我想当医生，而是因为我母亲要我当。(否定 because 引导的状语从句，不要译成：我没有当医生因为我想当，而是因为我母亲要我当。)

◆For Americans, the Olympics represent the ultimate money-making opportunity. Sprint ace Leroy Burrell put it succinctly, "**We aren't in this because** we like it or want to earn our way through school. We're in it to make money." 对于美国人来说，奥运会意味着一次最重要的赚钱机会，著名短跑选手莱罗·伯勒尔简明扼要地说："**我们之所以参加奥运会，不是因为我们喜欢它或是想通过参赛提高成绩，我们参赛就是为了赚钱。**"(不要译成：我们不参加奥运会是因为我们喜欢参加……这样的话，意思与原文的意思刚好相反。)

3.11　辞格的英汉互译技巧

一、直译法

英语中的明喻(simile)、暗喻(metaphor)、拟人(personification)、夸张(hyperbole)、委婉(euphemism)、转喻(metonymy)、省略(ellipsis)、折绕(periphrasis)、移就(hypallage)、呼告(apostrophe)、递升(climax)、递降(bathos; anti-climax)、反语(irony)、跳脱(aposiopesis)、排比(parallelism)、并列(parataxis)、设问(question and answer)、反问(rhetoric question)、谲辞(white lie)等修辞手段，在汉语里也能找到对等的修辞手段，一般来说，可以直译。(汉译英也如此，在下一章"汉英翻译基本技巧"里不再赘述。丰富的例子参见《实用翻译教程》(英汉互译)(冯庆华编著，上海外语教育出版社，2005 年)。以下同。)

二、意译法

英、汉语里，由于不少修辞格利用了各自的语言特点，语音、语法、语言形式和文化背景都不为译文读者所熟悉，要把它们直译成另外一种语言就很困难。因此，必须进行一定的加工，才能译出为译文读者所接受的译文。属于这一类的修辞格有：拟声(onomatopoeia)、对偶(antithesis)、断取(英语中没有此辞格)、押韵(rhyme)、析数(英语中没有此辞格)、同字(英语中很难见到此辞格)、双关(pun)、顶真(anadiplosis)、统括(暂未找到英语表达)、列锦(暂未找到英语表达)、拈连(zeugma)、精警(paradox; oxymoron)、借代(antonomasia)、倒装(anastrophe)、摹形(graphic)、反复(repetition)。

三、弥补法

有些修辞格一般在字形、字音、词性、词的结构、词的缩减、词义更换、字的排列等方面做文章，这些特点是无法传达到译文中去的。按照冯庆华教授的观点，对这些不能译的修辞格，我们可采取不同的方式来传译：1) 对那些非译不可，否则就会严重影响原作的思想力度或情节发展的修辞格，应尽可能地加以补救，如采用换格、加重语气、加注脚；2) 对那些与原作思想力度和情节发展无重大关系的修辞格，可以干脆不译；3) 对诗词对联中不能译的修辞格，最好能作一个简短的说明，让不懂原文的人领略到原文修辞格的妙处。笔译、口译皆如此。

第 4 章　汉英翻译常用的技巧

4.1　主语的确定

　　翻译单位是翻译不可忽视的问题，因为它牵涉到在语言转换过程中，在什么层级上实现翻译的标准。英汉两种语言都有词(word)、短语(phrase)、句子(sentence)、段落(paragraph)和篇章(text)五个层级。要是以篇章为翻译单位，当然最理想，但作为语言转换单位，有时会太大而不可能操作；若以段落为单位，也有许多优点，特别是有助于照顾句与句之间的逻辑关系，按英语段落的特点重新组合句子，使译文符合译入语的表达习惯，但是段落有时也很长，句子之间的关系很复杂；由于英汉两种语言在语言文化、思维模式上有着很大的差别，以词或短语为翻译单位是不现实的；而汉语的句子容易识别，在理解时容易分析，在表达时又比较容易转换成对应的英语句子。因此，对于初学汉英翻译的学生来说，句子是较为理想的翻译单位。但由于汉语是意合语言，句子与句子之间的逻辑关系有时是以隐性的方式衔接起来的，英译时多要以显性的方式表现出来。对于一个句子的理解与贴切表达，要依赖于对于相邻句子乃至对于篇章中其他句子的语义的理解与表达。由于模式的差异，汉英句子概念不同，句子类型的划分不同，句子组合的机制也不同。汉语是意合语言，句子的主语可由诸多不同类别的词语充当，主语隐含不显或无主语的情况时常可见；谓语的成分非常复杂，且不受主语支配，没有人称、数、时态的变化；句与句之间无明显的表示逻辑关系的连接词。所以汉语句子看似松散，如流水般无定法可依。英语为形合语言，句子多按主谓宾排列，句子结构受形式逻辑制约，注重形式的严谨。其句法特征是：主语突出，易于识别，且只能由名词或名词性的词语担任；谓语绝对受主语的支配，在人称和数上必须和主语保持一致，有时态、语态和语气的变化；句与句之间多有表示逻辑关系的连接词相联。英语句式完整而严密。因此，在汉英翻译时，确定好主、谓语是成功构句的关键。

　　对于主语的确定一般有三种方法：1) 以原句主语作为译文的主语；2) 重新确定主语；3) 增补主语。

一、以原句主语作为译文的主语

　　英语句中的主语只能是名词、主格人称代词或名词性的词语。当汉语原文有明确的主语，而且该主语由名词或主格人称代词充当时，我们可以以原主语作为英译文的主语。例如：

◆假日里，青年人双双对对漫步在公园里。**The young people** in pairs and couples rambled about the park on holidays.

◆如果说，词汇是语言的"建筑材料"，那么，句子便是文章的"基本部件"。If **vocabularies** are the "building materials" for language, **sentences** are the "fundamental parts" of writings.

二、重新确定主语

在许多情况下，我们需要重新选择和确定主语，以保证译文逻辑通顺、行文流畅、语言自然地道，行使与原文相似的功能。用来替换原主语的，可以是句中的其他成分，也可以是句外的词语。例如：

◆鲁迅的骨头是最硬的，他没有丝毫的奴颜和媚骨，这是殖民地半殖民地人民最可宝贵的性格。**Lu Hsun** was a man of unyielding integrity, free from all sycophancy or obsequiousness; this quality is invaluable among colonial and semi- colonial people.

◆树缝里也漏着一两点路灯光，没精打采的，是瞌睡人的眼。Here and there **a few rays** from street-lamps filtered through the trees, listless as the eyes of one who is dozing.

◆当这些新书，进入我的书架，我不再打印章，写名字，只是给它们包裹一层新装，记下到此的岁月。**I** no longer stamped my seal or wrote my name on them, however, when putting them onto the bookshelves, except that I clothed them with a new cover and put down the date of their arrival.

◆中国有一句描写登泰山感受的古诗："会当凌绝顶，一览众山小。"我们对待中美贸易问题，要有这种高瞻远瞩的战略眼光。Depicting his exhilaration of climbing Mt. Tai, **an ancient Chinese poet** once wrote, "I will ascend the mountain's dominant peak—to have a commanding view all in a sweep." When approaching problems in China-US trade, we also need to see things in a panoramic and strategic perspective.

三、增补主语

在汉语中，主语隐含不显或无主语的情况时常可见。译成英语时则必须按照英语的规则，增补出主语。增补时要考虑语境、英语的语法习惯和行文的需要。例如：

◆沉默啊沉默！不在沉默中爆发，就在沉默中灭亡。Silence, silence! Unless **we** burst out, **we** shall perish in this silence!

◆不懂就是不懂，不要装懂。不要摆官架子。钻进去，几个月，一年两年，三年五年，总可以学会的。**We** must not pretend to know when we do not know. **We** must not put on bureaucratic airs. If **we** dig into a subject for several months, for a year or two, for three or five years, **we** shall eventually master it.

◆当海风卷起雪浪来袭击海岸时，在美丽的浪花里，会拾到许多许多小巧玲珑的贝壳,和五色斑斓的小石子。When the sea wind dashes the snow-white billows against the beach, **I** can pick up from among the brilliant spray many petty shells and colourful pebbles.

4.2 谓语的确定与主谓一致

汉语句子中的谓语非常复杂,英语句子中的谓语比较单一,只能由动词或动词短语充当。汉译英时,有时可以选择与原文对应的谓语,但是在多数情况下,我们既不能照搬原文主语,也不能照搬原文谓语,必须作一定的调整,或寻找新的谓语。谓语的确定与主语的确定密切相关。主谓语的确定顺序,孰先孰后,很难分清。谓语的选择和确定,要兼顾表意和构句的需要,也就是既要考虑该谓语是否能准确传达原文的意义,又要观照其与主语的逻辑关联和主谓词语的搭配及产生的修辞效果,还必须遵循主谓一致的原则,符合英语的语法规范。

一、谓语的确定应该基于表意的需要

(1) 考虑谓语的表意需要时首先要看它能否准确传达原意,表意是否贴切。例如:

◆中央政府**不干预**香港特别行政区的事务。

译文一:The Central Government **has refrained from** intervening in the affairs of the HKSAR.

译文二:The Central Government **has never intervened in** the affairs of the HKSAR.

译文一中的 has refrained from 的意思是"克制自己不去干……",而译文二中的 has never intervened in 的意思是"从不去干预也不想干预",从表意的贴切和准确性来看,译文二优于译文一。

◆中国经济将融入世界经济的大潮。

译文一:The economy of China will **merge into** the tide of the world economy.

译文二:The economy of China will **converge with** that of the world.

译文一中的 merge into 是"融合在……之中"的意思,译文二中的 converge with 是"与……融合在一起"的意思,因此,译文二中谓语的选择是恰当的。

(2) 考虑谓语表意的需要时,还必须观照其与主语的语义关联以及主谓词语的搭配。例如:

◆在过去的一年里,国民经济呈现增长较快、效益较好、价格平稳、活力增强的态势,各项社会事业不断发展,人民生活继续改善。

译文一:**The past year saw** relatively faster economic growth, better results, stable prices and stronger dynamics. Social undertakings of all sorts made steady progress and people's livelihood improved step by step.

译文二:In the past year, our national economy grew faster, better economic returns were gained, the pieces were stable and stronger dynamic was seen. Social undertakings of all sorts made steady progress and people's livelihood improved step by step.

译文一以 the past year 为主语，选择 saw 作谓语与之搭配，生成了一个表意准确而有合乎英语习惯的句子；译文二紧随汉语原文，以原文的各个主语为主语，再根据语法要求，选择了各自的谓语。两个译文都表意忠实，又合乎英语语法，但译文一比译文二更自然地道。

◆在同新闻界谈话的时候，**上海人使用**越来越多的最高级形容词。

译文一：When they talk to the press, **the Shanghai citizens use** more and more adjectives of the superlative degree.

译文二：**You can hear** Shanghai people using more and more adjectives of the superlative degree when they talk to the press.

译文一亦步亦趋地紧跟原文句子结构，主谓语的选择与原文完全对应。译文二用 can hear 代替了"使用"，这是因为句中的主语不再是"上海人"，而是泛指人称代词 you。两个译文都与原文意义相符且合乎语法规范。不同的是，译文一仅仅陈述事实，语气比较客观；而译文二是从观光者的角度来表述的，带有感情色彩。

(3) 考虑谓语的表意需要时须考虑谓语与宾语的搭配，包括连系动词与表语的搭配，以及该搭配的修辞效果。例如：

◆她们(时装模特)逐渐镇定下来，**恢复了自信**。

译文一：They gradually calmed down, **restored self-confidence**.

译文二：Gradually, they calmed down and **regained self-confidence**.

译文一和译文二都以 self-confidence 作宾语，但选择的谓语不同。译文一选的谓语为 restore，意思是 give back，bring back into use，与宾语 self-confidence 搭配不当；译文二选用 regain 作谓语，意思是 get or win back，与宾语搭配恰当。

◆(一个世纪以来，中国人民在前进道路上经历了三次历史性的巨大变化……)第一次是辛亥革命，……第二次是中华人民共和国的成立，……第三次是改革开放……The first change **was represented by** the Revolution of 1911…The second change **was marked by** the founding of the People's Republic of China… The third change **was featured by** the reform and opening up… (选自江泽民"十五大报告")

原文不包含三个小句，谓语均为"是……"。在译文中，译者没有机械地照搬原文形式重复用连系动词 was+同一表语作谓语，而是将三个对应部分分别译为 was represented by，was marked by 和 was featured by。它们与介词后的宾语搭配和谐，表意妥帖，表达连贯，符合英语表达习惯。

二、谓语的确定应该基于构句的需要

选择谓语时考虑构句的需要，是指译文必须遵守英语语法规范，遵循"主谓一致"的原则，保证谓语和主语的人称和数一致，谓语动词时态、语态正确，句式连贯顺畅，表达地道自然。例如：

◆关于如何改进市民的居住条件问题**市政府**给予了充分重视。

译文一：**Full attention has been paid** by <u>**the municipal government**</u> to the improvement of the housing conditions of the urban inhabitants.

译文二：<u>**The municipal government has paid full attention**</u> to the housing conditions of the urban inhabitants.

两个译文都选 pay attention to 作为谓语，但是由于译文一采用了被动语态，译文二采用了主动语态，两句译文的主语和宾语不同。由于英语是主语显著的语言，主语代表句中最重要的信息，因此，译文二的语气较平淡，译文一语气较强，更贴近原文。

◆液体的**形状**总是随容器的变化而**变化**，因为**液体没有**自己的固定形状。换言之，无论**你把它放**在什么样的容器中，其**形状**总是和容器内壁形状**完全一样**。Since <u>**a liquid has**</u> no definite shape of its own, <u>**it varies**</u> in shape from container to container. In other words, in whatever container <u>**it is poured**</u>, <u>**the liquid**</u> will **take exactly** the interior shape of the container.

译文和原文一样包含两个主从复合句。原文中主语分别为"形状"、"液体"、"你"和"形状"，译文中全都用 liquid 及其代词 it 作主语。既然如此，按照英语主谓一致的原则和动词的时态、语态的要求，谓语分别为第三人称单数的一般现在时 has 和 varies、一般现在时被动语态 is poured 和一般将来时 will take。由于原文是科技文，为了体现英语译文科技文体阐述科学道理的无时间性，译文的时态都用了一般时。总之，译文符合英语句子构句的时态、语态要求和英语科技文体的要求，句间逻辑关系明了，语篇衔接连贯，句子自然流畅。

4.3　语序的调整

语序指句子成分的排列次序，它是词语和句子成分之间关系的体现，反映语言使用者的逻辑思维和心理结构模式(陈宏薇，1998)。中国人和以英语为母语的民族思维模式有共性也有个性，表现在语序上，汉语和英语的表达模式有同也有异。

英语和汉语相同之处在于都以"主语+谓语+宾语"(SVO)或"施事+行为+受事"为基本语序。相异之处在于两种语言句内和句间语序的灵活性以及定语、状语等次要成分在句中位置的差异。正因为差异的存在，汉译英时常常需要调整语序。

一、句内语序的调整

1. 句中主要成分语序的调整

由于英汉语句内语序各有灵活性，汉译英时，要根据英语的习惯进行调整。例如：

◆我对于海，好像着了魔似地一天比一天迷恋起来，我爱它，甚至一天也不能离开它。I've become more and more crazy about the sea. I never let a day pass without seeing it with my own eyes.

原文中受事在前，施事、行为在后。译文按照英语语序的习惯，将施事 I 和谓语 have become more and more crazy about 的位置提到了前面。

◆马可波罗的中国之行，给他留下最深刻印象的是杭州西湖之秀美。The beauty of the West Lake in Hangzhou was what impressed Marco Polo most during his trip to China.

原文中"杭州西湖之秀美"为施事，在后，"给他留下"为行为，在前。在译文中按照英文的习惯调了个，施事 the beauty of Hangzhou 在前，行为 impressed 在后。

◆书无分大小、贵贱、古今、新旧，只要是我想保存的，因之也同我共过患难的，一视同仁。I treated them alike, whether they were big or small, old or new, expensive or inexpensive, classical or contemporary, since they had been in my collection and, therefore, gone through thick and thin with me.

原文中有两个主语"它们(书籍)"和"我"，译文中按照英文的表达习惯在主句中以"我"为主语，"书籍"为宾语，从句中以"书籍"为主语。

2. 状语和定语位置的调整

英语和汉语句式中主要成分的位置基本相同，都是以"主语+谓语+宾语"(SVO)或"施事+行为+受事"为基本语序。主要不同之处在于状语和定语的位置在两种语言的句式中位置时有不同。

状语在英语句子中的位置比较灵活，可以出现在句首，可以出现在句中，也可以出现在句末；而在汉语中，状语的位置却比较固定。

定语的情况是：汉语的句子中的定语总是出现在中心词前面；英语句子中的定语如果是由单词充当，除少数情况外一般放在中心词之前，如果是由词组、介词短语或句子充当，则一般出现在中心词之后。

因此，汉译英时，按照英语句子的习惯进行语序的调整也是必需的。例如：

◆在机器中很多能量是由于部件之间的摩擦而损失的。**In a machine** a great deal of energy is lost **because of the friction between its parts**.

原文中有两个状语，一个(在机器中)在句首，一个(由于部件之间的摩擦)在句中。翻译成英语后，一个(In a machine)仍在句首，另一个(because of the friction between its parts)则根据英语的习惯移到了句尾。

◆他们①肩并肩地②以疯狂的速度③向那座石塔奔去。

译文一：They ran ①**side by side** ②**at a fantastic speed** ③**towards the stone pagoda**.

译文二：①**Side by side** and ②**at a fantastic speed** they ran ③**towards the stone pagoda**.

译文三：①**Side by side** they ran ②**at a fantastic speed** ③**towards the stone pagoda**.

译文四：②**At a fantastic speed** they ran ①**side by side** ③**towards the stone pagoda**.

译文五：③**Towards the stone pagoda**, they ran ①**side by side** ②**at a fantastic speed**.

同样一个汉语句子，可以用五个语序不同的英语句子来表达，这是因为英语状语的位置比汉语更加灵活。只不过五句译文在状态的侧重点上有些差异。

◆大会将于①今年九月②在北京③隆重召开。The meeting will begin ③ **ceremoniously** ②**in Beijing** ①**the following September**.

原文中状语的顺序是"时间→地点→方式",译文按照英语的习惯,状语的顺序与原文中的顺序恰好相反,译为"方式→地点→时间"。

◆他于①1935 年②8 月③22 日④早晨⑤6 点 30 分诞生在⑥湖南的⑦一个小县城。

时间状语 地点状语

译文:He was born ⑦**in a small town** ⑥**of Hunan Province** ⑤**at six thirty** ④**on the**

地点状语 时间

morning of ②**August** ③**22,** ①**1935.**

状语

如果使用一系列表示时间或地点的状语,它们在汉语中的顺序通常是由大到小、由远到近,而它们在英语中的顺序则大体与在汉语中的顺序相反。

◆1949 年中华人民共和国成立以前,中国人民曾经遭受①世界罕见的②恶性通货膨胀的灾祸。Before liberation in 1949 the Chinese people suffered from ②**some of the worst inflation** ①**the world had ever known.**

原文中的两个定语"世界罕见的"和"恶性通货膨胀的"都放在中心词"灾祸"之前。在译文中,译者省略了作宾语的"灾祸"一词,由 inflation(通货膨胀)代替。两个定语,一个放在中心词 inflation 之前,一个译为定语从句放在中心词 inflation 之后。

◆山东曲阜是①中国②古代③著名的思想家、教育家孔子的故乡。Qufu, Shandong Province, is the birthplace of Confucius, a ③**well-known** ②**ancient** ①**Chinese** thinker and educator.

在汉语中不同类型的词语作定语修饰同一个名词时,往往将表明事物本质的属性的词语排列在前面,将描写性的词语排列在后面。而在英语中则相反,越是表明事物本质的属性的定语,越是在后紧靠被修饰的中心词。

二、句子之间语序的调整

就分句间的相对位置来看,汉语的顺序比较固定,一般是先因后果、先条件后结果和按时间的顺序安排语序。而英语则比较灵活,语序与时序常常不一致,因果、条件结果顺序颠倒。因此,在汉译英时也需要调整语序。例如:

◆①女主人已经离开了人世,②再没有人喂它了。③它好像已经意识到这一点。③He must have been aware ②that nobody was going to feed him ①after the death of his mistress.

原文是典型的汉语语序,有三个小句。译文将原文的三个小句并成了一句,语序恰好相反,符合英语表达习惯。

◆①熙熙攘攘的南京路因其两旁的华丽建筑和毗连的商店,②被誉为"中华商业第一街"。③吃穿用行，老百姓生活中各方面的需求，都可以在南京路得到满足。②The bustling Nanjing Road has long been known as "the No.1 Shopping Street in China" ①for its magnificent buildings and rows of shops. ③Food, clothes, daily-use articles and means of transportation—**they**'re all available on Nanjing Road.

译文将前两个短句并成了一句，用 for 连接，在后一句使用了 food, clothes, daily-use articles and means of transportation 的同位语 they(老百姓生活中各方面的需求)，按英语的表达习惯将原文译出。

◆①如果说白天广州像座翡翠城，②那么当太阳沉没，③广州就成了一颗夜明珠，④灯光如海，⑤千街闪烁。①If Guangzhou is like a city of a jadeite in the daytime, ③it becomes a luminous pearl, ④with a sea of lights twinkling ⑤in the streets ②after the sun sets in the west.

原文中有五个小句，完全按时间的先后顺序排列。译文按英语的表达习惯调整了语序，表达流畅自然。

4.4　合译法

英语是形合语言，连接手段丰富，加上定语从句的使用、词形变化引起词性转换等因素，长句远比汉语中的长句多；而汉语是意合语言，显性连接手段少，无词形变化，故汉语中短句往往较多。因此，汉译英时常常要将汉语的短句译成英语的长句。例如：

◆还是热，心里可镇定多了。//凉风，即使是一点点，给了人们许多希望。(老舍：《骆驼祥子》) It was still hot but everyone felt much better, for the breeze, though slight, brought them hope.

◆过了两年，他又换过学校，却遇见了一个值得感佩的同事。//那同事是个诚朴的人，担任教师有六七年了。Two years later he changed to yet another school, and there he met a colleague whom he could not help admiring and feeling drawn to, as he was a sincere, plain-spoken fellow who had been a teacher for six or seven years.

◆"因此，我认为：真正能拯救你们的还是你们自己。//而我的存在，只能说明你们的不幸。"说完了最后的话，那尊塑像忽然像一座大山一样崩塌了。(艾青：《偶像的话》) "I hold, therefore, that you yourselves only are your saviours and my presence can only mean your misfortune." With that, the statue crumbled all of a sudden like a huge mountain.

◆当海风卷起雪浪来袭击海岸时，在美丽的浪花里，会拾到许多许多小巧玲珑的贝壳，和五色斑斓的小石子；还有那些碧绿的海草，长得像秀发，又美又可爱。When the sea wind dashes the snow-white billows against the beach, I can pick up from among the brilliant spray many petty shells and colourful pebbles, **as well as** some lovely green seaweed as human hair.

4.5 分译法

汉语中有一些含义丰富的词和词组，翻译成英语时无法用一个词或词组来表达其丰富的含义，只有用句子才能表达出。因此，有时要把该词或词组从句子中分离出来，单独译成句子。有时，由于英汉语言习惯及其篇章结构不同，也要采用分译法。例如：

◆去年那场**使七个国家遭受了极大损失**的来势凶猛的龙卷风已经引起全球科学家的高度重视。The violent tornado that struck in August last year has aroused great attention among the scientists throughout the world. //Seven countries suffered a great loss from the tornado. (将原文的定语译成了单句)

◆冬天，快过阴历年的时候，一个风雪满天的星期日，余永泽从外面抱回了许多好吃的东西。It was winter. //One snowy Sunday not long before the lunar New Year, Yongze came home loaded with parcels.

◆中国的环境问题是全球性环境问题的一个组成部分，中国深知自己在保护地球生态环境方面的责任和可以发挥的作用，从这一点出发，中国十分重视和积极参与联合国主持的有关环境与发展问题的讨论，并签署了多项国际公约和协议。China's environmental problems are part and parcel of the global problems. //China is keenly aware of its responsibility and role in the protection of the earth's eco-system. //**So** it has attached importance to and taken an active part in the U.N.—sponsored discussions concerning environment and development. //It has signed a number of relevant international conventions or agreements.

◆在那著名的古庙里，站立着一尊高大的塑像，人在他的旁边，伸直了手还摸不到他的膝盖，很多年以来，他都使看见的人不由自主地肃然起敬，感到自己的渺小、卑微，因而渴望着得到他的拯救。There stood in a well-known ancient temple a huge statue. It was so tall that people standing by were unable to touch even his knees however hard they tried to reach for it. //For many, many years, visitors couldn't help feeling so overawed and dwarfed at the sight of it that they looked to it eagerly for salvation.

4.6 语态转译法

一般来讲，被动语态在英语中的使用频率比在汉语中的使用频率高，在汉译英时，根据语境的需要，常常要将汉语的主动语态译成英语的被动语态。例如：

◆**加强公共卫生设施建设**，重点抓了省、市(地)、县三级疾病预防控制网络建设。Public health infrastructure **was improved**, with the focus on networks spanning provincial, city (prefecture) and county levels for disease prevention and control.

◆采取中央与地方共建办法，加强农村卫生医疗机构建设。**开展**新型农村合作医疗制度和医疗救助制度**试点**。The central government worked with local governments to build more rural health and medical institutions. Pilot projects for s new cooperative medical care system and medical assistance system **were initiated** in rural areas.

◆在农场劳动那阵子，常常会遇到一些不顺心的事。**那住着五十多人的大窝棚**，连个背人的地方都没有。After middle school, I served my time on a farm like most of my school-mates at that period. Conditions were most trying. **More than fifty of us were crammed** into a shed which served as our living quarters. There was no privacy to speak of.

◆本次大会的举行和即将通过的《里约宣言》和《二十一世纪议程》两个重要文件，以及将要签署的"气候变化"和"生物多样性"两个公约，将为健全和加强这一领域的国际合作奠定良好的基础。In the current conference, **two important instruments are to be adopted**—the *Rio Declaration* and *Agenda 21* and two conventions are to be signed—the *"Convention on Climate Change"* and the *"Convention on Biological Diversity"*. They will lay a good foundation for an enhanced international cooperation in this area.

4.7　词性转译法

英语中的前后缀使得英语的词形变化灵活，在汉译英时，有些动词可以转换成英语的名词，使得英语句子简洁清楚，又符合文体的风格。例如：

◆由于工业化过程中**处置不当**，尤其是**不合理地开发利用自然资源**，造成了全球性的环境污染和生态破坏，对人类的生存和发展构成了现实威胁。Yet **neglect of environment** in the course of industrialization, particularly **the irrational exploitation and utilization of natural resources,** has caused global environmental pollution and ecological degradation, posing a real threat to the survival and development of mankind.

◆保护环境和发展经济，关系到人类的前途和命运，影响着世界上每一个国家、每一个民族，以致每一个人。**Environmental protection and economic development** bear on the future of mankind, and affect each country, each nation and indeed each individual.

4.8　正说反译，反说正译

由于语言习惯的差异，英、汉语中正说和反说也存在差异。一般来讲，将正说译成正说、将反说译成反说也可以，但是，从翻译效果来看，可能有时将正说反译或将反说正译更好。例如：

◆她光着脚走进了房间。

有两种译法：一是 She came into the room **bare-footed**. 二是 She came into the room **with no shoes on**. 前者是正说正译，后者是正说反译。显然，后者的强调意味要浓得多。

◆我们**没有想到**他居然及格了。

译文一：He passed the exam **beyond our expectation**.

译文二：We **didn't expect** that he passed the examination.

译文一是反说正译，译文二是反说反译。译文一比译文二更简洁。

4.9　隐性转显性

在汉语中，句子之间的逻辑关系一般是隐性的，不通过语言形式表现出来，而是通过语义关系表现的。但是英语中句子间的逻辑关系一般都要通过语言形式表现出来。因此，在汉译英时，一般都要将隐性的逻辑关系转译成显性的逻辑关系。例如：

◆**与此同时**，由于工业化过程中处置失当，尤其是不合理地开发利用自然资源，造成了全球性的环境污染和生态破坏，对人类的生存和发展构成了现实威胁。保护生态环境，实现持续发展，已成为全世界紧迫而艰巨的任务。**Yet** neglect of environment in the course of industrialization, particularly the irrational exploitation and utilization of natural resources, has caused global environmental pollution and ecological degradation, posing a real threat to the survival and development of mankind. **It is therefore** an urgent and formidable task for all countries around the world to protect the ecological environment and maintain a sustainable development.

◆中国是最大的发展中国家，市场广阔，发展迅速，劳动力成本低，但资金短缺、科技和管理相对落后。美国是最大的发达国家，经济总量大，资本充足，科技发达，但劳动力成本高。Being the world's largest developing country, China has a huge market offering plenty of business opportunities and low labor costs, but it is lacking capital funding, sophisticated technology and advanced managerial expertise. **On the other hand**, the United States, as the world's largest developed country, has a large economic size and abundant capital funds as well as advanced science and technology. But the costs of labor in the US are high.

◆中国的环境问题是全球性环境问题的一个组成部分，中国深知自己在保护地球生态环境方面的责任和可以发挥的作用，**从这一点出发**，中国十分重视和积极参与联合国主持的有关环境与发展问题的讨论，并签署了多项国际公约和协议。China's environmental problems are part and parcel of the global problems. China is keenly aware of its responsibility and role in the protection of the earth's eco-system. So it has attached importance to and taken an active part in the U.N.—sponsored discussions concerning environment and development. It has signed a number of relevant international conventions or agreements.

◆中国已建立了 600 多处自然保护区，总面积约 40 万平方公里。一大批野生珍稀动物得到了保护。中国实行计划生育政策，减缓了人口增长对环境造成的压力。More than 600 nature preserves have been set up in China, covering an area of 400 thousand square kilometers and providing effective protection to a large number of rare wild animals and plants. **In addition**, China's family planning helps ease off the tremendous pressure of population growth on environment.

4.10　文化、语言与汉英翻译

中国人的祖先居住在亚洲东部北温带，气候比较温和，较少受飓风、台风、海啸的袭击，半封闭的大陆性型地理环境与自给自足的小农经济使他们形成了"天人合一"的哲学思想，他们崇尚和谐，相信人和自然的和谐共存，相信主客体的一致，重伦理、重悟性、重简约。这种心理文化在汉语语法中的表现形式是：以义统形，强调意义的连贯，但不在意形式标记，句法特征为意合(parataxis)，语法特征为隐性(covertness)，词语的意义往往只能在句子或一定的语境中才能确定，而且要靠人的悟性去心领神会。汉语的词汇主要由单音节词和双音节词组成，词的组合比较方便，只要合乎事理，意义明确，便可以组合在一起，造句比较简单，不必考虑形式的一致。文化、语言与汉英翻译的关系可以从汉语习语的翻译中得到很好的体现。

一、汉语习语的民族文化特征及其英译

汉语习语包括汉语成语、谚语、惯用语、歇后语、俚语。如同英语习语一样，汉语习语也反映了汉民族的文化特征。

(1) 有不少习语反映出了汉民族的历史和典故。如：明修栈道，暗渡陈仓；四面楚歌；庆父不死，鲁难未已；徐庶入曹营，一语不发；塞翁失马，安知非福；赔了夫人又折兵；周瑜打黄盖，一个愿打，一个愿挨；初出茅庐；毛遂自荐；东施效颦；南柯一梦；滥竽充数；削足适履；说曹操曹操就到；三个臭皮匠，赛过诸葛亮；才高八斗；学富五车等等。

(2) 有的习语反映了汉民族的生产生活。如：竭泽而渔；打草惊蛇；掌上明珠；雪中送炭；玩火自焚；对牛弹琴；过河拆桥；低声下气；废寝忘食；熙熙攘攘；络绎不绝；斤斤计较；半斤八两；顺手牵羊；井底之蛙；连锅端；一朝遭蛇咬，十年怕井绳；穿连裆裤；唱对台戏；丈八的灯台——照见人家，照不见自己；一条绳上的蚂蚱，谁也跑不了；哑巴吃黄连，有苦说不出；十五个吊桶打水，七上八下；棺材里伸出手来，死要钱；肉包子打狗，一去不回头；骑着毛驴看书，走着瞧；擀面杖吹火，一窍不通；灯草拐杖，做不得柱(主)；此地无银三百两；一言九鼎；三天打鱼，两天晒网；留得青山在，不怕没柴烧；粗茶淡饭等等。

(3) 有的习语反映了汉民族的宗教文化。如：泥菩萨过河，自身难保；正月十五贴门神，晚了半月；闲时不烧香，临时抱佛脚；跑了和尚跑不了庙；看破红尘；削发为尼；佛靠金装，人靠衣妆；吃斋念佛；佛口蛇心；佛眼相看；佛头着粪；和尚打伞，无法无天；一个和尚挑水吃，两个和尚抬水吃，三个和尚没水吃；十八层地狱等等。

(4) 有的习语反映了汉民族的心理和习俗。如"龙"在汉语里有褒义：龙子龙孙；

龙体欠安；龙腾虎跃；龙马精神；生龙活虎；龙争虎斗。"狗"在汉语里有贬义：猪狗不如；哈巴狗；狼心狗肺；丧家之犬；偷鸡摸狗；鸡鸣狗盗；狗咬狗；看家狗；狗眼看人低。

汉语成语的英译主要采用以下几种方法：

(1) 直译。有的汉语成语按原文字面翻译，其比喻效果同原文一样生动，可以与英文中对等的成语并存使用。例如：

打草惊蛇	to stir up the grass and alert the snake
（对应的英语成语：	to wake a sleeping dog)
掌上明珠	a pearl in the palm
（对应的英语成语：	the apple of one's eye)
竭泽而渔	to drain a pond to catch all the fish
（对应的英语成语：	to kill the goose that lays the golden eggs)
画蛇添足	to draw a snake and add feet to it
（对应的英语成语：	to paint the lily)

有的成语在英语中尽管没有对等的成语，但直译也能使译文读者得到正确无误的形象意义。例如：

调虎离山	to lure the tiger from the mountain
屡教不改	to fail to mend one's ways after repeated admonition
史无前例	to be without precedent in history
声东击西	to shout in the east and strike in the west

(2) 意译。有些成语的比喻形象是不能被译文读者接受的，译者只能根据该成语的实际意义进行意译。例如：

海阔天空	to talk at random
（而不是	with a vast sea and a boundless sky)
灯红酒绿	dissipated and luxurious
（而不是	with red lights and green wine)
扬眉吐气	to feel proud and elated
（而不是	to raise the eyebrows and let out a breath)
开门见山	to come straight to the point
（而不是	to open the door and see the mountain)

有的成语带有一定的中华文化背景，有的成语在字面上含有中国古代的人名、地名、典故、寓言、宗教因素等，如果照字面直译，外国读者是无法接受的，又不能加太多的解释性文字。译者最好是绕开其字面，直接译出其含义。例如：

东施效颦(东施：中国古代一丑女名)	crude imitation with ludicrous effect

初出茅庐(该典故出自《三国演义》)	at the beginning of one's career
四面楚歌(楚是战国时期的一国名)	to be besieged on all sides
立地成佛(佛教是不少汉族人所信的宗教)	to give up doing vicious deeds and become a kind-hearted person

(3) 借译法。有许多汉语成语在意义上与英语成语是对等的，我们可以直接用英语成语来翻译这部分汉语成语，这可以给译文读者一种亲切和生动的感觉。例如：

赴汤蹈火	to go through fire and water
横行霸道	to throw one's weight about
格格不入	to be like square pegs in round holes
过河拆桥	to kick down the ladder

总之，在不涉及文化因素的情况下，为了保留原文中的形象，尽量用直译的方法来英译汉语成语。在涉及文化因素的情况下，就要意译了，否则就会造成"文化失真"。如果能在英语中找到意义完全对等的成语，也可以采用借译法。

二、汉英翻译中英语成语的使用

在英汉翻译中，不管是翻译什么文体的文章，都会在译文中使用与该文体相应的英语成语。但是有一些英语成语能表达同一个意思，可是往往在语域上有很大的区别，有的用于文学作品，有的用于科技文章，还有的用于日常口语。因此，对于不同文体的原文，要在译文里使用不同语域的英语成语，这样才会提高英语译文的表达效果，使英语读者乐于接受译文，增强阅读兴趣。英语成语不是一朝一夕就能完全掌握的，需要我们在平时的学习中积累和运用，翻译的质量才能真正提高。

英语成语在不同文体中的恰当使用：

(1) 在政论文体、科技文体或法律文体中，语体要求用词准确、严肃，不求生动形象。因此，译文里出现的英语成语应该是常用、易懂、简洁的。例如：

◆这些金属很难说都是良导体。It is **far from certain** that all these metals are good conductors.

◆所以我们决不可拒绝继承和借鉴古人和外国人，哪怕是封建阶级和资产阶级的东西。Therefore, we must **on no account** reject the legacies of the ancients and foreigners or refuse to learn from them, even though they are the works of the feudal or bourgeois classes.

◆国(境)外单位和个人违反本办法的规定，未经批准，私自采集、收集、买卖我国人类遗传资源材料的，没收其所持有的人类遗传资源材料并处以罚款；情节严重的，依照我国有关法律追究其法律责任。If any foreign unit or individual, **in violation of** the provisions of these measures, secretly samples, collects or deals in human genetic resource materials of our country without approval, the human genetic resource materials held in its possession shall be confiscated and a fine shall be imposed; if the circumstances are serious, it shall be investigated for legal liability **in accordance with** relevant laws of our country.

◆第 12 条　合同的内容由当事人约定，一般包括以下条款：

(一) 当事人的名称或者姓名和住址；

(二) 标的；

…………

(八) 解决争议的方法。

当事人可以参照各类合同的示范文本订立合同。

The contents of a contracts shall **be agreed upon** by the parties thereto, and shall, in general, cover and include the following clauses:

(1) title or name and domicile of the parties thereto;

(2) contract object;

……

(8) methods to settle disputes.

The parties may, **by reference to** the model text of each kind of contract, conclude and **enter into** a contract.

(2) 在文艺文体的翻译中，特别是小说里描述文的翻译，要根据原文的形象特点，尽可能适当地在译文里使用比喻生动的英语成语，使原文中的形象在译文中同样生动，做到形义兼顾。例如：

◆这几乎是一个奇迹。以陆文婷平日极为虚弱的身体，突然遭到这样一场大病的袭击，几次**濒临死亡的边缘**，最后竟能活了过来，内科大夫都感到惊异和庆幸。It was a miracle. Ill as she was, Lu several times, **on the brink of death**, survived. The doctors were greatly surprised and delighted.

◆有的小伙子还总结出一条"恋爱经验"："先不能让她知道你是矿工，等把她'**俘虏**'了，再亮'番号'"！　Some of them even came to some conclusions about "the art of love": "First of all, you should never let her know you are a miner until you have her completely **at your feet**."

(3) 口语体英汉翻译中英语成语的使用。口语体一般指人们日常交谈的语言以及舞台戏剧中的对白，也包括小说中人物的对话。因此口语中的成语应该是口语体的，不要译成书面语。例如：

◆鲁大海：妈，**别理这东西**，小心吃了他们的亏。

HAI: **Take no notice of the rat**, Mother. You don't **want them setting on to you** as well.

◆"祥林嫂竟肯依？……"

"这有什么依不依。——**闹是谁也总要闹一闹的**；只要用绳子一捆，塞在花轿里，抬到男家，捺上花冠，拜堂，关上房门，就完事儿了。……"

"But was Xianglin's Wife willing?"

"It wasn't a question of willing or not. Of course any woman would **make a row about it**. All they had to do was tie her up, shove her into the chair, carry her to the man's house, force on her the bridal headdress, make her bow in the ceremonial hall, lock the two of them into their room—and that was that. ..."

◆我不相信会有第二个女人这样不**捉弄**他的，并且我还在**确确实实**地可怜他。I don't believe that there's another woman who wouldn't have **made a fool of** him. Besides, I'm **really** and **truly** sorry for him.

4.11　汉英翻译中专有名词的翻译

一、人名

汉语中人名的英译一般采用汉语拼音的方法进行翻译。例如：

闻一多	Wen Yiduo (双名)
傅雷	Fu Lei (单名)
王力	Wang Li (单名)
多吉才让	Duojicairang (少数民族人名)

二、地名

1. 普通地名

一般采用汉语拼音的方法进行翻译。例如：

北京　　Beijing　　　　长春　　Changchun

2. 风景名胜

(1) 含地名的情况：地名的汉语拼音+意译的方式进行翻译。例如：

承德避暑山庄	Chengde Mountain Resort
洞庭湖	Dongting Lake
华清池	Huaqing Hot Spring
峨眉山	Mt. Emei
都江堰	Dujiangyan Weir
嵩山	Songshan Mountain
庐山	Mt. Lushan
乐山大佛	Large Leshan Buddha

(2) 不含地名的情况：一般采用意译的方法。例如：

东方明珠塔	the Oriental Pearl Tower
芦笛岩	Reed Flute Cave
黄鹤楼	Yellow Crane Tower

灵隐寺	Temple of Soul's (Lingyin) Retreat
中山陵	Dr. Sun Yet-sen's Mausoleum

(3) 不含地名的情况：意译+增译地名。例如：

三峡	the Three Gorges on the Yangtze River
莫高窟	Mogao Grotto in Dunhuang

三、机构名

(1) 国务院所属部、委员会、局、办公室、署(总局)分别译为 Ministry, Commission, Bureau, Office, Administration (Bureau)。例如：

教育部	Ministry of Education
财政部	Ministry of Finance
外交部	Ministry of Foreign Affairs
信息产业部	Ministry of Information Technology and Telecom Industries
国家计划生育委员会	the State Family Planning Commission
国家体育运动委员会	the State Physical Culture and Sports Commission
华侨事务委员会	Overseas Chinese Affairs Commission
国家统计局	State Statistical Bureau
国土局	Land and Resources Bureau
工商局	Industrial and Commercial Bureau
国务院港澳办公室	Hong Kong and Macao Affairs Office under the State Council
国务院侨务办公室	Overseas Chinese Affairs Office under the State Council
国家新闻出版署	State Administration of Press and Publication
审计署	Auditing Administration
旅行游览总局	General Administration of Travel and Tourism

(2) 其他政府和群众组织如联合会、协会、大会、会议、委员、出版社、法院、银行(信用社)等分别译为 Federation, Association, Congress, Conference, Committee, Press (Publishing House), Court, Bank (Credit Cooperative)。例如：

中华全国总工会	All-China federation of Trade Unions
中华全国妇女联合会	All-China Women's Federation
中国残疾人联合会	Chinese Association for the Handicapped
省(自治区)人民代表大会	Provincial (Autonomous Regional) People's Congress
市人民代表大会	City People's Congress
中国人民政治协商会议	Chinese People's Political Consultative Conference
中国文字改革委员会	Committee for Reforming the Chinese Written language
商务印书馆	Commercial Press

人民出版社	People's Publishing House
外文出版社	Foreign Languages Press
少年儿童出版社	Juveniles and Children's Publishing House
最高人民法院	the Supreme People's Court
中级人民法院	Intermediate People's Court
地方法院	Local Court
中国银行	the Bank of China
中国工商银行	Industrial & Commercial Bank of China
中国农业银行	Agricultural Bank of China
中国建设银行	China Construction Bank
信用社	Credit Cooperative

四、称谓和技术职称

(1) 在汉语中，首席长官的称谓常常以"总……"表示，在英语中表示首席长官的称谓则常常带有 chief, general, head, managing 这类词。在汉译英时，要遵循英语的表达习惯。例如：

总书记	general secretary
总工程师	chief engineer
总编辑	chief editor; editor-in-chief; managing editor
总经理	general manager; managing director; executive head
总裁判	chief referee
总代理	general agent
总教练	head coach
总导演	head director
总指挥	commander-in-chief; generalissimo
总监	chief inspector; inspector-general; chief impresario
总厨	head cook; chef

(2) 在汉语中，有些机构或组织的首长在英语中有特殊的表达。例如：

大学校长	President of ×× University
中小学校长	Principal/Headmaster of ×× Middle School
大学下的二级学院院长	Dean of the ×× School
大学二级学院下的系主任	Chair/Chairman of the ×× Department
学会/协会的会长/主席	President of the ×× Association
工厂厂长	Director of the ×× Manufacturing Plant
医院院长	President of ×× Hospital

办公室主任	Director of the ×× Office
董事长	President/Chairman of the Board

(3) 汉语中有些机构的负责人可以用 director, head 或 chief 来表示。如：司 (department)、厅(department)、署(office)、局(bureau)、所(institute)、处(division)、科 (section)、股(section)、室(office)、教研室(program/section)等的负责人。

(4) 汉语中表示副职的头衔一般都带"副"字，翻译成英语时需要视词语的固定搭配或表达习惯而定。在英语中可供选择的词有：vice, associate, assistant, deputy 等。比较而言，vice 和 associate 使用的频率较高，前者一般用于行政职务的副职，后者一般用于学术头衔。例如：

副总统/大学副校长	vice president
副主席/副系主任	vice chairman
副总理	vice premier
副部长	vice minister
副省长	vice governor
副市长	vice mayor
副领事	vice consul
中小学副校长	vice principal
副教授	associate professor
副研究员	associate research fellow
副主编	associate managing editor
副编审	associate senior editor
副审判长	associate judge
副译审	associate senior translator
副主任医师	associate senior doctor

(5) assistant 一般用于以下职位的副职和初级技术职称。例如：

副总经理/大堂副理	assistant manager
中小学副校长	assistant headmaster
助理教授	assistant professor
助理研究员	assistant research fellow
助理工程师	assistant engineer
助理编辑	assistant editor
助理图书馆馆员	assistant research fellow of library science
助理教练	assistant coach
助理农艺师	assistant agronomist

(6) deputy 一般用于以下职位的副职。例如：

副所长/副厂长/副主任	deputy director
大学二级学院副院长	deputy dean
副市长	deputy mayor
副秘书长	deputy secretary-general

(7) 有的行业的高级职称用"高级"或"资深"来表示，译成英语时习惯上用 senior。例如：

高级工程师	senior engineer
高级讲师	senior lecturer
高级教师	senior teacher
高级记者	senior reporter
高级农艺师	senior agronomist
高级编辑	senior editor

(8) 有的带有"首席"的行业职称，英语习惯上用 chief 来表示。例如：

首席法官	chief judge
首席检查官	chief prosecutor/inspector
首席执行官	chief executive officer (CEO)
首席仲裁员	chief arbitrator
首席顾问	chief advisor
首席记者	chief correspondent
审判长	chief judge; chief of judges; presiding judge

(9) 带有"代理"的职务，一般用 acting 来译。例如：

代理总理	acting premier
代理市长	acting mayor
代理主任	acing director

(10) 带有"常务"的职务，一般用 managing 来译。例如：

常务副市长	managing vice mayor; first vice mayor
常务副校长	managing vice president; first vice president
常务理事	managing director

(11) 带有"执行"的职务，一般用 executive 来译。例如：

执行主席	executive chairman; presiding chairman
执行秘书	executive secretary
执行主任	executive director

(12) 带有"名誉"的职务，一般用 honorary 来译。例如：

| 名誉主席 | honorary president/chairman |
| 名誉校长 | honorary president/principal |

(13) 有的职称或职务是"……长"、"主任……"、"主治……"、"特级……"、"特约……"、"特派……"，译成英语时要视英语的表达习惯而定。例如：

护士长	head nurse
秘书长	secretary-general
参谋长	chief of staff
检察长	prosecutor-general
主任医师	senior doctor
主任编辑	senior editor
主任护士	senior nurse
主治医师	attending/chief doctor; physician; consultant; doctor-in-charge
特级教师	special-grade senior teacher
特派记者	accredited correspondent
特派员	commissioner
特约记者	special correspondent
特约编辑	contributing editor

(14) 汉语的许多职称、职务的英语表达法难以归类，需要不断积累记忆。例如：

财务主任	treasurer
编审	senior editor; professor of editorship
院士	academician
博士生导师	doctoral student supervisor
研究生导师	graduate student tutor
译审	senior translator; professor of translation
经纪人	broker
股票交易员	stock dealer
税务员	tax collector
住院医生	resident(doctor); registrar
注册会计师	registered/incorporated accountant; chartered/ certified public accountant

(15) 有些中国特有的荣誉称号在英语中无法找到对应的表达，多用意译的方法来翻译。例如：

| 三好学生 | "triple-A" outstanding student; outstanding student |
| 劳动模范 | model worker |

优秀教师	excellent teacher
模范教师	model teacher
青年突击手	model youth; youth pacemaker

4.12　汉英翻译中的"语法意识"

"语法意识"指的是学习者能牢固掌握英语语法规则，对汉英两种语言的差异有明确的意识，用英语表达时，能处处有意遵循语法规范，避免诸如时态、语态、主谓一致、非谓语/谓语动词、名词单复数、冠词、拼写、大小写和标点符号的错误。例如：

◆我同书籍，即将分离。我虽非英雄，颇有垓下之感，即无可奈何。(孙梨：《书籍》) Soon I **will part with** my **books**; **I'll have to**, the way the ancient hero Xiang Yu parted with his favorite lady Yu Ji at Gaixia. (时态一致)

◆当这些新书，进入我的书架，我不再打印章，写名字，只是给它们包裹一层新装，记下到此的岁月。I no longer stamped my seal or wrote my name on **them**, however, when putting **them** onto the **bookshelves**, except that I clothed them with **a new cover** and put down the date of **their** arrival. (代词、单复数)

4.13　汉英翻译中的"惯用法意识"

"惯用法意识"指的是学习者了解、熟悉并处处有意遵循英语的习惯用法，包括动词用法、动词和其他词语的搭配用法，如动词与名词搭配、动词与介词或动词与副词搭配、习语的用法、英语词汇中丰富的表达方式等等。良好的"惯用法意识"可以保证译文自然、地道，避免死译、硬译。例如：

◆我敢相信：你们之所以要创造我，完全是你们缺乏自信——请看吧，我比之你们能多些什么呢？而我却没有你们所具备的。**I've every reason** to believe that it is your lack of self-confidence that has prompted you to create me. Look, in what way **am I superior to** you? As a matter of fact, I even lack what you yourselves **are equipped with**.

◆我已受够惩罚了，我站在这儿已几百年，你们的祖先把我塑造起来，以后你们一代一代为我的周身贴上金叶，使我能通体发亮，但我却嫌恶我的地位，正如我嫌恶虚伪一样。I've **had enough of** punishment, having been footed to the spot for several hundred years! Ever since your fore-fathers moulded me, people have been gilding me all over **from generation to generation** to keep me glittering **from top to toe**. Nevertheless, I'm **sick of** my present position as much as I'm of hypocrisy.

4.14　汉英翻译中的"连贯意识"

"连贯意识"指的是学习者了解英语句际衔接特点，懂得英语重形合的特点，能处处有意调节句式结构，运用或添加合适的语篇衔接手段，使译文连贯、逻辑明了，避免句与句之间衔接不当，上下文逻辑不通。例如：

◆父亲说："回来了？"我说："回了。""你妈刚才还在门口望哩。"父亲说着又低头去理菜。

"**So** you are back," he said looking up.

"Yes," I replied.

"Your mother was looking out for you at the gate just now." **So saying**, he bent down and continued sorting out his vegetables.

◆"这一封真远！"碰巧见瞥见从云南或甘肃寄来的信，他便忍不住在心里叹息。他从来没有想到过比这更远的地方。其实他自己也弄不清云南和甘肃的方位——谁教它们处在那么远，远到使人一生不想去吃它们的小米饭或大头菜呢？(师陀：《邮差先生》) "This letter is from a real far place!" he could not help sighing inwardly **when** he happened to catch sight of a letter from a remote province, such as Yunnan or Gansu. He had never thought of a place farther than that, **though** he himself had no clear idea at all where it was located. Who was to blame for its being **so** far away **that** people had to deny themselves, for life, the pleasure of eating, say, millet in Gansu or salted turnip in Yunnan?

以上三种语言意识可以概括为英语的语感，具体体现为英语的表达能力。当然，除了有良好的语感外，英语的表达能力还表现在学习者有丰富的词汇、圆熟的句式变化和语体风格的得体运用。"优秀的译者(不是翻译匠)应能用译文写出相当不错的文章，这正是翻译家与作家的一个相通之处"(杨晓荣，2002：16—19)。

如何才能获得良好的英语语感呢？在注重听力和口头交际能力训练的同时，决不能忽略语法基本功，不能轻视规范得体的英语口头和书面表达能力。培养良好的英语语感有以下途径：

(1) 大量背诵优秀的英语范文，可以有效地培养英语语感。最好的英语范文恐怕就是我们的英语课文了。这些课文是经过很多专家精心挑选和审阅过的，文章语言的质量不但很高，文章的思想性、艺术性也都很强，文体风格都很有特色。另外，经常逛书店的人可能会看到《英语背诵文选》、《英语美文 50 篇》等书。经常背诵这些范文，对英语语感的培养有着潜移默化的作用。

(2) 除了背诵英语范文以外，还要通过大量的英语写作来练笔，才能使英语书面表达能力增强。如果只是背诵英语范文，英语口头表达能力可能会有较大的提高，但如果不去写作，书面表达能力一定不会有长进，甚至会一提笔就会写错别字或者出现拼写错误，甚至找不到写作的感觉和思路，因此，也体会不到英语原文作者的写作意图，对英语原文的理解能力的提高也没有益处，可能顶多是鹦鹉学舌，写一些空洞的文章，无法将语言形式与想要表达的思想结合起来。这样长期下去，英语语感也不会增强的。如果不能写出像样的英语句子，不能用英语表达自己的思想，怎么能将有意义的汉语译成流畅、地道的英语呢？从初学汉英翻译的学生的练习中，我们看到的情况往往是学生被汉语牵着鼻子走，满篇都是中文式的英语，多半是词与词的对应，单复数、主谓一致、词语的正确搭配、时态、衔接手段、分词的用法等等英语语法知识，统统都抛到九霄云外去了，短语、成语等固定词组常常是缺胳臂少腿，甚至满篇都是拼写错误，让人读不下去。从而我们看出，英语写作能力与汉英翻译能力的关系是何等密切，如果英语写作不过关，是根本无法做好汉英翻译的。

　　翻译练习应该占翻译教学的大部分时间，至少要占四分之三的时间。一般来讲，翻译技巧的讲解应该建立在练习的基础上，在练习中归纳和总结才符合学习者的认知规律，如果脱离语篇、用举句子为例来满堂灌，效果远不如在学生练习的基础上进行讲解和归纳。一定不要把翻译课上成满堂灌的讲解课和系统的知识课。教师的精讲应该是启发性的，决不应该是灌输性的。翻译技能是练出来的，不是教出来的。精讲多练始终是翻译课程教学应该遵循的原则。第3章和第4章里的例句，基本上都是笔者从一些名家的译文以及给学生的练习中挑选出来的。其实，我们所说的翻译技巧都是在研究翻译产品时反思而总结出来的，了解这些技巧，有助于提高翻译产品的质量和翻译的效率。但是技巧并不能代替相关的背景知识和主题知识，而是建立在这些知识基础之上的语言转换能力。

　　技能教学是外语专业本科生的必修课程，它的目的不是让学生了解系统的理论知识，而是培养从事翻译工作的技能。在谈到技能教学中理论与实践的关系时，李运兴认为：技能教学中不能追求学生对翻译理论的全面或系统了解，学生所需要的是翻译的基本原则、策略和翻译技能要领。简言之，技能教学中的理论成分不应呈系统态势，而应是要点式、问题解决式的。这就要求教师对翻译实践有切身的亲身的体验，对学生的翻译水平现状掌握确定的一手资料，从而发现翻译操作的焦点问题，再带着这些问题从翻译研究成果中寻求解决方案。这基本是一条"从实际问题出发——寻求理论指导——制定教学指导原则"的始于实践又终于实践的路径，而不是从理论出发制定指导原则，然后用于教学的演绎路径。

第 5 章　翻译的文化解读

　　文化的涵盖面极广，几乎包括了人类社会生活的方方面面，对文化的分类也因此林林总总。如从地域分，有本土文化和外来文化、城市文化和农村文化、东方文化和西方文化、大陆汉文化和港澳台汉文化；从时间分，有原始文化、奴隶制文化、封建文化、资本主义文化、社会主义文化等；从宗教信仰分，有佛教文化、道教文化、基督教文化、伊斯兰文化等；从生产方式分，有游牧文化、农业文化、工业文化、信息文化；从生产工具分，有旧石器文化、新石器文化、青铜文化；从人类把握世界的方式分，有科学文化和人文文化；从性质分，有世界文化、民族文化、精英文化、通俗文化；从结构层次分，有物质文化、制度文化、精神文化。(转引自陈宏薇，2004)

　　学习研究文化，无论是上述八类文化中的哪一种，都应从其结构入手，由可见可感的表层形式深入到核心层次即社会意识形态或大众心态。因此，我们采纳《文化语言学》(修订本)中的文化分类法，将文化分为"物质文化、制度文化和心理文化"(同上)。

　　物质文化(material culture)指人类创造的物质文明，指一切可见可感的物质和精神产品。它下属的文化有饮食文化、服饰文化、建筑文化、戏曲文化。制度文化(institution culture)指人类的社会制度、宗教制度、生产制度、教育制度、劳动管理分配制度、家庭制度、亲属关系、礼仪习俗、行为方式等社会规约以及与它们有关的各种理论。心理文化(也称观念文化，mental culture)指人类的思维方式、思维习惯、价值观念、审美情趣、信仰、心态等。

　　翻译不仅是语言转换，更确切地说，是文化的转换。文化的共性使转换成为可能，文化的个性决定转换不可能完美。文化的个性形成文化差异的鸿沟，译者的使命就是架设跨越鸿沟的桥梁。我们还应该认识到语言和文化差异在很大程度上源于心理文化的差异，而在心理文化中，对语言转换最具阻力的是思维方式的差异。(陈宏薇，2004：21—22)

　　如何处理英汉翻译中的文化现象呢？下面我们以一篇英语悼念文章 *Edgar Snow's Return* 的汉译为例来谈谈如何处理英汉翻译中的文化问题。

原文 1

Edgar Snow's Return

Louis W. Snow

On Friday, October 19 of this year, when the afternoon sun was misty in an autumn sky, a part of Edgar Snow returned forever to the campus of Peking University; as a young man, he had taught in the department of journalism on these same grounds at what was then called Yenching University. Almost forty years later a brief ceremony was conducted in the small garden where his ashes were placed beneath a white jade marble stone on which is inscribed, "In memory of Edgar Snow, an American Friend of the Chinese People, 1905—1972." Above the English lettering the words are repeated in the Chinese calligraphy of Premier Chou Enlai, who wrote the brief text.

In his autobiography, *Journey to the Beginning*, Edgar Snow tells of the nearly two years he spent on this campus "in touch with modern Chinese youth and thought."

"Yenching was an upperclass institution", he wrote, "whose students normally should have been political conservatives. But as the national crisis deepened, and class war merged with Japan's conquests in the North, a wave of radicalism began to spread there. By 1935 Yenching had unexpectedly become the birthplace of student protests which touched off a nationwide 'rebellion of youth.' Yenching had evolved from a missionary institution but was moving toward complete Chinese control."

Yenching has since blended into the larger whole of Peking University, the Manchu retainers have given way to revolutionaries and today the lake-side echoes with the chatter and laughter of a new generation of students, "tempered", as they say, by the struggle of the great Proletarian Cultural Revolution.

—1973

（选自冯伟年主编《高校英汉翻译实例评析》）

　　Edgar Snow's Return 是中国人民的美国朋友埃德加·斯诺(1905—1972)的夫人 Louis W. Snow 1973 年撰写的一篇悼念性散文。斯诺从 20 世纪 30 年代起就以非凡的胆识宣传红军、宣传延安，让世界人民客观真实地了解毛泽东领导下的红色中国，他的 *Red Star over China*(《西行漫记》)就是其代表作。中华人民共和国成立以后，斯诺多次访问中国，受到毛泽东、周恩来等老一辈革命家的接见，中国人民对斯诺先生一直怀着友好的感情。斯诺一直怀念着自己度过青春岁月、为之战斗过的地方，他的遗愿是将自己的部分骨灰安放在中国。1973 年，斯诺先生的部分骨灰被安放在北京大学未名湖畔，永远受到中国人民的缅怀。

　　在翻译这篇文章时，要注意两个问题。一是对情感的理解；二是对两种文化的理解。

　　这是一篇悼念性散文，对亲人的怀念之情及斯诺同中国人民的深厚感情都跃然纸上。因此，原文情真意切，译文也应如此。主要表现在对文章开头的一些词的处理上。例如：

　　(1) 文章的标题 *Edgar Snow's Return* 中的 return 一词的翻译。*Longman Dictionary*

of Contemporary English 对 return 一词的解释是 to go or come back；《英汉大词典》(陆谷孙编)的解释是"回"、"返回"。只有在了解斯诺先生在中国战斗过的岁月以及他与中国人民深厚的感情的基础上才能译好。译成"埃德加·斯诺的归来"、"埃德加·斯诺的回来"或"埃德加·斯诺的返回"都失之平淡，不能很好地传达出斯诺想把自己的部分骨灰安放在中国的遗愿终于实现了的情感。若译成"埃德加·斯诺回来了"恐怕才能正确传译出斯诺的遗愿实现了的情感。同理，将第一段第一句话里的 returned forever to the campus of Peking University 译成"回到了北京大学的校园，永远不再离开了"才能表达这一情感。翻译悼念性文章，一定要体会文章作者的感情，否则，在选择词义时就不能选出恰当的意思，译出之文便是干巴巴的文字，无法引起译文读者情感的共鸣，产生不了一种悲怆美。

(2) 第一段第一句 On Friday, October 19 of this year, when the afternoon sun was misty in an autumn shy, …是全篇的灵魂。作者用 misty 一词来烘托当时悲伤的气氛。*Longman Dictionary of Contemporary English* 上对它的解释是 full of, covered with, or hidden by MIST；《英汉大词典》(陆谷孙编)的解释是"有雾的"、"雾气覆盖的"、"朦胧不清的"、"泪水模糊的"等。这也许是对那天下午天气的客观真实描写，可能更多的是由于作者的悲伤引起的主观感受。钟述孔先生译为"昏沉沉的"，较好地传达了作者深沉含蓄的感情。

英语和汉语是两种不同的语言。语言是文化的载体。没有脱离语言的文化，也没有脱离文化而存在的语言。美国翻译理论家奈达曾说过："For truly successful translating, biculturalism is even more important than bilingualism, since words only have meanings in terms of the cultures in which they function", "only by being in the countries in which a foreign language is spoken can one acquire the necessary sensitivity to the many special meanings of words and phrases." (Nida, 1991: 110) ("对于真正成功的翻译活动来说，熟悉两种文化比熟悉两种语言更重要，这是因为词只有在其起作用的文化中才有意义"，"只有在操某一种外语的国家呆过，才能对这种外语的词汇和短语的许多特殊含义有所认识。") 对于许多译者来讲，·翻译中的主要困难不在语言层面上，而在文化层面上。这也突出地反映在 *Edgar Snow's Return* 一文的翻译中。例如：

(1) 关于姓名问题。学习外语的人经常注意到外国人的姓名有的是两个单词，有的是三个单词。对于两个单词的还好理解，如 Edgar Snow, Snow 是姓，Edgar 是名，但是如果是三个单词的话，不一定人人都知道是为什么，特别是中间只是一个缩略的大写字母时，如 Louis W. Snow 中的 W.。这中间的一部分不是可有可无的，这是信教的人的教名。如果有两个同名同姓的人的话，就主要靠教名对他们进行区分。因此，在翻译 Louis W. Snow 时，不能随便把 W 省去不译。

(2) 文化知识在翻译中的意义。第一段第一句话的 On Friday，在给斯诺举行悼念仪式的特定场合下看到这样一个词，西方读者会自然而然地联想到了为了拯救世人而献身的耶稣正是在星期五被钉死在十字架上的，因此，在西方有 Black Friday 一说。在中国读者中 Friday 没有什么特殊的含义，很难引起注意，翻译时就不能把作者的用意表达出来，造成信息遗漏。

（3）第二段中的 in touch with modern Chinese youth and thought 中的 modern 一词的理解和翻译。《英汉大词典》(陆谷孙编)对该词的解释是"现代的"、"近代的"，究竟是"现代的"还是"近代的"？该词在本文中有其特定的意义。根据中国史学界的一致看法，通常把从鸦片战争到"五四"运动这段历史称作"中国近代史"，把"五四"运动到 1949 年这一段历史称作"中国现代史"；把 1949 年中华人民共和国成立至今的历史称作"中国当代史"。因此，斯诺在 1935 年前后所接触到的中国青年应该称作"现代中国青年"而不应该称作"近代中国青年"。而这句英文应该译成"接触了现代中国的青年和现代中国的思想"。如果不了解中国历史及其阶段的划分，译者就会对 modern 这个词的处理流于随意，给译文读者带来错误的信息。

（4）第三段第二句话 But as the national crisis deepened, and class war merged with Japan's conquests in the North, a wave of radicalism began to spread there. 如何理解和翻译 merged with? *Longman Dictionary of Contemporary English* 上的解释是 to become lost or part of something else/each other；《英汉大词典》(陆谷孙编)的解释有："结合"、"联合"、"融合"、"合为一体"、"交织在一起"等意思。只有在了解了中国当时的形势的条件下，才能准确地选择词意。总体来讲，当时红军还未完成二万五千里长征，国内国共两党处于交锋时期；日本已占领东三省、准备侵占华北。这两个矛盾成为中国当时斗争的两个焦点，译成"结合"、"联合"、"融合"、"合为一体"都不能反映当时的客观情况，只有译成"交织在一起"才恰当，也符合汉语的表达习惯。

（5）同样，对原文最后一段的最后一句话"tempered", as they say, by the struggle of the great Proletarian Cultural Revolution 的翻译也是如此。如果不了解"文化大革命"十年动乱这段历史，也很难理解为什么原文作者要在 tempered 上加引号，为什么要用 as they say 这个插入语。翻译时便不能对它们进行正确处理。

翻译活动不仅仅是语言之间进行转换的活动，如果离开了文化的参与，这种活动的结果只能给译文读者带来信息遗漏和信息错误。

综上所述，翻译悼念性的文章，一定要体会作者的感情，一定要正确理解原文所涉及的种种文化因素，才能恰到好处地将它译好。

参考译文 1

埃德加·斯诺回来了

路易丝·W. 斯诺

今年 10 月 19 日，**正好是个星期五**，下午的太阳在秋色中显得**昏沉沉的**，埃德加·斯诺的部分骨灰回到了北京大学的校园，**永远不再离开**。斯诺年轻时，曾执教于这里的新闻系，当时这所大学还叫燕京大学。近 40 年之后，在这里的一座小花园举行了一个简短的悼念仪式。斯诺的骨灰安放在花园的一块汉白玉大理石碑下面，碑上刻着"纪念中国人民的美国朋友埃德加·斯诺(1905—1972)。"在英文上面是周恩来总理亲笔题写的同样内容的、简短的中文碑文。

在他的自传《复始之旅》一书中，斯诺曾叙述了他在这所大学里近两年的经历。在这里，他"接触到**现代中国的青年和现代中国的思想**"。

他写道："燕京大学是为上层社会办的学校，这里的学生在政治上本来应当是保守的。但是，随着民族危机的加深，阶级斗争和日本侵占华北的民族矛盾**交织在一起**了。激进主义思潮开始在这所大学传播。到了 1935 年，燕京大学出人意料地已成为学生抗议运动的策源地了。这一运动触发了全国规模的"青年反抗运动"，燕京大学这所教会学校发生了很大的变化，它逐渐变成完全由中国人自己掌握的学校了。"

燕京大学后来并入规模更大的北京大学，那里的满清贵族子弟已让位给革命者。现在在北大的湖畔回荡着新的一代学生的欢声笑语，这些学生，正如有些人所说的，在无产阶级文化大革命的斗争中**受到了锻炼**。

1973 年

（钟述孔译，略有改动）

原文 2

The old gentleman had a romantic secret that he longed to share.
"Hello, Young Lovers"

Philip Harsham

He appeared almost Lilliputian, dwarfed by the big hickory rocking chair he occupied on the porch of the old Riverside Hotel in Gatlinburg, Tenn. But we could hardly help noticing him on that warm mid-April day: while others lounged about in casual attire, he wore a dark-blue pin-stripe suit, a Harvard-crimson necktie and a straw boater. The gold watch chain draped across his tightly buttoned vest glinted in the sunlight as he rocked ever so deliberately. He watched bemusedly as I stepped from the Jaguar XK-150, my pride and joy, and walked to the opposite side to open the door for my bride. His eyes followed as we trailed self-consciously behind the luggage-laden bellboy, and he smiled a knowing smile when we neared his rocker. "**Hello, young lovers,**" he said. Our honey-mooner status was unmistakable. The man we came to know as Mr. B was in the dining room, sitting alone with a cup of tea, when we entered late the next morning. His eyes came to life when he saw us. He rose with some effort and beckoned us toward him. "You'd make an old man very happy if you joined me," he said with an octogenarian's formality. I wonder even now why we did. Perhaps it was the angelic expression his face assumed. More likely, it was our honeymooner self-consciousness; we'd been found out by an elder and felt compelled to comply with his wishes. He was a Canadian, an attorney, he said, still practicing in Winnipeg. But he'd been spending Aprils in Gatlinburg for almost 50 years. He and his wife would come with their son and daughter and explore the mountains on horseback, getting to know every scenic vantage point of Mount Le Conte, every turn in the tumbling Little Pigeon River. After the son had died and after the daughter was grown, Mr. B and his wife had kept up their visits. And he still continued to make the annual trek even though his wife had died three years ago. The mountains and the valley were touchstones for him, sites of pleasant memories that were revived with each visit." I've had a love of my own," he said, his eyes misting. He asked detailed questions about our wedding and told us in detail of his own, some 60 years earlier. During brief periods when a conversational lapse threatened, he softly hummed "Hello, Young Lovers," the song from The King and I. That night he sat alone during dinner, careful, he later told us, not to "get in love's way." But he glanced often in our direction, and we knew he was not alone; he was deep in reverie, dining with his own true love. Returning to our room following an after-dinner walk, we found a ribbon-bedecked bottle of champagne. An accompanying card read: "See Mr. B in the a.m. for instructions as to its use." **He was waiting for us in his rocking chair after breakfast, the look of a leprechaun on his face**. He handed me a piece of paper on which he had sketched the river, a place where we could leave our car, a footpath and points at which large boulders made it possible to cross the cold mountain stream on foot. His shaky-handed path led eventually to a river pool indicated with an X. "The champagne is to be chilled in the pool," he said. "You are to spread your picnic lunch on the grassy knoll to the right of it. It's very secluded. A very romantic spot." We could only gape at him, certain he was spoofing. "Your picnic basket will be delivered to you here on the veranda at precisely noon." He was on his feet then, moving away. He turned and added, "It was our favorite spot, our secret place." We never saw Mr. B again during our honeymoon. We wondered whether he'd fallen ill. But inquiries to the hotel staff were answered with "Oh, he's around," or "He often likes to be alone."

Our firstborn was almost three when we next visited Gatlinburg, and my wife was six months pregnant with our second son. We approached the aging hotel not in the Jaguar, but in a practical sedan. Our arrival went unnoticed. But when we walked into the hotel lobby the next morning, our son toddling ahead, the old man was sitting in an overstuffed lounge chair. Seeing the child, he stretched out his arms, and our son, as if drawn by a magnet, ran into them. "Mr. B!" we exclaimed in unison. He smiled that beatific smile. "Hello, young lovers," he said.

　　这是选自 1990 年 3 月号的 *Reader's Digest*(《读者文摘》)的一篇散文，描写一对新婚夫妇度蜜月时邂逅一位老人的故事。文笔抒情，充满了怀旧情绪，表达了温馨美好的人际关系。尽管这篇散文简短，但是蕴涵着丰富的文化内涵。翻译时要特别注意传达，使中国读者也能理解和享受这些西方读者所熟悉的典故及其引喻含义。具体来讲有三个典故(见原文中的黑体部分)需要译者在正确解读的基础上加以正确传译。

　　第一，He appeared almost **Lilliputian, dwarfed** by the big hickory rocking chair he occupied on the porch of the old Riverside Hotel in Gatlinburg, Tenn. 这句话里包含着一个引喻 Lilliputian 和与此相关的暗喻 dwarfed。Lilliputian 一词出自英国著名作家乔纳森·斯威夫特(Johnason Swift)的名著《格列佛游记》(*Gulliver's Travels*)，指"小人国"(Lilliput)里的居民，身高仅约 6 英寸。作者为了幽默，把坐在大木椅里的老人比作"小人国"里的居民。由此 dwarfed 这个词的暗含意义也就清楚了。因此，将这句话译为：在田纳西州加特林堡镇古老的河滨旅店，他坐在游廊里一把硕大的山核桃木摇椅上，相形之下**显得又矮又小，跟小人国里的居民差不多**。不能简单地译为：……相形之下**显得又矮又小，看起来象利利普特人一样**。中国读者可能不知道什么叫利利普特人。译者先要运用已学过的英国文学知识，正确解读 Lilliputian 的含义，才能把原作的这层幽默很好地传译出来。

　　第二，Hello, young lovers 是轻歌剧《安娜与国王》中的插曲，表达女主人公安娜对被迫分离的一对恋人的同情，以及她自己对爱情的渴望。原文作者用这个引喻巧妙地表达了老人对已故妻子的怀念和对新婚夫妇的羡慕及美好祝愿。译者如果不知道 Hello, young lovers 的由来，便不会理解其中的含义，也就不能做到精彩地传译。

　　第三，He was waiting for us in his rocking chair after breakfast, the look of a **leprechaun** on his face. leprechaun 是爱尔兰民间传说中的矮精灵，以小老头的形象出现，谁捉住他，他就会给谁指点埋藏金子的地点。原文作者把老人比作矮精灵，除了外貌相似外，还暗示老人将给叙事者和新婚妻子指点"宝藏"——一个只有老人和他的妻子才知道的隐秘、浪漫的好去处。这个比喻非常风趣幽默。因此将这句话译为：第二天早餐后，他坐在摇椅里等着我们，脸上现出**矮精灵般神秘的**表情。而不是简单查查词典随意地处理为：……脸上现出**矮精灵的**表情，省去了其中暗含的意义。(参看《中国翻译》2002 年第 1 期"翻译自学之友"栏目谷启楠的"翻译导读")

　　译者对原文的文化解读非常重要，直接关系到译文的质量和效果。普遍的看法是对英语原文文化的解读不容易，事实上，在汉译英时，对我们的母语——汉语中的文化解读与恰当传译也不容易，需要译者有很好的国学基础和查阅资料的能力。下面举我国著名作家孙犁的散文《书籍》里的一句话为例。

The Teaching of Translation: Theory and Practice

原文 3

书　籍

孙犁

我同书籍，即将分离。**我虽非英雄，颇有垓下之感，即无可奈何。**

这些书，都是在全国解放以后，来到我家的。最初零零碎碎，中间成套成批。有的来自京沪，有的来自苏杭。最初，囊中羞涩，也曾交臂相失。中间也曾一掷百金，稍有豪气。总之，时历三十余年，我同他们，可称故旧。

十年浩劫，我自顾不暇，无心也无力顾及它们。但它们辗转多处，经受折磨、潮湿、践踏、撞破，终于还是回来了。失去了一些，我有些惋惜，但也不愿去寻觅它们，因为我失去的东西，比起它们，更多也更重要。

它们回到寒舍以后，我对它们情感如故。书无分大小、贵贱、古今、新旧，只要是我想保存的，因之也同我共过患难的，一视同仁。洗尘，安置，抚慰，唏嘘，它们大概是已经体味到了。

近几年，又为它们添加了一些新伙伴。当这些新书，进入我的书架，我不再打印章，写名字，只是给它们包裹一层新装，记下到此的岁月。

这是因为，我意识到，我不久就会同它们告别了。我的命运是注定了的。但它们各自的命运，我是不能预知，也不能担保的。

（选自《中国翻译》）

作家孙犁，秉性刚正，对国家、对民族充满忧患。他与书同生活，共命运。"文革"期间，书籍遭劫，孙犁的心灵遭受创伤。他心疼的不仅是几十年省吃俭用积攒下来并终生与之为伴的书籍，更由此想到曾立志为之奋斗的国家的前途与民族的命运。后来书籍回来了，也还购买新书，但不再在上面"打印章，写名字"，"这是因为……它们各自的命运，我是不能预知，也不能担保的。"

从这篇散文，看得出孙犁对书的热爱，与书的感情之深。因此，文章一开始，他就把自己与书的分离的感情比喻成"颇有垓下之感"。不读史书或不了解中国历史的人，很难体会得出"垓下之感"的含义。"垓下"是我国古地名，在今安徽灵璧东南。历史上项羽和刘邦在此决战。项羽的部队被刘邦的军队包围，"四面楚歌"，他最宠爱的虞姬怕拖累他而自杀，项羽悲痛欲绝。因此，刘士聪先生和高巍将其译为：Soon I will part with my books; **I'll have to, the way the ancient hero Xiang Yu parted with his favorite lady Yu Ji at Gaixia.** 孙犁与书籍不得不分离，无奈与悲伤之情跃然纸上。而不是简单地漠然地翻译成：...**I'll have a feeling of Gaixia.** 译文读者哪里知道 Gaixia 所包含的典故及其含义，又哪里看得出孙犁与书的感情究竟有多深呢？对中国文化的传译要本着在译文读者可接受的范围内向其阐释和介绍的原则，以促进译文读者对中国文化的了解。

　　译者对语言所涉及的文化的正确解读，需要建立在对语言所涉及的文化有着深刻了解和深厚修养的基础之上，不是一朝一夕之事。因此翻译不仅仅与语言有关，解读好原文字里行间的文化内涵并加以恰当传译，是提高翻译质量的关键。

　　语言中承载的文化因素是翻译中不可回避的，译者一定要有跨文化交际的意识，不要把文化因素当成单纯的语言问题来处理。在全球化语境的今天，采取文化平等的态度来对待文化问题对我们采用正确的翻译策略很有帮助。为了平等对话、增进相互了解，直译略加解释的方法可能在引介方面起的作用更大。

第6章　不要轻视数字的翻译

6.1　科技文章中数字的翻译

在英汉翻译中，尤其是在科技英语和经贸类文章中，数字频频出现。由于英汉语的表达方式不同，翻译时很容易出错，为了准确翻译英文中出现的数字，应该注意以下几个问题。

数量的增减多出现在比较句中。英文中的数字增减，或属净增减，或属增减后的结果。

一、数量的净增

(1) 不涉及倍数的具体数量的增加属于净增。例如：

◆The pillar should be reduced by **a meter**. 柱子应缩短一米。

◆The Guangzhou Guest House has seven stories more than the Beijing Hotel. 广州宾馆比北京饭店多七层。

◆A rise of one degree per generation is a large increase. 在一代人的时间内上升一度，这个增长幅度是很大的。

(2) 各种句型中的分数增加均为净增。例如：

◆There is an increase of 15 percent over the past 2 years. 比过去两年增长 15%。

◆A person may be from 10 to 15 percent heavier than the average and yet may be considered normal. 有的人超出平均体重 10%—15%，仍属正常。

◆Pure magnesium weighs only sixty-five percent as much as aluminum. 纯镁的比重只及铝的 65%。

(3) 在用 again 的比较句中，提及的分数或倍数均为净增，因为 again 的意思是在原来的基础上增加(在科技文章中，用 again 表示倍数或分数增加的情况甚为罕见)。例如：

◆This antenna is half again as high as that one. 这根天线比那根高一半。

◆This type of car runs as fast again as the old one. 这种车比旧式的速度快一倍。

二、英语倍数表示法的汉译

翻译英语倍数时，有一个基本问题，即包不包括基数。包括基数时汉语有一些常用的句式或措辞；不包括基数时也有一定的说法。英语则都包括基数。

(1) 英语通常以如下句式表示倍数(句中 n 表示 number)：

n + times + *adj.* or *adv.* 的比较级 + than.

n + times +as + *adj.* or *adv.* + as.

n+ times +the (or its, that of, etc.) + *n.*

increase + n + times

increase + n + times

increase + by + n + times

increase + by + a factor of + n + times

n + fold + increase

n + times + increase

v. (grow, rise, be raised, multiply, be up to, etc.) + n + times

v. (double, treble, quadruple, duplicate + the *n.*

be + twice + *n.*

在对比对象前加 over

be + 倍数+对比对象

倍数 + as + 形容词 + as + 对比对象

(2) 汉语倍数的基本句式或表达法：

甲比乙+形容词或副词+几倍(不包括基数)

甲是乙的几倍(包括基数)

甲比乙增加了几倍(不包括基数)

甲已增加到乙的几倍(包括基数)

(3) 英语的倍数翻译成汉语时应采用如下公式：

甲比乙+形容词或副词+(n−1)倍

甲是乙的 n 倍

甲比乙增加了 n−1 倍

甲已增加到乙的 n 倍

例如：

◆The distance is eight times as long as the previous one. 这一距离为前者的 8 倍。/ 这一距离比前者长 7 倍。/ 这一距离 8 倍于前者。

◆The intensity of the impact is 11 times the momentum changes. 撞击强度是动量变化的 11 倍。/ 撞击强度比动量变化强 10 倍。

◆If a solution had a H+ concentration of 0.1 gram per liter, this would be 1,000,000 times higher than the H+ concentration in pure water. 如果某种溶液的氢离子浓度为每

升 0.1 克，它的氢离子浓度是水的 1000000 倍。/ 如果某种溶液的氢离子浓度为每升 0.1 克，它的氢离子浓度就比水的高 1000000 倍。(因为 1000000 数字巨大，减不减 1 无多大影响，也可译为"高 999999 倍")

◆Auto accidents increased by 2.5 times compared with the 1960's. 汽车事故比 20 世纪 60 年代增多了 1.5 倍。/ 汽车事故是 20 世纪 60 年代的 2.5 倍。/ 汽车事故增加到 20 世纪 60 年代的 2.5 倍。

◆The import of oil into that country has more than quadrupled during the past ten years. 在过去的十年里，那个国家进口的石油增加了三倍。/ 在过去的十年里，那个国家进口的石油增加到了原来的四倍。/ 在过去的十年里，那个国家进口的石油是原来的四倍。

◆The output of machine tools will increase four times. 机床产量将增加三倍。/ 机床产量将增到原来的四倍。

◆The production of integrated circuits has been increased to three times as compared with last year. 集成电路的产量比去年增加了两倍。/ 与去年相比，集成电路的产量是原来的三倍。

◆The drain voltage has been increased by a factor of four. 漏电压增加了三倍。/ 漏电压增加到了原来的四倍。

◆There was a two times increase in such products at the same time. 与此同时，这类产品增加了一倍。/ 与此同时，这类产品增加到了两倍。

◆Its lifetime may multiply three times without maintenance. 不用维修，它的寿命就可以增加两倍。/ 不用维修，它的寿命就可以是原来的三倍。

◆The new process will raise the output by a factor of 5. 新工艺将使产量增加四倍。/ 新工艺将使产量增到五倍。

◆This year the value of our industrial output has gone up twice over that of last year. 我们今年的工业产值比去年增长了一倍。/ 我们今年的工业产值是去年的两倍。

在实际翻译工作中，遇到英语中倍数的汉译时，还必须注意两个问题：

第一，由于倍数的汉译有几种可选择的句式，因此，译者最好选用能顾及原文倍数的整偶数的译法，以免"n−1"后将原文的 10 倍、100 倍、2000 倍变为 9 倍、99 倍、1999 倍等等。这主要是出于语感上的考虑；同时，采用汉语包括基数的句式或措辞可免去减 1 之烦，减少出错的可能性。在数字大时照顾整数，可以获得"悦目的整体感"。

第二，原文中有巨大倍数时，译成汉语不包括基数的句式再 n−1 似乎没有多大意义，因此，一般都不变动。

三、数量的净减

属于净减的情况大致有三种：

(1) 具体数量的减少为净减。例如：

◆The project reduced the river by five miles. 这项工程把河流缩短了 5 英里。

◆While the sky lab astronauts may have gained in length, they lost weight as much as 8 pounds. 太空实验室的宇航员在身高增加的同时，体重却减少了 8 磅。

(2) 各种句型的分数减少为净减。例如：

◆Here the 7-percent degree in volume at high pressure represents the spring action. 这种弹簧的性能极佳，在高压下能减少 7% 的体积。

◆When we go to sleep in this position, it drops 10 percent more. 如果用这种姿势睡觉，代谢速度还要降低 10%。

(3) 表示减少的动词+to+具体数字或分数，则表示减少或降低到多少。例如：

◆Hot gas is fed to the cooler, when its temperature drops to 20℃. 把热气体送到冷却器中，温度降到 20℃。

◆By using this new process, the loss of metal was reduced to 20%. 采用这种新工艺可把金属的损耗量降低到原来的 20%。

四、数量的减少

英语表示减少时也用倍数，汉语则不用倍数表示减少的概念。因此，遇到原文中用倍数表示减少率时，汉语一般要转换成分数。

表示减少也有一个包不包括基数的问题：

(1) 英语表示减少的基本句式与表示增长的基本句式没有什么不同，只有用词上的差别，即把表示增加的词换成表示减少的词。如把 increase 换成 decrease，把 raise 换成 reduce，把 more than 换成 less than 等等。

(2) 汉语的基本句式是：

甲(比乙)减少几分之几

甲减少到(原……的)几分之几

因此，在转倍数为分数时要牢牢掌握如下公式：

1) 表示净减数时为：减少了 $n-1/n$

2) 包括基数成分(表示剩下时)为：减少到 $1/n$

◆a 16-fold decrease 减少了 $(16-1)/16$(即减少了 15/16)

◆four times less than the original length 比原来的长度缩短了 $(4-1)/4$(即 3/4) / 缩短到原长度的 1/4

◆reduce by a factor of 10 降低 $(10-1)/10$(即 9/10) / 减到原数量的 1/10

许多科技材料及报刊倾向于用百分比。用这种表达法比较简明，也易于翻译。有人认为，多于百分之百的百分比可能给人产生"不悦目的情感"。特别是在倍数大于 5 的情况下，用百分比是很不好的。

6.2　文学作品中数字的翻译

(1) 文学作品中有些表比喻的数字一般都不是确切的数字，因此在翻译时也不能译成确切的数字，只能根据目标语的语言习惯来翻译。例如：

◆But when you attempt to reconstruct it in words, you will find that it breaks into **a thousand** conflicting impressions. Some must be subdued; others emphasized; in the process you will lose, probably, all grasp upon the emotion itself. 可是当你打算用文字来重现此情此景时，它却化作**千头万绪**互相冲突的印象。有的必须淡化，有的则应当突出。在写作过程中你可能对整个意境根本把握不住。

◆The mayor of Toledo said in 1932:"I have seen **thousands of** these defeated, discouraged, hopeless men and women, cringing and fawning as they come to ask for public aid. It is a spectacle of national degradation." 托莱多市长在 1932 年说过："我见到**成千上万**山穷水尽、灰心绝望的男男女女前来请求救济。他们低声下气，苦苦哀求。此情此境，真是丢尽了美国人的脸。

◆**One of the million things** we take on trust is that a beer bottle contains twelve ounces. 因为我们**对无数事情**都深信不疑，*其中之一*就是每瓶啤酒应装 12 盎司。

◆**三**思而后行。Look before you leap.

◆单打**一** to concentrate on one thing only

◆日本曹长心里像有**十五个吊桶打水，七上八下**地不安宁。It was as if **the sword of Damocles** hung over the Japanese sergeant.

◆这些问题盘根错节，**三言两语**说不清。These problems are too complicated to be explained clearly **in a few words**.

◆我们一直往前走吧！不要**三心二意**。Let's go straight ahead. Don't **be wavering**.

◆他这几天心里**七上八下**，老是安静不下来。His mind **was in a turmoil** these days and he was quite unable to think straight.

◆后宫佳丽**三千人，三千**宠爱在一身。

All the powdered ladies of the six palaces

At once seemed dull and colourless. /

In inner palace dwelt **three thousand ladies** fair;

On her alone **was lavished royal love** and care.

(2) 有些比喻性很强的词语，在直译的时候，有时数字也可直译，但是，这类词语并不多。例如：

◆九牛二虎之力 the strength of nine bulls and two tigers

(3) 在英译汉时，英语中虽没有表比喻的数字，译成汉语时根据意思可以增加。

例如：

◆The students **were on tenterhooks** before the examination. 考试开始前,学生们的心里七上八下的。

◆The poor boy **was on tenterhooks** when his father was searching for a stick. 见父亲找棍子,那个可怜的男孩感到六神无主。

◆Bad news travels **fast**. 恶事传千里。

◆She is a easy-going woman who always throws her cares **to the winds**. 她是个大大咧咧的女人,总是把忧愁抛到九霄云外。

◆He is shooting off his mouth. He does not know **the first thing of** economy. 他是信口开河,对经济是一窍不通。

◆I know you are **holding a wolf by the ears**. 我知道你现在是进退两难。

◆Really and truly? 千真万确?

◆That politician **acted like a buffoon** during that debate. 那个政客在那场辩论中真是丑态百出。

◆The film actress appeared **in all her glory** at the ball. 这位女影星在舞会上真是仪态万方。

在教学中,数字的翻译应该在课堂上专门讲解,以引起学生们的重视。出现的场合要视文体语篇而论,有的文体语篇中出现得多,有的文体语篇中出现得不多。但是,无论出现得多与少,翻译无小事,译者都应该贴切地翻译好。

第7章　翻译教学的原则

7.1　道格拉斯·罗宾逊以人为中心的翻译教学思想

一、道格拉斯·罗宾逊其人其事

陈宏薇在《道格拉斯·罗宾逊以人为中心的翻译教学思想评介》(载于《中国翻译》2006 年第 2 期: 45—50)中写道: "道格拉斯·罗宾逊是美国密西西比大学英语教授,1983 年获华盛顿大学博士学位,其教学和研究领域涵盖语言理论、翻译理论、文学理论、美国文学与文化、西方思想史与教学法。十余年来,他一直担任圣·杰罗姆出版社、《译者》、《翻译与文学》等世界著名出版社和权威学术刊物的顾问和编委。他在翻译研究方面已出版《译者的转变》(*The Translator's Turn*, 1991)和《表述行为语言学: 讲与译中的言有所为》(*Performative Linguistics: Speaking and Translating as Doing Things with Words*, 2003)等五部专著,已发表 27 篇关于翻译理论与教学的论文,是莫娜·贝克主编的《翻译研究百科全书》编委,该著作 81 个条目中,有 10 个由他撰写。罗宾逊精通芬兰语;俄语、德语、西班牙语的口语好且阅读能力强;能用拉丁语阅读,对瑞典语、法语、意大利语和葡萄牙语也略知一二。多语能力使他对语际翻译有独特的见解。他的翻译思想集中体现在他为翻译专业本科生、研究生和翻译自学者编写的教程《成为译员——速成翻译教程》(*Becoming a Translator: An Accelerated Course*)中。为了满足社会发展的需要,罗宾逊适时更新初版的内容,吸收了心理学、术语学和社会学等学科的最新研究成果,增添了运用信息科学帮助译者解决实际问题的内容,新版的《成为译员——翻译理论与实践入门》(*Becoming a Translator: An introduction to the theory and practice of translation*)赢得了英美专家的好评,认为它融翻译理论、翻译要旨与翻译实践于一体,是译界新手和专业译员之必读,对翻译教师、翻译研究者和语言研究者也大有裨益。"

二、道格拉斯·罗宾逊的翻译思想

罗宾逊强调翻译教师和学员的社会存在。他认为翻译在西方多年来只是作为文本转换的语言活动来研究,未被视为真正意义上的社会活动。人们主要关注的翻译问题是语义和句法对等,毫不考虑真实世界中真实的人对翻译有不同的需求。虽然人们的这种观念自 20 世纪 70 年代末以来受多元系统论、目的论、后殖民主义的影响发生了突变，但源于中世纪宗教的西方文明和希腊理性主义的这种思想，根深蒂固，很难消亡。因此他强调，译者作为社会的人，应充分认识到社会网络对翻译活动的无形控制和巨大影响，仅仅具备文本转换的能力是不够的。

罗宾逊"颠覆"了编写翻译教程的普遍模式。他不论述翻译单位、翻译原则或文本转换的规律，而大书译者应如何学会在社会网络中工作、如何与客户或翻译公司打交道、如何研究翻译市场的行情、如何学会维护自己的权益、如何了解目标语文本读者的期望值等等。他认为，教翻译、学翻译、创建翻译理论，都像做翻译一样，是一种高度社会化的活动，均应符合真实社会环境中真实的人相互交往的需要。翻译学员最好能参加翻译社团的活动、翻译会议和互联网上的讨论，越多越好。与译员在一起能更快地掌握语言和文化的互动关系，及时了解市场的运作机制和动态。与翻译社团和其他社会网络的良好关系有助于翻译学员尽快成为训练有素的专业译员，好比一个神经元，将许多触突伸展到巨大的交际网络中，随心所欲地向这些网络传送或索取信息。

罗宾逊对翻译和译者社会性的重视，还体现在他对教程篇章结构的安排上。他在开篇第一章便分析客户和使用者对目标语文本的需求，说明传统的翻译标准"可靠性"(常称为"对等"或"忠实")在译者眼里和客户眼里有不同的含义，不同客户对"可靠性"的要求也不尽相同。

他将可靠性文本分为八类：①直译译本：逐字翻译或尽可能接近逐字翻译的文本，译文能体现原文的句法特征；②异化译本：译文比较流畅，有异域特色，读起来有翻译味；③流畅译本：译文可读性很强；目标语读者几乎不感到它是译文；④综述本：译文概括了源语文本的要点或"精髓"；⑤评论本：译文解释源语文本复杂的内容，详细说明源语文本中的隐含意义或若隐若现的含义；⑥综述评论文本：全译客户最需要的内容，略译不太重要的内容；⑦改编文本：如果目标语读者与源语读者完全不同，为了理想的效果，可用改编法处理文本，如将供成人阅读的源语文本改编为供儿童阅读的目标语文本；⑧密码文本：一种解码文本，仅供解密者使用，以免文本内容泄露给他人。

他指出，客户对译者的可靠性还有其他方面的要求：译者应极关注文本细节，能了解每个词和短语在语境中的意义和搭配意义；对客户的需要十分敏感，能迅速完全地理解客户对译本的特别需求并努力准确而灵活地满足客户的需求；能从事研究，通过参考书、互联网、电话、电传和电邮等交际形式的帮助，译出词语的确切意义；仔细校对，有疑惑之处应向专家请教，将正确无误的译文交给客户。译者在客户眼里，应是学识渊博、译艺高超、无所不能、诚信守时的人；态度要和蔼，有幽默感，还要乐于助人；能将译本内容保密；译者应有计算机、硬件和软件、能上宽带网，有电邮地址、电传机、客户确认的翻译软件等。

社会对译员可靠性的要求远远不止对其翻译能力的要求。除此之外，译员应按时完成译作，接受哪怕低廉的报酬。罗宾逊认为这些期望值是违背翻译的规律与实际的。

他建议客户应与译员协商，建立和谐的合作关系。

译员作为专业人士，对翻译职业有自己的看法。罗宾逊将其归纳为三点：翻译职业的尊严、较高的收入和快乐。译员认为可靠的译本和译德不仅重要，而且也是他们职业尊严的体现；快速翻译固然能增加他们的收入，但从其他渠道也能挣到钱；他们最看重的是翻译使他们快乐，这对行外人士和客户也许是最无意义的。译员与客户对翻译的看法相左，就难免会产生冲突。罗宾逊建议译员以职业尊严、译员的自尊为重。即使回报不丰厚，字斟句酌所花的时间得不到回报，出于职业道德，仍应保证译文的可靠性；不可靠的译文会损害译员的声誉，降低译员的市场价值，也会失去翻译的快乐。他还建议译员积极参加译协或译联的活动，与同行团结起来，维护译员的正当权益。

仔细分析了客户与译员的不同看法之后，罗宾逊得出如下结论：

(1) 与其说翻译是解读词语，不如说翻译是解读人。

(2) 与其说翻译与语域和符号系统有关，不如说翻译与所从事的工作和他们的世界观有关。

(3) 与其说翻译与有规可循的文本分析有关，不如说翻译与创造性的想象力有关。

(4) 与其说译员像录音机，不如说译员像演员或音乐家(表演者)。

(5) 与其说译员，甚至翻译高科技文本的译员，像机译系统，不如说像诗人或小说家。

可以看出，罗宾逊并未否认翻译与语言密不可分的关系，而是强调译员应将语言表述的抽象概念作为人的言行，置于更宽泛的人文环境中去思考，以获得更佳的翻译效果。

陈宏薇认为，罗宾逊在社会文化的大视野中研究如何培养译员使之适应社会和客户的需求、译员如何与客户建立和谐的关系很有实际意义。他视译员为社会网络中的一个节点，其事业的成功与否不只取决于天分和后天获得的语言与语言转换能力，更重要的是取决于译员能否充分利用社会网络提供的资源不断充实自己、减轻身心的压力、在社会网络中有效地工作。将这一观点贯穿于一部翻译教程中，告诫教师和学员不应将翻译变成"象牙之塔"，自闭于其中，而应将翻译教学与研究社会、研究社会中不同类型的人的心态和需求、研究如何同他们和谐交往结合起来，这种新思想反映了翻译教学和教学翻译的社会功能。这是罗宾逊独创的。将翻译培训与社会需求密切结合，以提高译员培训的质量，翻译服务产业和翻译行业将与社会同步发展，其机制的健全，必将推动翻译人才的培训和教育。

三、罗宾逊的基于认知规律的教学模式——穿梭于经验与习惯之间

罗宾逊创建了一种让学员在无意识中的学习(即人们在课外"自然(natural)"的学习)和有意识的分析性学习(即人们在课堂上接受的传统的、模拟(artificial)真实的翻译学习)两种极端之间穿梭(shuttle)的教学模式。他指出，在译员培训行业内，缓慢、十分细致、分析性的学习只是个别现象而非规律。用快速、综合、无意识的学习方法会学得更好、更有效、更快乐。用只重实践的无意识的教学方法训练学员的确有效，但它们多少缺乏对学员进行智力训练，主要因为缺乏批评性的反思、元思考，以及用经验或判断力对语料的检验。学员的智力，学员的表象记忆力与程序记忆的能力都是需要训练的。

　　译员应能迅速有效地对语言材料进行处理，但他们也应意识到翻译问题之所在，放慢速度，用复杂的方法解决问题。将有意识和无意识的教学方法结合起来的主要原因是：译员应该具备检验并质疑自己迅速、有效地内化语料与模式的能力。译员应能在快速、无意识的翻译与慢速、细致的分析之间来回穿梭——也就是说，他们不仅应接受这两种训练，而且还应接受在这两种方法之间穿梭的训练，从无意识翻译过渡到分析性翻译，从分析性翻译过渡到无意识翻译。无意识翻译实际上是无数次分析性翻译的结果，当无意识翻译受阻时，译员必然会从无意识的"快车道"转入分析性的"慢车道"，所以两者不可偏废。

　　无意识的翻译方法与有意识的分析方法之间并不存在太大区别，经验的与分析的语料储存起来都是供检索使用，其差别主要是：在无意识状态，它转变成习惯，变成"第二天性"(the second nature)，成为程序记忆；在分析状态，它从习惯被带回表象记忆和审慎的有意识分析。

　　习惯来自经验，但经验在许多方面与习惯是对立的。新的经验让我们惊喜，让我们摆脱习惯的窠臼，没有新经验的激发，我们的神经系统会麻木。译者需要习惯加速翻译的进程而自得其乐；但译者也需要新的经验来丰富翻译活动，复杂的翻译更耐人寻味，给人更大的乐趣。快速翻译和慢速翻译有乐趣，简单而熟悉的文本翻译和富有挑战性的文本翻译也有乐趣，但变化之乐(pleasure of variety)却是翻译快乐之最：在新与旧之间、熟悉与陌生之间、有意识与无意识之间、直觉与分析之间、无意识的内化与惊诧之间来回穿梭是翻译最大的快乐。

　　这种在习惯与新鲜经验之间来回穿梭是成功、有效、快乐翻译最重要的关键之一。没有习惯，生活枯燥无味。因为习惯可用来处理生活中那些令人厌烦的小程序，让有意识的头脑做有趣的事情；没有新鲜的经验，生活也枯燥无味，因为经验带来的新奇敦促我们去学习。

　　罗宾逊的"穿梭运动"模式构建在皮尔士符号学认识论的基础之上。罗宾逊根据皮尔士的三步认识论过程，将翻译的客观过程简述如下：译者开始工作时出于本能凭借直觉理解源语和译语中词语和句法的意义。在翻译过程中，他对两种语言来回进行比较，体验词语和语言结构的异同，渐渐地，他能将解决具体问题的具体方法内化，使其或多或少成为无意识的行为模式，这有助于他迅速、有效地工作，较少停下来解决难题，因为问题和解决问题的方法已为译者所熟知，妨碍习惯形成过程的每个问题本身很快就习惯化了，译者解决问题所需要的时间愈来愈少，处理各类源语文本愈来愈得心应手，直至最后他会感到自己已成为专业译员。当然，他的专业能力使其能在任何必要的时候自如地摆脱习惯的束缚，有意识地分析文本，分析世界，解决应解决的问题。

译者的经验比他体验的翻译行为要复杂得多。因此，罗宾逊认为，皮尔士发现的另一种三维关系对研究译者的经验十分有用。皮尔士认为归纳和演绎这两种逻辑推理方法都无法起到创新的作用，应该有一种逻辑过程，为归纳提供事实，为演绎提供一般原理。于是，皮尔士假设存在第三种逻辑推理过程，他称之为"假说推理"，即对未经解释或尚无法解释的现象，可通过知觉的飞跃作出假说，人的本能或直觉使他感到这种假说似乎是对的(第一性)，然后，用归纳法对假说进行检验(第二性)，最后，用演绎法将其形成规律(第三性)。

用假说推理、归纳和演绎三种方法来解释译者的经验，可以更清楚地了解译者未经训练的直觉是如何通过经验而成为习惯的。

译者的经验在两处始于"假说推理"：1) 最初接触外语时，理解口语中不懂的音或文字中不懂的书写符号的意义，或者随意猜测词语的意义，那是一种飞跃；2) 最初接触源语文本时，遇到的词有抗译性，将他们译为目标语的对等语，实现了飞跃。假说推理的体验是一种不知如何着手、思绪混乱、在重要的任务面前感到恐惧的状态——但终于将理解和表达中暗藏的难点译成了言语，以某种方式实现了飞跃。

译者继续翻译时，自然会检验用"假说推理"解决难题的方法，将其在很多不同的语境中用归纳法进行检验：语言学习者和翻译新手面对一大堆需逐一处理的细节，他们处理的细节越多，处理起来就愈容易。假说推理难，因为它是第一次；归纳较容易，虽然它需要研究大量似乎互不相关的译例，模式一定会渐渐浮现出来。

译者在翻译语料中发现了足够的"模式"或"规律"，便有了信心对其加以概括，这便是演绎。例如源语中的 X 句法结构几乎总是译为目标语中的 Y 句法结构等等。演绎是翻译方法、原理、规则的源泉。

陈宏薇认为，罗宾逊创建的"穿梭运动"模式，真实地反映了人的认知规律。罗宾逊将皮尔士的"假说推理"用来描述译者在翻译中遇到难题而勇于创新的心理过程。翻译是一种创造性的智力活动。创新是翻译的灵魂，是译者的使命，是译者快乐的源泉。只有不断提出"假说"，不断在实践中用归纳法论证假说，由此不断发现新规律并加以演绎，译者的翻译能力才会不断提高，翻译理论才能不断发展，翻译事业才能持续繁荣。

罗宾逊对直觉→经验→习惯过程的描述，从认知的角度阐明了实践与理论的关系，有力地说明了翻译理论对翻译实践的重要性。尽管我国的翻译理论研究取得了很大的成绩，应用翻译理论的研究硕果累累，但涉及具体文本的翻译或教学，"理论无用"的倾向又常常抬头。不少人仍然认为翻译只需"跟着感觉走"。这种"感觉"，也就是直觉。我们也可以从罗宾逊的分析认识到，直觉是天资与经验积累之和，它是一定会变化的，是通过直觉→经验→习惯→(新的一轮)直觉→经验→习惯的循环不断变化的。译者在翻译过程中常常没有意识到语言或翻译规律对自己的影响，那可能是这些规律已经内化的结果。规律内化为译者意识的一部分，就成为更加敏感、认知视域更宽更深的直觉。译者愈能无意识地按直觉或习惯工作，翻译速度就愈快。但是，无意识的翻译应在有意识的"穿梭运动"中进行，无意识的翻译还应该依靠有意识的分析性的经验和对新情况的程序处理，唯有如此，译员的水平才能提高。即使是资深的译员，即使是将语言和文化分析的许多原则早已内化并能无意识地使用这些原则的译员，也不能松懈自己的学习，因为新问题层出不穷，人也不可能全知。"译者是一个永远的学习者。"

四、罗宾逊的以学员为中心的教学法

罗宾逊认为，以学员为中心的学习，即每位学习者(也包括教师)都有实践的体验和自己的发现，这些体验和发现与他们从前的经验和知识密切相联，是最有效的学习。为此，教师应和学员一起营造以学员为中心的学习环境。

罗宾逊强调，教师并非一切知识的源泉，而是与学员一起实践的学习者，学员学习体验的指导者；学员并非知识或技能被动的接受者，而是主动的产出者，因此，他们和教师一样，也是教师。所以他设计的练习或讨论题，均没有正误"答案"或"解决方案"，目的是帮助学员运用所学知识开发有效的策略，拓宽知识面，使不同的人可以从中学到不同的内容。而且，他故意让各章阐述的理论在讨论中受到质疑，因为他清楚：人类在未根据自己的经验检验新事物之前是不会接受新事物的。

罗宾逊认为，鉴于学员的智力和摄取信息的最佳方法有别，教师的教法也不必同一。但无论用什么方法，最重要的是实现"脑兼容"，即采用适合学员大脑学习的教学法。该方法要求教师：

(1) 声音要抑扬顿挫，手势、姿态有变化。大脑的特征是特别注意变化。变化小或无变化，大脑就处于注意力分散的状态。演讲者若不改变音量、音高或节奏，站着不动，面无表情，就像在唱催眠曲一样可能让听众入睡，这是生理作用。

(2) 要有热情与责任感。大脑的皮质下结构是形成思想和行为的动力。生理学知识告诉我们，情感极有传染性，这种"传染"很难克制。情感迅速从一个人传递到另一个甚至一群人的现象可以解释态度、偏见、禁忌、恐惧等情感是如何代代相传的。热情的演说者可以使听众也热情起来，毫无表情的演说者很快会让听众感到厌烦。

(3) 要使用例证、图示、轶事。神经学的规则是：神经通路愈复杂，大脑的工作愈有效。突触激活序列若只通过大脑中的三四个地区，而不是几百甚至几千个地区，学习者的注意力就不集中，不激动，思维不活跃，知识也就不增长，教师用一成不变的方法就会产生这样的问题。从讲话和写作的观点来看，愈具体、愈多样化，交际效果愈好；用词模糊不清、泛泛而谈和单调的重复，永远不如用词具体细腻、语出惊人的交际那样有趣，启发人的思维。

(4) 授课内容应有关联性。大脑是无情的实用主义者，因为它承受着千千万万种刺激，超过了它能处理的极限。因此，它必须滤掉与其需要无关的东西。有时，它甚至被迫将非常有趣的刺激排除在外，因为这些刺激与必须首先关照的、关联性更强的刺激相重合。

(5) 注意学员脑的状态(脑波)。在接受新信息之前，我们的大脑应处于接受状态。人在生气、饥饿或担忧时，很难从事哪怕很简单的分析活动。听众喜欢某个讲座，其大脑就处于放松状态，使他很容易接受讲座的新观点。当然，最佳接受状态是初始状态，即放松的、梦幻一般的遐想状态(因此罗宾逊设计的练习用音乐和其他放松的方式使学员进入这种状态)。

(6) 提供多种模式的体验。单音传播信息(如传统的讲座)的接受与处理远远不如几种声音(如讨论、团队教学、录音资料)传播信息的接受与处理有效。同理，只通过声音传播的信息，其接受与处理的效果，远远不如由声、光、色彩以及各种触觉等途径一起传播信息的效果。

学员最好在小组讨论中学习，因为听教师讲的学习效果不如自己边做边学好。小组活动也应考虑大脑在什么情况下工作效率会更高。因此，罗宾逊认为：

(1) 讨论的内容和方式应丰富多彩。从生理角度考虑，丰富多彩使生活有情趣；事物无变化，脑便忽视它们，学员就难以记住。

(2) 人人都应积极参加。

(3) 不设预期目标。让学员自由、反复地发表自己的观点，让每位学员将自己的经验融入这种学习中。

(4) 关联性。小组讨论应将真实世界的情况与学员的生活联系起来才有意义。学习最好在已有知识的边缘发生。因此，关联意味着学员应不断地在已知和未知之间、熟悉的与陌生之间、简单的与挑战性的工作之间架设桥梁。

(5) 心态。好教师应该了解学员学习的心态，学会了解他们只是坐在椅子上还是在学习。

(6) 多种模式的体验。大脑要求多种模式的体验，这不只是儿童的生理需要，而是人一生的生理需要。研究表明：只听讲座的学员，保留 20%的信息；看书的学员，保留 30%的信息；讲座配有幻灯片或其他虚拟教具，或是既听讲又看书，学员保留 50%的信息；如果除了看和听，他们还能在讨论时说，信息可保留 70%；除了看、听、说，学员还能做，如演出、画画或唱歌，信息便可保留 90%。

陈宏薇认为，罗宾逊倡导的以学员为中心的教学法，将教学与人脑工作的特点紧密联系起来，重在培养学生的兴趣，激发学生的想象，通过体验帮助学生归纳翻译的规律。在他的教学方法中，人人都在体验直觉→经验→习惯的认知过程，人人都在学习自如地穿梭于无意识翻译与有意识的语言和文化分析之间，人人都在心情愉快地建造桥梁而不是站在一旁观看他人建造桥梁，而座座桥梁都是按社会的需求建造的。这样的建桥人，毫无疑问是受欢迎的。

综上所述，陈宏薇从四个方面详细地评介了罗宾逊以人为中心的翻译教学思想，认为罗宾逊的教学目的是让学员作为社会存在，能适应社会对译员的要求，尽快成为专业译员。他构建的"穿梭于经验与习惯之间"的教学模式，是将皮尔士的哲学思想、语言学、认知语言学、心理学、文化学、社会学等理论与翻译实践结合的产物，符合人的认知规律，是一种理论联系实际的新模式。他提出的以学员为中心的教学法，强调了教与学均应符合大脑工作的规律，其理论基础深厚。总之，陈宏薇认为他的教学思想更清楚地阐明了翻译教学的本质，其创建的教学模式与教学方法有助于快速、有效地培养译员。因此，他的翻译教学思想对我国的翻译教学或教学翻译都有借鉴意义。

在国际交往日益频繁、经济高速发展、文化多元化、各国平等对话的呼声渐高的语境之下，而我国高质量翻译人才又缺乏的今天，反思我们的翻译教学方法，借鉴国外先进的翻译教学思想，对我们培养适合社会需求的高质量翻译人才有着积极的意义。罗宾逊的翻译教学思想，不仅给我们以教学方法上的启示，让我们更加关注翻译的主体——人的认知规律，有效地进行教学，将翻译教学的重点放在学生的翻译练习和体验上。更重要的是他把教学的有效性建立在社会需求的基础之上，强调翻译活动的社会性，教师和学员应充分认识到社会网络对翻译活动的无形控制和巨大影响，因此译者仅仅具备文本转换的能力是不够的。这就使翻译教学活动的范围不仅在文本之间转换，还要将之置身于社会大背景之下来运行，因此，译者和客户、翻译市场的行情、译者的权益、目标语文本读者的期望值等等都应该纳入翻译教学活动的范围，教翻译、学翻译、创建翻译理论，都像做翻译一样，是一种高度社会化的活动，均应符合真实社会环境中真实的人相互交往的需要。强调翻译实践在教学过程中有着重要的作用，因此，翻译学员最好能参加翻译社团的活动、翻译会议和互联网上的讨论，越多越好。与译员在一起能更快地掌握语言和文化的互动关系，及时了解市场的运作机制和动态，有助于翻译学员尽快成为训练有素的专业译员。译员应能在快速、无意识的翻译与慢速、细致的分析之间来回穿梭——也就是说，他们不仅应接受这两种训练，而且还应接受在这两种方法之间穿梭的训练，从无意识翻译过渡到分析性翻译，从分析性翻译过渡到无意识翻译。其实，这就是我们所说的从翻译实践到翻译规律的总结，再回到翻译实践的过程。学生一方面要体验翻译的过程，另一方面要在教师的引导下对这一过程中遇到的问题进行反思和总结，才能培养出有分析能力的译员。

7.2　翻译教学的原则

一、立足语篇的翻译教学原则

早期的语言学派把翻译看作语言运用的一种特殊形式，注重研究源语与目标语之间的异同及言内关系，把翻译过程视为把一种文字材料转换成另一种文字材料，把一种语言产物在保持内容(命题)不变的情况下改变成另一种语言产物的过程。因此，转换规则是翻译研究的重点，对等/等值是翻译研究的核心。正如 Neubert 和 Shreve 所说，"语言学模式调查研究词与语言结构的转换潜势，力图建立语际间的对等规则，认为语际间的对等可在不同的语言层面实现"(张美芳，黄国文，2002(3)：4)。受此影响，我们的翻译理论大多把注意力放在两种语言的转换技巧上。其实，这样做并没有什么不对，因为翻译当中最主要要解决的问题大多是语言问题，离开了语言，一切都是空话。皮之不存，毛之焉附？只是我们还应该把对语言的转换规律的研究放在更加宽泛的框架里进行。描写翻译研究中的语篇语言学方法给翻译的理论与实践以许多启示。翻译研究的语篇语言学方法(途径)是传统语言学途径的发展，它重视的是语篇分析和语用意义，其研究对象不仅仅是原文和译文两种语言体系，而且还涉及语言体系以外的各种制约因素，包括"情景语境"(context of situation)和"文化语境"(context of culture)。这种模式认为，意义并非由语言结构本身决定，而是由整个语篇(包括它的语言体现形式和它的交际功能)来决定；翻译中传递的是原文的语言含义和语言使用(即交际)功能(同上)。这同 Halliday 的功能语言学理论不谋而合，因为功能语言学最关注的也是运用语言进行交际。张美芳、黄国文总结出传统语言学翻译研究方法与语篇语言学翻译研究方法的三点差异：1) 传统语言学翻译研究方法的重点在句子，认为意义由词与句决定，而语篇语言学翻译研究方法的重点是整个语篇，认为意义通过语言结构来体现；2) 前者把翻译对等的概念建立在词、句层面上，而后者则认为翻译对等建立在语篇和交际层面上；3) 前者的研究对象只是语言，而后者的研究对象不仅是语言系统和言内因素，而且还包括言外因素(包括"情景语境"和"文化语境")(同上)。在语篇翻译教学中，应该深化学生对文化语境和情景语境在语篇理解和构建过程中的作用。文化语境方面强调翻译过程中对文化词语和文化形象的处理，以及不同文化对语篇结构和表达方式可能造成的影响。情景语境强调情景对语篇的定义作用。

根据 Neubert 和 Shreve 的观点，以传统语言学模式操作的翻译过程是一个从词及其互不关联的意思开始的自下而上(bottom-up)的过程，这种过程产生出来的译品，很难被目的语读者认同；而语篇语言学方法则把翻译看作是一个自上而下(top-down)的过程，即先决定译文在目的语文化中的属性或类型及其交际功能，再通过一个个的语言结构来体现预定的语篇。在翻译实践中，要重组(建构)一个适用于目的语社会的语篇，并非取决于表层结构(如一个个句子)的转换，而是自上而下地、有目的地选择语言资源，对整个语篇进行重写。Neubert 和 Shreve 认为，在动手翻译之前，译者的脑子里首先有一个"虚构的译本"，在翻译的过程中，他"对语言的选择受控于'虚构译本'；目的语中的资源为虚构译本转变为真实译本提供了材料"。因此，翻译并不仅仅转移原文的意义，而是转移原文的交际价值。(同上)

其实，Neubert 和 Shreve 的"虚构译本"就是图式(schema)。图式是语义记忆里的一个结构，它对一群信息的一般和期望的排列作出规定(桂诗春，2000：445)。图式就是译者自己的世界知识、百科知识及其他背景知识片段的集成。它以相对独立的形式形成框架，保存在人大脑的记忆中。"当人们缺乏一个与正在展开的故事相适应的图式时，理解和记忆都会很困难，因为他们无法理解所描述的事件的含义。"(桂诗春，2000：446)。图式保存在人们的记忆里，要激活它们就离不开对语篇进行分析，脱离语篇在词和句的级层上是办不到的。通过语篇分析激活了的源语语篇中的图式才能在译语语篇中全方位地得以建立起来。实际上，图式是人们用于感知世界的内在结构，也可称为背景知识(background knowledge)。在语言学研究中，图式理论常常用于研究母语及以英语为外语的语言交际过程。该理论描述了人们如何将获得的知识贮存在大脑中，并相互关联形成完整的信息系统。图式阅读理论和图式听力理论是在母语研究的基础上应运而生的。根据图式阅读理论和图式听力理论，阅读理解和听力实际上是输入的信息与头脑中已有知识的交互作用过程，在阅读和听力过程中，图式会帮助人们处理信息。处理信息的方式有两种：自上而下和自下而上。前者帮助读者和听众宏观地了解材料内容，确定其中心，在词义和语义上做出正确的选择；后者帮助读者和听众发现新信息以及与原假设不同的信息。其实，图式理论在翻译(笔译和口译)领域也是同样适用的。阅读理解和听力理解是翻译过程的第一步，对输入的信息没有正确的阅读理解和听力理解，是无法正确进行笔译和口译的；同样，在信息产出的过程中，图式理论起着重要的作用，译者必须了解目标语图式并在大脑里建立正确的目标语图式，才能产生出为目标语读者和听众所接受的信息。因此，在翻译过程中，译者头脑里的图式应该是动态的，即将正确的源语图式转换成正确的目标语图式，那就是说，译者必须熟谙与翻译所涉及的两种语言相关的背景知识。对源语语篇的理解，可以帮助读者和听众激活源语图式，而目标语语篇的生成就是激活目标语图式，从而建立为目标语读者和听众接受的语篇的过程。

Newmark(1991：66)也曾指出，"从译者的角度看，我认为主要的描写单位可构成这样一个级层(rank)体系：篇章、段落、句、小句、词组、词素。抽象地说(如 Halliday 所言)哪个级层都不比另外一个级层更重要，而在实践中，篇章是最后的仲裁，句是翻译操作的基本单位，而大部分的难题都集中在词汇单位，如果不是在词上的话。"Baker 和 Bell 将系统功能语法用于翻译研究时，则更为系统地将级层的概念植入了他们的理论框架之中。他们讨论的焦点问题如下：词汇级层主要讨论语义问题，如语义场、所指意义、内涵意义、命题、文化词汇的翻译、语际间的词汇非对等诸问题；词组级层讨论搭配、成语翻译等问题；小句级层讨论及物性、语气和主位结构等；语篇级层讨论衔接、连贯、语域、言语行为、合作原则等问题。这一理论框架涵盖了语义、句法和语用三大范畴，是教授翻译的一个既全面又便于操作的理论参照体系。

翻译的层次问题也是释义派理论的一个基本问题。一般的理论认为翻译有三个不同层次：词义层次、话语层次和篇章层次。释义派理论对这三个层次分别赋予了不同的解释：词义层次的翻译是逐字翻译；话语层次的翻译是脱离语境和交际环境的句子翻译；篇章层次的翻译是语言知识与认知知识相结合的翻译。前两种层次的翻译只能称为语言对译，只是语言中字词句意义的简单相加，而第三个层次的翻译才能称为真正意义上的翻译，因为篇章翻译将语言的共性、言语的个性、简单特指的事实、环境、思想和情感有机地融合起来。(引自李文革，2004：341)

根据张美芳和黄国文的研究，语篇特征原则(the principle of textuality)是语篇语言学家寻求的导向性原则中最有说服力的一种。在翻译研究中，语篇特征原则可用来解释如何获得原文和译文在语篇层面上的对等。一般认为典型的语篇具有七个语篇特征：意图性、可接受性、情景性、信息性、连贯性、衔接性、互文性。

同样，根据他们对语篇体裁与情景语境问题的研究，每一个语篇都是在特定的社会文化环境中起交际作用的，这种有目的的语言活动在语篇分析中称为"语篇体裁"(genre)。从文化语境的角度看，每个语篇都可看作是属于特定的语篇体裁。语篇体裁是通过两种方式来体现的：一是"纲要式结构"(schematic structure)，一是"体现样式"(realizational patterns)。前者是指有阶段的、有步骤的结构。例如食谱的结构通常是：名称、简介、原料、配料、烹饪方法。后者通常是由特定的语言结构充当，如一个英语语篇的正文的第一句是"Once upon a time..."时，便表明这是一则关于童话或神话的叙事。但是，有些语篇的纲要式结构和体现样式并不是十分独特，所以要经过"语域"(register)分析才能确定其语篇类型。Halliday 从语言使用的角度认为，情景语境中有三个最为重要因素——语场(field)、语旨(mode)、语式(tenor)，它们是情景语境的组成部分，影响着我们的语言使用，称为语域变体(register variables)。语场指的是正在发生的事情及其性质、特点。语旨指的是交际者及其特点、地位、角色、关系等。语式指的是语言在交际中所起的作用，包括交际渠道和修饰方式。语场、语旨和语式与语言的三个纯理功能(metafunctions)相互联系：语场体现了语言的概念功能，语旨体现了语言的人际功能，而语式则是语篇功能的具体体现。语篇功能的作用主要在于连句成篇，它使语言与语境发生联系，使说话人生成与情景一致和相称的语篇。

因此，翻译教学、练习和测试都要以语篇为主要对象，在此基础上采取什么形式，如摘译、编译、节译都是可行的。作为教学和练习材料的语篇，最好是"能凸显一两个翻译操作焦点问题，并以这些问题为题展开阐述"(李运兴，2003：15)，这样的教学和练习才不会是枯燥的，而是丰富而实在的。

二、由浅入深，循序渐进的教学原则

翻译教学活动和其他认识活动一样，也应该遵循由浅入深、循序渐进的规律。照此规律，我们所选的语篇练习应该是先易后难。从篇章的内容来看应该是从学生最熟悉的开始；从题材来看应该从他们最了解的入手；从原文语言本身来看应该是从浅显一点的渐渐到难一些的。这样由浅入深，他们学习起来才会有信心，渐渐培养起对翻译的兴趣以至热爱。比如从知识结构来看，我国外语院系的学生大多数都是文科生，对科技方面的材料觉得比较头痛，因此最初的练习材料就不要选科技方面的。从语言的角度讲，外语专业高年级的学生已完成语言基础学习任务，按理说语言运用能力是比较强的，但是刚开始学翻译的时候，对源语的理解和对译语的表达往往会显得捉襟见肘。如果一开始语言太难，必然会成为他们理解和传译的障碍，也会影响他们继续学下去的兴趣。

三、精讲多练，关注过程的原则

本科教学阶段的翻译教学主要是技能教学，是教师传授技能和学生掌握技能。技能教学如果流于先灌输后练习，这在教学中很难取得好的效果，学生会觉得枯燥无味。技能的传授应该与学生的练习紧密结合起来，并且要在练习的基础上进行总结、提炼。在练习之前，教师可以针对练习材料的内容举例简单介绍一些相关技巧，再让学生做练习。其实，在做练习的时候学生常常顾不上有意识地运用这些技巧，因此，学生做过的练习经教师批改之后，教师一定要对学生的练习进行讲评。教师的讲评不是点评式的，而是在系统分析原文的基础上，整理出里面的知识点，针对学生练习中出现的问题进行总结，上升到理论。这样，技能才能真正为学生所掌握，技能训练才落到了实处。教师的讲评绝对不是简单地将参考译文发给学生就完事了，而要去启发和引导学生思考和总结。教师在选择练习材料的时候，要有所考虑和侧重。选材的过程是一个艰辛的过程，这需要教师有从事翻译的实际经验，能从纷繁复杂的材料中挑选出适合学生练习的材料，并且要能凸显几个问题。

为了达到掌握技能的目的，必须要求学生进行一定量的练习，至少每周要练习翻译一篇文章。他们在练习中去感受、去思考、去想办法解决问题，从教师的讲评中学会把这些感性的经验和自己思考的结果上升到理论。这样通过不断的实践、思考和总结，再实践、再思考和再总结，学生分析问题和解决问题的能力才会不断提高，翻译能力和水平也才会不断提高。因此，对学生翻译过程的关注，帮助、启发、训练和鼓励他们解决理解、表达和审校过程中遇到的具体问题就成了翻译教学的重点。这样培养出来的学生才会有学习能力和创造能力，为他们今后进入社会、走上工作岗位后不断学习和探索、独立解决翻译实际中的问题打下一个良好的基础。

四、题材丰富，触类旁通的教学原则

为了适应社会各方面对翻译人才的需求，翻译练习的材料应该多样化和系统化。

不仅要有应用文体、广告文体、新闻文体，还要有法律文体、文学文体等。每一种文体的练习应该呈阶段性，即一种文体结束后才进行另一种文体的练习。

要对每一种中英文文体的功能和特点进行介绍，以便让学生了解，并在练习中加以体现。每一种文体练习一段时间，直到学生能基本做到触类旁通。文体翻译练习不是单一进行的，可以将翻译中常见的问题与文体的练习结合起来，如有的翻译问题在这种文体中出现得多些，在另一种文体中，别的问题又会出现得多一些。将解决翻译问题与文体语篇练习结合起来会收到事半功倍的效果。

五、把教书和育人结合起来的原则

本科阶段的学生还处在生理和心理发育的时期，有着丰富的情感，他们对自己有着更客观的认识，也懂得按社会的需要塑造自己的形象，有更完善的人格和精神追求。同时，学校教育的目的是不仅培养有一定专业技能的人，而且是有高尚道德、具有一定审美情趣、有学习能力的人。

翻译技能课如果仅仅传授技能，不融入丰富的人文和科技知识，会毫无生气，从而影响技能的学习。但是学生不会满足于干巴巴的道德说教和审美说教。如能将翻译技能教育和学生的人格提升融入学习中，可获得一举两得之功效。教师应该了解学生的心理、喜好和需要，在满足他们对知识的渴望的同时，也要满足他们精神上的需求，将知识技能的传授融入到他们自身的发展之中，他们才会乐于学习，在学习中健康地成长。因此，对翻译教学中的例句和练习的选择要有讲究、有品位。即使是所谓"令人头痛"的科技文章，也要选那些文笔稍微优美一些的；对文学作品，尽量选择那些对人生有启迪意义的、对情操有陶冶作用的。另外，练习材料的趣味性和时代性也应符合青年人求知、求新、求美的心理特征，因此在教材选编的时候，要坚持教材和练习材料的知识性、趣味性和审美效果相结合的原则。

人本主义学习观的代表人物罗杰斯在其《学习的自由》一书中系统地阐述了他的学习和教学观点。主要反映为如下几个方面：1) 学习是有意义的心理过程；2) 学习是学习者内在潜能的发挥；3) 学习应该是对学习者有用的、有价值的经验的学习；4) 最有用的学习是学会如何进行学习。罗杰斯指出："只有学会如何学习和如何适应变化的人，只有意识到没有任何可靠的知识，惟有寻求知识的过程才是可靠的人，才是有教养的人。现代世界中，变化是惟一可以作为确立教育目标的依据，这种变化取决于过程而不取决于静止的知识。"因此，只有符合学生心理特点和审美情趣的教学内容，对于学生来讲才是有意义的，才能充分发挥学生的潜能，只有符合社会需要和学生需要的知识和技能对于学生来讲才是有用的、有价值的经验学习，而最重要的就是要让学生在学习的过程中学会如何学习新知识、新技能，以适应社会对他们提出的要求。

六、把培养翻译能力和翻译批评的能力结合起来的原则

在培养学生翻译能力的同时，不要忘了提高学生的翻译批评能力。批评能力不光

是体现在对别人译作的优点进行评论，也要对其缺点进行批评，甚至对错误的地方进行修正。在自己不断进行翻译练习的同时，学会对别人的译作进行评价、批评，有利于学习别人的长处、避免犯别人犯过的错误，使自己的翻译水平不断提高，包括澄清一些认识问题，对翻译策略及其应用进行各种层面上的探讨等等，对指导翻译实践有着重要的意义。按杨晓荣的说法，一般来讲，翻译批评有鉴定性的批评、纠错式的批评和技巧性的批评，有针对某一问题进行探讨的。学生学会了翻译批评，对自己译作的优劣心中也就有数了。这是朝着培养一个合格译者努力的过程中不可缺少的一项内容。

七、翻译速度与翻译质量结合的原则

在实际翻译活动中，常常会有催稿很急的情况发生，如果学生的翻译速度太慢，可能会完不成翻译任务，因此，在翻译教学过程中，培养学生提高翻译速度是一个不可忽视的任务。

具体的做法是：在边讲边练的过程中，可以经常做课堂限时练习，比如英译汉练习的量可以先从每小时 200 个左右英文单词开始，以后逐渐增加到每小时 250—300 个英文单词甚至更多；英译汉可以从每小时 150 个汉字开始练，让学生在有限的时间内学会有效地安排时间，逐渐提高翻译的速度。除了课堂限时练习之外，课后练习也可以让学生自己尽量在规定的时间内完成练习任务。这样，久而久之，经过不断训练，笔译的速度便会逐渐提高，速度意识也会逐渐加强。

八、以"生"为本的原则——以学生为中心进行翻译教学

以学生为中心进行翻译教学是满足中国人才市场需要，解决对外交流急需的翻译人才问题的良好途径。应用语言学的著名学者 David Nunan 认为，以学习者为中心的课程设置与其他课程设置的关键差异在于，它强调教师与学习者之间的共同努力，因为学习者与涉及课程设置的内容和教法的决策过程是紧密相关的。这种观点建构在建构主义理论(constructivist theory)基础之上，它把学习视为一种互动过程，其中学生既不是机械地接受老师传授的知识，也不纯粹是学习系统中的独立个体，而是基本的社会结构，因此学习的过程实际上就是协作习得(或共同创造)社会组织的语言和行为的过程。由于建构主义学习活动以学习者为中心，而且是真实的，因而学习者就更具有兴趣和动机，能够鼓励学习者进行批判性思维，能够更易于提供个体的学习风格。因而，建构主义在教学中的应用会带来一场教学或学习的革命。当然，对于翻译学习者而言，就是如何通过学习这一过程成为翻译工作者的过程。这样看来，学习者学习翻译的过程并不是从教师那儿必须或能够习得知识，而是通过从实践中积累经验建构自己的专业知识，教师则只是发挥指导与协调的作用。充分考虑学习者的主观能动性、创造性和互动性，充分协调学习者、翻译教学和市场需求之间的关系，力求培养出学活、用活知识结构，并能顺应、满足社会需求的高素质的翻译人才。发挥学习者的主观能动性、创造性就是提倡学习者不仅在课堂上扮演主角，而且通过实践最终发现探求知

识的规律和奥秘。建构主义在教学中强调互动性，一方面指学习者之间或师生之间对知识积累过程中具体问题的协作探讨，另一方面指师生尤其是学习者在这一过程中对发现的问题进行及时反馈，以求课程设置者能够及时有效地对包括教材、教法、大纲等进行合理修改、完善。这对教师的业务水平提出更多挑战。"以学习者为中心"这一术语因为具备这些特征也就经常用于语言学习与教学的诸多领域了。

第六章中提到的罗宾逊的以学员为中心的教学法应该说与以上以学习者为中心的教学方法如出一辙，在此不赘述。鉴于学员的智力和摄取信息的最佳方法有别，教师的教法也不必同一。但无论用什么方法，最重要的是实现"脑兼容"，即采用适合学员大脑学习的教学法。

因此，"以学习者为中心"的翻译教学关注以下几点：

1. 教师在翻译教学中角色的转换

以学生的需要为翻译教学的方向，训练学生建立口笔译需要的知识系统和双语思维能力，授之予"渔"，而不是授之予"鱼"。教师不是学生获取知识的惟一源泉，教师的作用是帮助学生学会学习，学会解决学习过程中的遇到的问题。教师是一个协调者，而不是知识的惟一的传授者。这也是时代发展对翻译教学提出的要求——培养高质量的有能力的翻译工作者。

2. 翻译教学中的团结协作精神的培养

信息时代的发展，翻译活动的复杂，使得翻译活动有时不能由一个人单独完成，越来越成为相互合作的事业。因此，我们在教学中可以选用一些长文章，分成几个部分，让一组的学生每人做一部分，但最后出来的完整文本在术语、专有名词、风格体例方面应该看起来是协调一致的。在这个过程中，学生们就不能自顾自地进行翻译，必须和组里的其他成员协商和讨论，以达到翻译要求。这样做有利于培养团结协作精神、协调能力培养和共同解决问题的能力。

3. 翻译教学要培养学生创造性的发散思维

翻译活动具有一切实践活动所具有的创造性，因此，对于统一文本，特别是文学文体的语篇，不应要求学生的理解和翻译与教师的或参考译文的一模一样。要善于鼓励学生追求自己的风格，不要"千人一面，千人一腔"，从而限制他们的思维。

4. 教学活动安排

(1) 课堂内外互相配合。翻译是一项实践活动，翻译教学的任何阶段都不可忽视实践环节，翻译课程安排应以实践活动为主，但是，如果没有正确的理论指导，实践活动也就不能有效地进行。为了解决课堂时间有限和学生不太愿意太多地听老师讲解的问题，解决的办法是让学生自己阅读理论。开列阅读书单是一个很好的办法，比如开出翻译简史、翻译理论与技巧、中英语言与文化对比等方面书籍的书单，在一定的时间内让学生自学，课堂抽查或做读书报告等，使他们学会用普遍的原理来解决实际问题，在老师的指导下，再将实际问题与理论融会贯通。

(2) 关注生活环境。随着国际交往的不断深入，在许多大城市和风景名胜区都有外汉(主要是英汉)的公示语、景点介绍等。让学生在这些地方去体会英汉语的不同表达，对培养英汉对比能力很有帮助。尽管有不少公示语和景点介绍有很多问题，我们可以让学生进行纠错练习。

(3) 利用网络和媒体。网络和报纸、电视、收音机等媒体可以为我们提供丰富多彩、新鲜活泼的源语文本材料和目标语平行文本材料，我们可以通过让学生在网络和媒体上寻找平行文本的方法，培养其解决翻译过程中遇到的表达问题的能力。同时，也可以让学生通过博客或邮件将自己的翻译练习进行"发表"，发给老师和其他同学，老师和其他同学可以提出反馈意见，以增强师生互动和生生互动，营造更好的学习氛围。

(4) 请有实践经验的翻译专家"现身说法"，传授经验。课外开设专家讲座，一是让学生有学习的榜样，二是学习好的工作方法和经验，三是让学生了解翻译的前沿信息和实际情况，向做一个合格的译者的方向努力。

九、加强社会实践，了解翻译本质。

如果有机会的话，应该让学生到社会上，比如到翻译公司参与实际的翻译，体会一下个中的感受是再好不过的了，这样反过来会促进他们学习积极性的提高。

对翻译产品的质量有最终发言权的还是有需求的客户。翻译产品能否被接受，要看是否符合客户的需求。这就决定了翻译教学不是封闭的，而是一门实践性很强的课程。在学生走出校门以前，能有机会体验一下社会所需要的翻译是非常重要的。一方面为学生的学习增添动力，另一方面为学生走入社会、适应社会做一些认识上的准备，有利于毕业后更快地融入社会。

翻译教学绝不仅仅是技能培养课，它是一个融知识、技能、学习能力、人格塑造为一体的周密体系。翻译教学归结到一点就是以学习者为中心、以社会需求为归宿。

第8章　翻译课程测试

在国际性的标准测试中，翻译很少用于测试，因为没有共同的母语。关于笔译教学如何进行测试的问题，在国外有关论及语言技能测试的著作中很少提及，国内对翻译测试的讨论也不多。专门论及笔译测试的文章近年来只有两篇：一篇是宋志平在《中国翻译》1997 年第 4 期上发表的《关于翻译测试的理论思考》；另一篇是徐莉娜在《中国翻译》1998 年第 3 期上发表的《关于本科生翻译测试的探讨》。他们认为翻译测试题应该分为主观试题和客观试题两大类，内容应包括翻译理论及翻译实践；从测试题型来看，宋志平根据测试对象设计了十种题型。适用于初、中级水平的考生的有：1) 正误判断；2) 译文选择；3) 补全译文；4) 常识填空；5) 单句的翻译技巧；6) 单句翻译；7) 单句选择。适用于中、高级考生的有：1) 段落篇章翻译；2) 速度测试；3) 译文评析。徐莉娜认为客观题型以独立一小题为测试单位，每小题只考查学生一项理论知识或一项技能；主观试题用来测试考生运用理论分析问题的能力以及运用各种翻译技巧顺利完成双语转换的综合能力。主要的题型有：1) 单项填空；2) 判断题和多项选择题；3) 改错题；4) 译评题；5) 段落填空和段落改错题；6) 条件性翻译测试题；7) 非条件性翻译和画线句子翻译。

语篇翻译教学的倡导者李运兴认为，语篇翻译教学仍使用较传统的测试方法，即常用两种题型：段落翻译和译文校改。他认为段落翻译考题的设计有两个重要的原则：一是按叙事、描写、说明、议论和应用文体等分类选择不同文体的段落；二是为要求翻译的段落提供充分的语境，包括提供上下文和加注说明翻译的目的和译文预期读者群等情况。译文校改试题提供原文和译文对照片段，请考生进行校改。这类考题的设计除了考虑上述两条原则外，还要对校改的项目进行预控。校改项目可分为两类，一类是必须加以修改的理解失误，另一类是表达不确切、不通顺、不达意或文体方面的问题，对这类项目，不同的考生会做出不同的反应，因为不同的考生在行文习惯、修辞偏好等方面自有其特质。因此考生实际修改的项目会低于设计的修改项目数。认为校改题实际已经具有客观题的某些因素，但由于对非必改项目仍须有教师主观判定，所以还是有很大的主观性。

在英语专业本科高年级的翻译课上已经比较系统地介绍了翻译理论和技巧，进行过多次翻译练习；在低年级已开设了"英美概况"，从三年级起开设了"英美文学"

等课程，学生具备一定的文化素养，然后才进行测试，"这时，汉译英的材料必须是出版物上选来的自然的汉语，决不用修改过的文章。英译汉的材料必须是从英语原著选来的、未经简化的文字。汉译英测试学生的英语水平和运用能力，英译汉测试学生的理解能力和汉语表达能力。要求用词正确，语法平稳，逐渐要求语言顺畅，结构简洁，富有表达力，而且要求文体得当，达到'传神'的地步。这时的翻译测试已不再纯属语言测试，而是文化素养测试的一部分。"(刘润清，韩宝成：199—200) 句子翻译的诸多形式一般用在英语专业基础阶段，以考察学生的语言能力，而不考其文化素养。再看看实际的翻译过程，很少有只译某个句子的情况发生，也几乎没有从译出的几句话里选出一句或几句正确的情况。英语专业高年级的学生毕业后，进入社会、走上工作岗位碰到的也决不会只是句子翻译，多数时候是译文章、摘译、编译或节译。因此，短文翻译、段落翻译应该是英语专业本科三、四年级笔译测试的主要形式。只有在短文翻译、段落翻译等基于篇章的翻译中才看得出译者对全局的把握情况：词义的选择是否准确、文字是否流畅、句与句之间的衔接是否自然、段与段的过渡是否顺畅、逻辑有无不通、文体风格与原文是否吻合等等。也就是说，只有在短文翻译、段落翻译这样的篇章翻译的过程中，才能看出学生的综合翻译能力和水平，也是英语专业高年级翻译教学的目标。为了使笔译更贴近现实，测试时可以考虑全译、摘译、节译、编译等形式；为了考查学生的翻译理论知识掌握得如何，也可以采取写学期小论文和段落、短文翻译相结合的方式对学生进行考核。

第9章　翻译教材

关于笔译课使用的教材的问题。在 20 个世纪八九十年代，我们的翻译教学使用的统编教材主要是张培基、喻云根等编著的《英汉翻译教程》和吕瑞昌、喻云根等编著的《汉英翻译教程》，使用较为普遍的还有刘宓庆的《文体与翻译》、冯庆华的《实用翻译教程》、李正中等的《新编英汉翻译》、范仲英的《实用翻译教程》、柯平的《英汉汉英翻译教程》、杨莉藜的《英汉互译教程》、郭著章的《英汉互译实用教程》和陈宏薇的《新实用汉译英教程》等。这些教材都是翻译课教师结合自己所在学校的培养目标和教学经验编撰的，各有自己的特色。翻阅这些教材，我们可以看到这些教材并非体例一样、内容雷同。但是，尽管有这么多的教材出版，还是没有一本大家普遍认可的、可以作为统编教材范本的著作。(穆雷，1999：42)

由于从 20 个世纪 80 年代中期开始，国内开始了对翻译理论的研究，介绍了各种主要的理论流派，中国传统的翻译理论找到了新的解释，这对翻译教师、翻译教学和研究产生了很大的影响。许多教师认为有的"语法流派"翻译教材虽然在发挥过很大的作用，经过 20 年的使用，已逐渐不适应新形势；许多翻译教师开始用新的理论和新的方法去编写教材，出现了"功能语法"影响下的教材。如以李正中、王恩冕、佘去媚编著的、适合经贸专业学生使用的《新编英汉翻译》，这是一本根据教学的实际需要和人才培养的目的来编写的教材，没有固定的模式，但因其目的明确、有针对性和实用性，在经贸专业的教师和学生中较受欢迎。另外，还有一类是被张美芳称为"新译论流派"的翻译教材。这类教材"运用当代翻译理论阐述翻译基本问题，并运用相关学科的理论阐释翻译的过程，同时体现了编者对翻译理论与教学实践如何结合的观点，体现了编者本人的翻译观"。穆雷将所收集的这类教材分为三种：第一种是陈宏薇的《新实用汉译英教程》和《汉英翻译基础》。前者反映了作者的社会符号学翻译观，根据奈达的社会符号学翻译观，吸收了韩礼德关于语言的社会符号学的论述及克雷斯的社会符号学理论，以再现语言的意义与功能为目的；后者是编者集多年翻译研究的心得与丰富的教学法经验，针对中国人学习汉译英的特点和需要进行编写的，新颖实用，方法新、内容新、编法新。该书还是以社会符号学作为理论根据，吸收了语言功能六法，结合对比语言学、语用学、篇章分析学、文体学、美学和其他相关学科的基本知识，讲述汉译英的理论基础与方法。第二种是柯平的《英汉与汉英翻译教程》，作者以符号学为指导，从语义关系、语用关系和句法关系三个方面阐释翻译过程；从符号学的观点提出了翻译的质量和标准问题；作者在教材中还提出了自己的翻译原则——在译语句法和惯用法规范以及具体接受者能够接受的限度之内，采取适当的变通和补偿手段，以保证特定的上下文中最重要的意义优先传译为前提，尽可能多和正确地传递源语信息的多重意义，以争取原文和译文最大限度的等值。第三种是杨莉黎的《英汉互译教程》。这本教材广泛介绍和应用现代翻译理论的重要观点；把语义学的分析法引入翻译理论，力图打破翻译教学界沿袭书十年的增、减、拆、合等框框；以坚实的理论为后盾，不多谈理论，体现了实践课的性质。"新译论流派"教材数量虽然不多，但质量都比较上乘，反映了当代翻译理论的发展趋势。(穆雷，1999：46—48)

2003 年，孙致礼的《新编英汉翻译教程》作为普通高等教育"十五"国家级规划教材出版了。作者在前言中介绍说：作者在编写过程中，从理论阐述，到练习配备，再到教学方法，都力求突出一个"新"字。……本书的第一编"翻译的基本原理"共分 11 章，所讲的理论问题大致构成了一个基本完整的体系，可以帮助学生掌握翻译的基本原理、基本方法和基本技巧。……在理论阐述部分尽量将传统和现代的翻译理论有机地结合在一起，使学生对翻译有一个"广视角"，而不是"狭视角"的认识。……一方面提倡传统翻译理论中还有生命力的内容，比如翻译还是要以"信"为宗旨，以"忠实、通顺"为标准，还是要坚持辩证法、讲究技巧等；另一方面它又糅进了近半个世纪以来国内外翻译研究中出现的一些新理论、新观念，主要有以下几个方面的内容：首先，从定义上说，翻译基本上是一种语际转换活动，但又不是一项纯粹的语言活动，它还牵涉到各种非语言因素，特别是种种文化因素。因而，新时期的译者一定要有文化意识。……第二，关于忠实的问题。……翻译不是在真空中进行的，总要受到译语语言文化及译入国意识形态等因素的制约，因而叛逆又是不可避免的，甚至是合乎情理的，由此提出了"权宜性叛逆"、"创造性叛逆"等问题。第三，本书在谈翻译技巧时，不搞烦琐的列举和分类，而是以语言对比规律做"先导"，并将语言对比规律贯彻始终，借以启发学生自己继续去探索、去总结。第四，本书还专门撰写了"语篇分析"和"文体与翻译"等章节，引导学生在翻译中树立语篇分析、文体分析等大局观念。当然，这些概念的讲解都力求浅显、通俗，让学生见文即解意。

在翻译练习的挑选方面，除了题材比较广泛、内容比较新颖之外，孙教授还有两个重要的考虑：一是有一定的趣味性，二是难度适中。

这本教材还在第三编提供了 15 篇"实例与译文"，作为初学者练习和观摩对照的材料，以帮助他们提高翻译水平。

这本教材正如作者说的，有许多优点：新颖，难度适中，涉及周全，将新理论与实践结合，内容深入浅出等等，是一本很好的教材。但是可能跟作者本人的翻译实践经验有关吧，理论部分所举之例，以文学名著等经典题材为主，如《傲慢与偏见》、《苔丝》、

《呼啸山庄》等，非文学翻译部分的例句和练习还是偏少。

但是，正如范守义先生所说："编撰可以兼顾理论和技巧的教程是不容易的事。这类教程要考虑到理论要点的涵盖面、翻译技巧的周全性，以及翻译练习片子的相关性，并要顾及到可操作性。在编著过程中，多数编著者提供的参考书目都不多。应用翻译应该是当前改革开放时期面向社会、面向市场的一个选题。覆盖的行当要宽，涉及的内容要广，要有针对性和实用性，编写方式要在行。"的确，我们已出版的翻译教材中大部分内容还是以文学作品为主，并且从总体上来看缺乏统一安排和部署，往往由一两个作者或某一个学校的几个作者完成，面比较窄。已出版的教材中面向社会、面向市场的材料仍然太少。笔者在与同行交流时了解到，在翻译教学过程中，各级各类学校使用的教材很不相同。因此，便出现了翻译教材不少，但是总体上不尽如人意的局面，我们在翻译教学中很难找到一本完全适合的教材。因为缺乏这样的教材，许多教材附在后面的练习又都配有参考译文，不太适合布置给学生做练习，拿给学生做对比阅读和欣赏恐怕更适合；为了培养学生独立思考的能力，为了让他们走上工作岗位后能尽快适应翻译工作，教师往往又要为学生另编一套练习题。在这种情况下，我们只好针对我们自己学生的情况和自己学校人才培养的规格，按照教育部批准实施的新的《高等学校英语专业英语教学大纲》对翻译课的教学要求和教育部批准下发的《关于外语专业面向 21 世纪本科教育改革的若干意见》的精神，根据本校学生的培养要求以及教师的翻译经验，采众家之长来选择我们所需的材料进行授课。翻译教师若没有与时俱进的精神，若不是不断掌握新知识、了解新信息、时时更新练习内容，是很难培养出适应社会需要的合格的翻译人才的。因此，对于上翻译课的教师来讲，备课永远是一件十分繁重的任务。但是，从全局来看，这样做的结果往往是各校，甚至是同一个学校的老师都各行其是，对笔译课很难有具体的标准和统一的要求。还有一个客观问题是：我们一方面迫切希望有一本内容紧扣时代脉搏、目标明确、好操作的笔译教材问世；另一方面，从教材编写到出版需要一个过程，等到教材问世，社会各方面又已经发生了一定的变化。同时，一套教材总会使用好几年，加之翻译与社会经济文化的发展息息相关，因此，教材上的练习材料和例句总是不会十分紧扣时代的脉搏，这就永远是一个矛盾。如果老用经典作品作为练习材料和例句，又会有题材陈旧，不适应社会和时代要求之嫌。因此，选用一些最新的材料给学生(特别是中、高级阶段的学生)作为翻译练习材料永远会伴随翻译教师翻译教学的全过程。因此，实践证明，一本定期修订和增补的统编的理论教材加上任课教师适时更新的适应社会需要的练习材料，应该是翻译课教学使用的教材模式。

当前，翻译市场空前繁荣。在翻译市场上，客户委托笔译的材料五花八门。有技术资料、技术设备说明书、投资实务手册、产品说明书、财政报告、学术论文、国际会议资料、宣传广告、法律文件、经贸合同、展销说明、房产证明、招商说明、移民证明等不一而足。基于这些社会需求，这本统编的翻译教材的取材就不能单一地选自政治题材、著名人物的语录以及文学名著，而要选自最新的国内外报刊、法律文件、商业信件、公开演讲、现代小说，充分体现出翻译的时代性和实践性。教材的内容也应尽可能涉及广泛，如商贸、旅游、经济、宗教、文化、社会、民族、历史、地理、风土人情等新鲜活泼、实用性强的内容都应该包括进去。而空前繁荣的翻译市场，又迫切需要高质量的翻译人才，这不仅对翻译课教师，尤其是翻译课教材的编写者提出了挑战。单靠某一位或几位编者恐怕很难编出题材内容丰富，又兼顾时代性和实用性的翻译教材，发挥各自所长、合作编写翻译教材势在必行。

第10章　现代教育技术与翻译教学

同其他课程的教学一样，多媒体技术等现代教育技术手段可以应用于翻译教学中，使翻译课堂变得生动活泼、丰富多彩。学生的自主学习能力增强，师生互动，作者、译者、读者互动可以在多层面进行。以下就对翻译课如何利用多媒体技术等现代教育技术手段进行探讨。

10.1　传统的翻译课堂

传统的翻译课堂是教师+文本+黑板、粉笔。一般的做法是：教师讲解翻译技巧，把翻译材料发给学生，接着介绍背景知识或文体知识，学生做好之后交给教师批阅，或者是课堂上做限时练习，允许查词典，教师批阅后在课堂上讲评，学生获得信息主要靠上课听老师讲和进行阅读。

10.2　多媒体技术与翻译课堂

多媒体技术出现之后，将其用于翻译课堂上，可以使课堂变得生动，内容丰富多彩，师生互动、文本与译者互动增强。

对于知识要点的讲解，在传统的课堂上，教师要一条一条地写在黑板上，占去了不少本来就有限的课堂时间，写完之后还得费力地擦黑板，弄得教室里粉笔灰飞扬。课件幻灯片的切换使一切都变得轻松起来；设计美观的幻灯片使学生的注意力很快就被吸引到了前方。他们也用不着对有些教师潦草的板书猜来猜去，讲课衔接得很自然、流畅。生动的幻灯片加上教师的讲解，不仅给学生生动的听觉影响，而且还带来生动的视觉影响。听觉方面除了教师讲解外，还有设置的声音或下载的背景音乐声；幻灯设计美观，色彩搭配协调，图片生动有趣，动画效果特佳，光线柔和适中，可以让学生在汲取知识的同时，获得美好的视觉享受。比起白纸黑字来，丰富生动得多。

但是在利用多媒体课件上课的时候，一定不要省略教师的讲解；不能以幻灯片简单地替代黑板。幻灯片的设计不要全是文字，可以设计成美术字，可以给文字加上色彩，加下画线，或加粗、倾斜。除了文字上的变化外，还可以根据内容的需要，配上图片、图形、动画等，使内容和表现形式很好地结合起来，当然还可以根据内容配上背景声音。但这一切都不能取代教师的讲解和课堂的互动，而且这一切都只能作为教学的辅助手段。

多媒体课件运用于翻译教学，对翻译教师提出了很高的要求。一是制作课件的过程是一个非常辛苦的过程。如果事先已有电子文本就会省去文字输入的麻烦。一个图像和一段声音的下载也会花费大量的精力和时间，如遇网络不好，花费的时间就更长了。二是即使有了课件，也不能省去教师的讲解。因此，教师要对所讲的内容烂熟于心，切不可边看讲稿边讲解。

10.3　网络课程与学生的自主学习能力

除了课堂上采用多媒体技术授课以外，还可以通过制作网络课程，给学生一个自主学习的平台。

在这个网络课程平台上，教师可以将电子教案、学生的练习、自制的课件和其他丰富的学习资源传上去。在课外时间，学生可以根据自己的学习兴趣进行自主学习；通过博客和聊天室，教师也可以在网络上解答学生自主学习过程中提出的问题；学生之间也可以相互讨论问题。这样既可以因材施教，个别辅导，又可以培养学生的自学能力，扩大学生的学习视野，从网络这一渠道获取知识。使学习不受时间和空间的制约。对于某些作品，学生可以看到不止一种文本和译本，这样，他们就可以去比较和鉴别。他们也可以随着时代的发展，通过网络搜索新词的表达。学生也可以通过搜索与各地的翻译公司取得联系，为自己进行翻译实习牵线搭桥。同时，其译作可以不受地域限制，发往各地的翻译公司，使翻译这门实践性、时代性很强的课程有了与实际结合的条件，使这门课程的教学与实际紧密结合了起来。学生也可以通过网络了解翻译的动态、行业规范、人才需求状况，为自己就业做好准备。因此，网络技术为翻译教学提供了丰富的资源和信息，利用好它，可以有效地提高翻译教学的质量，使翻译教学与实际翻译能真正结合起来，使学生看到翻译课堂以外的世界，增强学习的动力。

10.4　翻译语料库与翻译教学

法国诗人兼翻译家马拉美说过，所有的书多多少少都融入了有意转述的他人的言语。俄罗斯巴赫金派学者 B. H. 伏罗辛诺夫于 1930 年发表的关于转述语的论文，从科学的角度揭示了马拉美那句凭直觉感知的格言。他指出，"转述语(他人的言语)是言语之中的言语，信息之中的信息，同时也是关于言语的言语，关于信息的信息"(转引自郑海凌，2006：11—12)。一个转述的信息(他人的话语)能够独立进入言语，进入该言语的句法结构，成为该结构的一个完整单位。这时，他人话语融入译者(叙述者)的言语和语境，译者(叙述者)的信息要吸收他人的话语，就必须将其纳入自己的句法、作文和文体的结构。后来朱丽娅•克里斯特娃在巴赫金对话理论的基础上提出"互文性"概念，把文本之间的相互影响和转化的关系描述得更加充分、具体，并且有了更多的理论依据。她指出："横向轴(作者—读者)和纵向轴(文本—背景)重合后揭示这样一个事实：一个词(或一篇文本)是另一些词(或文本)的再现，我们从中至少可以读到另一个词(或一篇文本)。在巴赫金看来，这两支轴代表对话和语义双关，它们之间并无明显分别。是巴赫金发现了两者之间分别并不严格，他第一个在文学理论中提到：任何一篇文本的写成都如同一幅语录彩图的拼成，任何一篇文本都吸收和转换了别的文本。"如果这种提法在理论上能够成立，我们就可以看见翻译在这幅语录彩图的拼成和变换中闪烁的理性的光辉(郑海凌，2006(2)：12)。

语言体验观基于Lakoff和Johnson提出的体验哲学，"概念是通过身体、大脑和对世界的体验而形成的，而且只有通过它们才能被理解"(1999：497)。语言具有体验性，认知、意义是基于体验的，心智是体验的产物，即人的理解能力与其身体经历有着直接的关系。这种观点对翻译教学有着重要的指导意义。它启发我们从一个新的视角来看待翻译过程和译者的认知能力。(王寅，2005(5)：15—20)

体验哲学和认知语言学认为认知来源于实践，语言是体验和认知的结果。翻译也是这样，体验和认知先于翻译活动，译文也是体验和认知的结果。翻译是译者基于对原文语篇各种意义之上的。翻译是一种认知活动，是以现实体验为背景的认知主体参与的多重互动为认知基础的，译者在透彻理解源语言语篇所表达的各类意义的基础上，尽量将其在目标语言中映射转述出来，在译文中应着力勾画出作者所欲描写的现实世界和认知世界。

翻译语料库作为一种资源为学生体验和认识语言、验证语言的运用提供了宝贵的资源，也能体现互文性这一概念，对翻译教学有着极大的促进作用，可以利用其来获得丰富的教学资料，获得并证实译文模式和翻译知识，使受训者更具专业性。首先，我们可以利用语料库的索引软件共现动态语境。语料库索引能为我们提供文本语境关系(contextual relations)，研究者可以指定以某搜索词为中心对左右相邻的词和词组进行横向和纵向对比分析，并对其语言生态(language ecology)进行分析，从而总结出该词的语法和语篇功能(于连江，2004：41)。在教学中，教师可以教学生如何利用语料库自行检索进行选词，帮助学生在语境中观察某个词的典型搭配行为，了解该词在语境中的语义特点。在做翻译练习后，师生能利用真实的语言应用实例来验证翻译练习中所使用的搭配是否地道，以分析在翻译中为什么用某个词而不用它的同义词或近义词，为翻译实践和教学提供有效的依据。其次，语料库的强大支持可以带领学生对长篇译作进行译文风格特点的量化研究、对译者个人偏爱的语言表达形式(如：句子的长度、词频、句型、搭配方式、叙事结构)进行统计分析，从而发现译者的翻译风格，为教学选材提供依据。再次，我们可以引导学生利用双语平行语料库提供的原文和相应的译文，进行翻译和提高双语转换能力。

以目前国内北京外国语大学中国外语教育研究中心创建的通用汉英平行语料库为例,在检索软件的帮助下,该语料库可以提供:1) 某一检索词或短语的丰富多样的双语对译样例;2) 常用及特殊结构的双语对译样例;3) 丰富的、可以随机提取的一本多译作为对照参考(王克非,2004:28)。

我们在翻译过程中都能体会到英语和汉语大部分词语都不是一一对应的,有多个义项和相应的译语。在教学中应加强学生这方面的意识。汉英双语平行语料库能提供较多的例句,这有助于学生丰富对译词语,感受对译语境,查找到更合适和地道的对译,对提高学生的语感也有帮助。英汉语都有一些特殊的句型和结构,在翻译时如何处理,教科书并不能完全讲清楚。学生能从语料库提供的丰富例句中获得更多的感性认识,如果老师还能对方法进行适当的归纳和解释,能取得较好的教学效果。此外,我们还可以利用语料库收集的同个作品的多个译本,让学生进行观摩,比较不同译者的风格和优劣,孤立地看一个译本所不能看出的问题,从中获得启迪和帮助,做出自己的选择。

在专业翻译人员培训中,我们可以利用平行语料库获取专业术语以及特殊文本的翻译规范。如教师可以带领学生一起构建特殊用途英语语料库。在国外这方面的尝试有如Gavioli与Zanettin (1997)带领学生设计的医学语料库;Ubler(2003)与学生共建的特殊用途语言(Language for Special Purpose)语料库。这些研究都表明,通过参与建库,学生在专有名词的翻译、译文语法规律的掌握、背景知识等方面都有很大的提高(刘康龙,2006:61)。Bernardini等(2003)认为在教学中应结合大型语料库的索引(Large Corpora Concordancing),以使受训人员能够掌握翻译意识(意识到问题所在)、翻译内省(能解读结果,做出结论)、翻译机智(知道如何解决问题的方法和收集资源),这也是职业翻译者和蹩脚的业余从业者的不同之处(同上:61)。

总之,翻译语料库不仅为翻译教学提供了大量具有客观性、真实性和实效性的译文实例,而且语料库的语料由电子版本构成,具有自主性和开放性的特点,使教学的形式更加多元化,极大促进了学生的数据驱动(data driven)学习方式。我们相信,随着语料库翻译研究的深入,更多翻译语料库的创建以及软件技术的提高,语料库将在翻译教学中发挥越来越重要的作用。

10.5　博客与翻译教学

在网络技术发展的当今,出现了一种新型交流手段,可以称其是继Email、BBS、OICQ之后出现的第四种网络交流方式。博客(Blog)是目前互联网发展最迅速的新应用,该词来源于"Web Log(网络日志)"的缩写,是一种网络个人信息的发布形式。它充分利用了网络双向互动、超文本链接、动态更新、覆盖范围广的特点,将使用者的工作过程、思路经历、思想精华、闪现的灵感及时记录和发布,萃取并连接全球互联网中最有价值、最相关、最有意思的信息与资源，使信息和知识传播更加迅速、直接、高效。2002年9月起，我国也开始掀起了"博客"热，因为只要会一些简单的计算机知识，就可以创建博客。所以大家热情高涨地投入到博客在各个方面的应用研究。教育领域自然也不例外。目前我们可以看到从中小学教育、本科教育，直至研究生教育都正在使用着这一种新型的网络教育手段。

一、博客的特点

博客之所以被人们争相使用，是因为它既不同于一般的个人网站、BBS等其他网络应用，它拥有自己独特的优点。博客具有创建简便的特点。与个人主页相比较，博客是一种方便的网页。一般的个人主页门槛相对较高，正式点的个人主页，需要注册域名，需要申请租用服务器空间，需要许多软件工具使用的常识。博客日志则不同，一个会申请电子邮件的网民就完全可以以零技术知识、零成本地拥有自己的博客空间，整个申请过程就像申请免费邮件那样简单，每天写作、编辑、发布就好像发送邮件一样。

(1) 博客具有即时更新的特点。一个博客就是一个网页，它通常是由简短且经常更新的张贴的文章所构成，这些张贴的文章都按照年份和日期排列。即时更新的特点使得用户在日常生活、工作和学习中，每天都能够将充斥大脑的各种繁杂信息加以精细地筛选、整理、反思和记录。这样日积月累的资料整理与记录，对于提高学习者的信息素养和工作能力以及专业能力都大有好处。在这一过程中，他们也通过别人的反馈和评论不断修正自己的思想。

(2) 博客具有个性化的特点。博客的内容和目的有很大的不同，从专业评论到工作计划、个人心情、新闻报道、照片动画、诗歌散文，可以说是样样都有。许多博客是个人心中所想之事的发表，它为每一位用户都提供了一个自我展示的舞台。只要用户能忠实地表达自我，把自己生活中的所感、所思、所学表述出来，而且能持续下去，就肯定会有进步，同时也会在力求变化与创新中，提升自我的能力和视野，而这所有努力的轨迹又都已经记录在了网络上，它是用户展示自我、证明自己实力的最佳工具。因为每一个写博客的人都不同，拥有自己的个性，所以每个博客也是具有不同风格的。

(3) 博客体现协作共享的特点。协作共享的精神特点体现着博客社群最大的魅力。虽然博客是人们的个别写作，但却经常以小组方式互通信息，他们会对作者的观点或反馈做出响应，形成群体思辨、梳理与整合的动力，是高凝聚力的网络社群。如国内的中文博客"心得集"，就是个很成功的博客。博客是信息时代的知识管理者。它们的渊博不是体现在封闭的内涵，而是体现在它们奉献的外延。还有那种由大师带领的用于专业知识分享的博客，更构成专业社群关注的焦点。博客中所提及的观点及文章，或者是成员之间的讨论，所出现的时间都比用网络搜索引擎快，当然，更不是书本或杂志所能比拟的。通过博客，能萃取并链接全球最有价值、最相关、最有意思的信息与资源，使更多的知识工作者能够最快地获得最新的思想。

近几年来，在教育各个领域中大力推行网络教学，其目的就在于改变学生以单纯地接受教师传授知识为主的学习方式，为学生构建开放的学习环境，提供多渠道获取知识，并将学到的知识加以综合应用于实践的机会，促进他们形成积极的学习态度和良好的学习策略，培养创新精神和实践能力。博客相对其他网络工具有众多优点，逐渐被广大教育者所采用，并逐步应用到教学中去。有很多教师为了更好教学，专门设计了自己的博客在网上发布，吸引了一些教师和学生的参与，一起开展博客在教育教学中的实践。

二、将博客应用在翻译教学中

由于博客具有以上优点，将其应用于翻译教学，会大大促进师生互动和学生间的互动，及时进行信息的交流和反馈，为学生创造开放的学习环境。

(1) 加强师生联系、互动。学生对于探求知识的过程中遇到的困难可以通过博客寻求老师的帮助而得以解决；在做翻译练习时所遇到的问题也可以通过博客寻求老师的指导；翻译的译文也可以通过博客让老师批改，并得到批改的评语等反馈意见。

(2) 加强学生之间的联系与共享。学生们在翻译学习过程中，可以通过博客共同探讨问题、共同解决问题，还可以对同学的译文提出意见和看法，艰苦的翻译学习不再是一个人苦学，而是在一个良好的氛围中互帮互学，共同进步。

(3) 时间的开放性。博客应用于翻译教学，突破了有限的课内教学时间的限制，教师可以通过博客对学生进行辅导、向学生传授翻译知识、指导学生解决翻译练习过程中遇到的问题、向学生反馈对其译文的意见等等。因此，对翻译教师的要求就更高了，包括工作时间的延长和责任心的增强等。

将多媒体、网络自主学习平台、翻译语料库、博客等现代教育技术运用于翻译教学，大大拓宽了翻译教学的空间，使以书本传授的方式变成了多维度的动态教学方式；丰富了翻译教学的练习材料和学习内容，解决了翻译练习材料内容要时时更新的问题，减轻了翻译教师的备课和批改作业的负荷；由于可以时时与翻译机构联系，增强了翻译练习的实战性；提高了整体互动性，加强了师生之间、学生之间的联系和协作，使翻译活动变成了集体的行为，浓厚了学习气氛。学生在翻译过程中通过查阅辅助性文本，可以自己解决许多问题，诸如科技术语、新词、行话、专有名词和类似文本的语句、文体等的表达方式，提高他们解决问题的能力。现代教育技术运用于翻译教学，为翻译教学开辟了教学的领域和空间，必将有广阔的前景。

口译

第11章　口译概论

11.1　口译简史

口译是一门很古老的技艺，先于文字的出现。它可以上溯到当人类开始迁徙，不同语言、不同生活习惯的人开始交往的蛮荒时代(Pochhacker, 2004)。由于迁徙，不同语言背景的人就会走到一起，他们在日常生活中需要交流，一些略懂两种语言的移民往往就充当了帮助他们完成交际的"中间体"(middleman, intermediary)(Hermann, 1956/2002)。也有人把这种人称为"舌人"。现代口译的教学、研究和职业化起源于20世纪的欧洲。1919年的巴黎和会被口译界广泛认为是现代口译的起始里程碑。口译从此从其随机性——随便在周围找一个懂点外语的人来充当翻译，转变到职业性——掌握专门口译技能的人为国际组织的事务服务(Pochhacker, 2004)。口译由于其工作环境、对象等不同，性质也开始有了分类。20世纪20年代，当人们有了电声设备后，口译从原先的听一段译一段的模式——交替传译(consecutive interpretation)，发展成为今天的同声传译(simultaneous interpretation)。随着口译作为一种专门职业的确立，在教育界也以一种专业的形式出现了。欧洲诞生了专门从事口译专业教学的院系和学校。到20世纪40年代，第二次世界大战结束时，纽伦堡审判和紧接着成立的联合国最终确立了口译作为一种专门职业的国际地位。在欧洲，在全球很多发达国家中，口译教学也在20世纪50年代逐渐确立了独立学科地位。(转引自柴明颎，2006：48)

11.2　翻译是一种特殊形式的传播行为

传播学(communication)作为一门学科在20世纪下半叶迅速发展，对语言学的发展也产生了深刻的影响。按传播学家费斯克(J. Fiske)所作的解释，为"传播"下的诸多定义大体可以分为两种：一是将传播看作一个过程：A将信息发送给B，在B身上产生效果；二是将传播看成是意义的协商和交换，在这个过程中，信息、处于多种文化中的人们以及现实世界互动，使得意义和理解产生。

第一种定义的目的是要确定传播经历的阶段，以便我们就可以对每一个阶段进行研究，了解其在整个传播过程中所起的作用和产生的效果。拉斯威尔用*"Who says what* *in which channel to whom with what effect*?"(谁通过什么渠道对谁说了什么(并)产生了什么效果？)

第二种定义是结构主义的，其关注的是意义产生必需的构成要素之间的关系。这些构成要素可分成三类：

(1) 文本、文本符号及编码；

(2) "阅读"文本的人、构成阅读的人和文本的文化和社会经验，及其所使用的符号/编码；

(3) 要有对文本和人所提到的某一"外部现实"的意识。(所谓"外部现实"是指文本所提到的，而非文本本身。)

从费斯克的解释中，我们可以看出口译与传播的密切关系。communication 在拉丁语中的意思是 give access to each other(使彼此沟通)，口译的任务也正是如此。但是，口译的传播比一般的传播更复杂，因为口译是"使操不同语言的人彼此沟通"。(刘宓庆，2004：43—45)

11.3　翻译的传播模式

翻译是参与语言不通的交流双方的间接的人际信息传播活动，与人与人之间直接的信息交流有很大的区别，译员起的是媒介的作用。然而，译员作为一个有思想观点、有文化知识修养和有一定生活经历的人来讲，在翻译活动中的作用值得探讨，其对翻译效果的影响也值得探究。

一、人类传播的过程和结构化模式

信息的传递、接受与反馈构成了一个完整的传播过程系统。传播系统是由传播者、受传者、信息及传播参与者的各种行为所构成的整体。传播系统内各个要素的关系和组织形式，即系统内各组成要素之间相互联系、作用的方式和秩序，构成了这个系统的结构。所谓传播模式，就是直观而简化地再现人类传播活动的理论描述方式。

传播的基本模式是随着人们对传播结构的认识不断深化和拓宽的结果。对传播的基本结构模式的探索是一个从孤立到系统、从单向性向循环性及螺旋性、从静态向动态、从要素性向结构性、从表象到抽象的过程。

最早的传播模式可以追溯到公元前四世纪古希腊的亚里士多德模式(Aristotle model)。它载于《修辞学》(*Rhetoric*)一书，其中扼要提出了传播的五个基本要素：说话者、演讲者、演讲内容、听众、效果及场合。亚里士多德建议说话人为了不同的效果，要根据不同的场合，为不同的听众构思其演讲的内容。该模式只是静态因素及其关系的描述，适合描述公众传播，并没有明确地把"演讲"上升到一般"传播"的层次。

(1) 传统的线性模式。以拉斯韦尔模式和申农-韦弗模式为代表(见图 11.1、11.2)。这种传播模式第一次比较详细、科学地分解了传播的过程。不足之处在于其直线性和孤立性。所谓直线性，即传播被表述为一种直线型、单向型的过程。从传播者开始到传播效果结束，其间看不到受传者的反应，也看不到其他各要素之间的相互作用。但这种传播模式在实际生活中并不多见，不能以此来反映所有的传播实践。所谓孤立性，是指它丝毫不涉及传播过程和社会过程的联系，这也不符合实际。任何传播都不可能脱离社会孤立地进行。

```
┌──────┐   ┌──────┐   ┌──────┐   ┌──────┐   ┌──────┐
│ 传者 │──▶│ 信息 │──▶│ 渠道 │──▶│ 受者 │──▶│ 效果 │
└──────┘   └──────┘   └──────┘   └──────┘   └──────┘
 控制分析    内容分析    媒介分析    受者分析    效果分析
```

图 11.1　拉斯韦尔模式

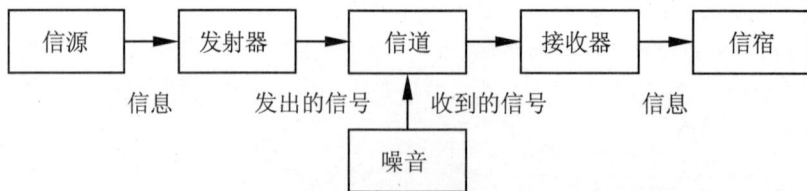

```
┌──────┐   ┌──────┐   ┌──────┐   ┌──────┐   ┌──────┐
│ 信源 │──▶│发射器│──▶│ 信道 │──▶│接收器│──▶│ 信宿 │
└──────┘   └──────┘   └──────┘   └──────┘   └──────┘
   信息      发出的信号  ▲收到的信号    信息
                       │
                   ┌──────┐
                   │ 噪音 │
                   └──────┘
```

图 11.2　申农-韦弗模式

(2) 双向循环模式。为了克服线性模式的局限性，从 20 世纪 50 年代初起，出现了一批以控制论为指导思想的传播过程模式，标志着"过程研究"乃至整个传播学有前进了一大步。

它们的贡献是：变"单向直线性"为"双向循环性"，引入了"反馈"机制，从而更客观、更准确地反映了现实的传播过程。1954 年的施拉姆模式(图 11.3)提出了"传播单位"的概念。1966 年德福勒的模式是控制论模式特点的代表(见图 11.4)。控制论模式帮助我们突破了传统线性模式的直线性观念，但给我们的印象是：似乎各"传播单位"之间传、受的地位、机会完全平等。后来，施拉姆自己也意识到这个问题，提出一个新模式来说明大众传播的特点(见图 11.5)。但循环性的表述模式，也会引起误解。正如 F. 丹斯认为的那样："传播经过一个完全的循环，不折不扣地回到了它原来的出发点。这种循环显然是错误的。"为此，他提出一个螺旋模式，以纠正这个缺陷(见图 11.6)。丹斯的意思是说，在传播的过程中，传受双方的"认知场"、"信息场"总是不断积累、扩大的。不然，就意味着一切传播都是无效劳动，这事实上不可能。从宏观上看，正是这种累积性，造就了人类文明；从微观上看，组织也好，个人也好，在传播的过程中，都需要自觉地、不断地推陈出新。丹斯的模式为某些用循环方式无法描述与解释的传播现象提供了最好的图解，使我们充分认识到，传播过程的动态发展是一个不断深化知识信息的过程。现时的传播内容将影响到后来的传播结构和内容。这个模式揭示了传播过程中各种不断变化的要素、关系和环境，它对我们分析不同情景的传播活动形成的传播状态、信息差距及知识创造有重要的工具作用。

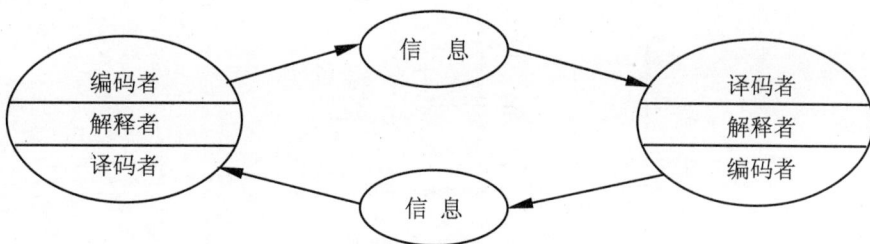

图 11.3　施拉姆模式

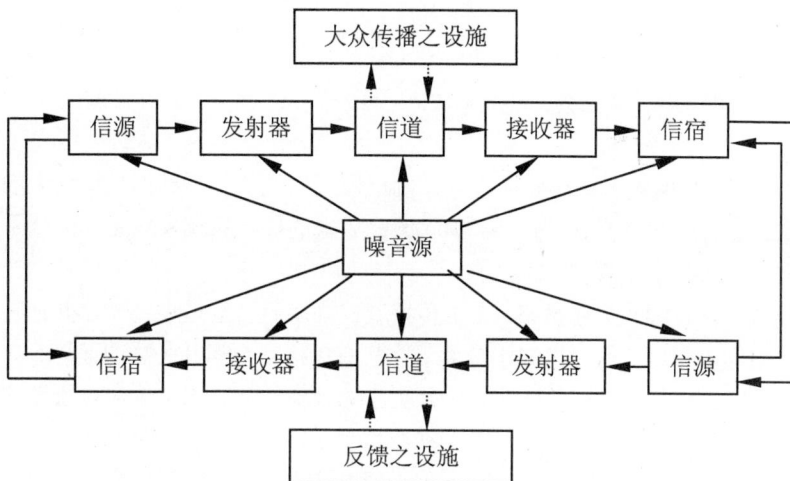

图 11.4　德福勒模式

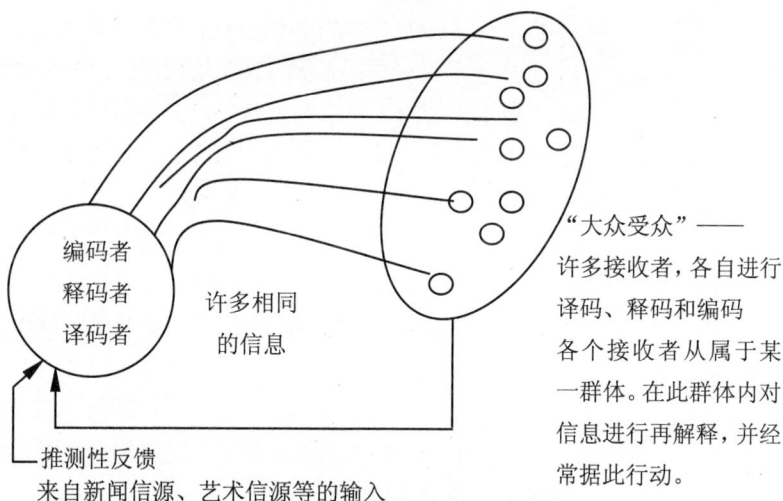

"大众受众"——
许多接收者，各自进行
译码、释码和编码
各个接收者从属于某
一群体。在此群体内对
信息进行再解释，并经
常据此行动。

编码者
释码者
译码者

许多相同
的信息

推测性反馈
来自新闻信源、艺术信源等的输入

图 11.5　施拉姆的大众传播模式

(根据周庆山《传播学概论》，2004：51 改编)

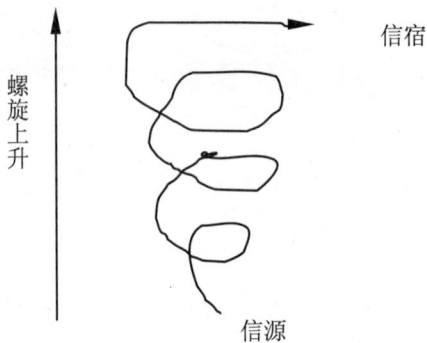

图 11.6　丹斯模式(根据周庆山《传播学概论》，2004：51 改编)

(3) 社会系统模式。从线性模式到控制论模式完成了传播结构认识史上的两次飞跃，基本上解决了传播要素(内部结构)问题；后来的社会系统模式完成的就是第三次飞跃，即解决传播的条件(外部结构)

社会科学家赖利夫妇于 1959 年把传播过程描述为社会过程之一，并把它置于社会过程之中加以考察。这个模式十分简洁，其中包括三个相互关联的概念。一是基本群体，指家庭、邻里、亲密伙伴等；二是更大的社会结构，指关系比较松散的次属群体，如工作单位、学校、社团等；三是社会总系统，指民族、国家乃至世界等隶属群体。与此相关联，叫参照群体，即个人未必置身其中，单以其为参照系而建立或改变自己的信念、态度和行为的群体。这可以是基本群体(如子女以父母为楷模)，也可以是其他群体。个人自然会积极地接受来自参照群体的影响。该模式的不足是不细致，过于简略。后人在此基础上也涌现了很多成果，如 1963 年德国学者马莱茨克的大众传播模式。在这个模式中，传播结构的四大要素并没有变，但各要素之间的复杂互动关系被勾画出来了，社会与传播之间的关系都进一步展开了。

首先，从传者一方看，要根据一定标准从大量材料中进行"内容选择"，这似乎占尽了主动，但实际上，反过来又承受着"信息的压力"(即根据内容决定形式)、媒介的压力(必须注意各种媒介的特点)。不仅如此，在此之前或者说在此之外，已经有三个层面的制约和影响。一是个人层面——"自我形象"(例如把我定位于忠实的时代记录者或积极的社会活动家是不一样的)，"个性结构"(活泼的或持重的、开放的或保守的，不过，与人际传播相比，它在大众传播中的作用比较有限)。二是组织层面——"工作伙伴"(这是记者、编辑与作家、画家的大不相同之处，记者、编辑通常置身于一个小群体之中，不能不受其制约)，"媒介组织"(所有制、规模、宗旨、方针、政策等等，对个人具有决定性的影响)。三是社会层面——"社会环境"(相当于社会总系统，从宏观上制约着个人和组织，如违反法律的言论不得发表)，"媒介内容公开性产生的压力"(也属于社会控制，特指某些内容不适于公开，如西方电影、杂志分几个等级，就是在社会压力下形成的)。

其次，从受者一方看，与传者对应，也不能不对大量信息进行"内容选择"(随着可选择性的极度膨胀，这已经成为一个需要认真思考的问题)，由此显出受者的主动性；但反过来，受者同样会受到"媒介的压力"(如报纸要求有一定的文化水准、电视要求有相应的接收条件等)。至于"感受和效果"则比较复杂，这也是一个双向互动的过程。一方面，信息作用于受者，可能产生各种传者预期的效果；另一方面，受者也反作用于信息，做出自己未必符合传者本意的解释，使之产生各种效用，或干脆使之归于无效。

与传者一样，受者也有复杂的背景：个人层面——"自我形象"(研究表明，受者通常拒绝那些有悖于自己价值观念的信息，如爱国主义者不接受敌方的宣传)，"个性结构"(这里特别被注意的是，有人积极接触信息，有人容易轻信，有人则相反等)。组织层面——大众传播一般来说是个人行为，但群体(特别是家庭)中的受者还是常见的。

除此之外，马莱茨克模式还向我们展示了这样几个环节：传者、媒介、受者的彼此印象、受者的反馈等。

在人类传播的结构分析方面，我国学者邵培仁提出了整体互动模式，包括了三个系统，即人际传播系统、大众传播系统和网络传播系统，三个系统协调并存，互动互进。另外，还包括了构成传播活动的四大圈层因素，即核心要素、次级要素、边际要素和干扰因素。核心要素是最基本的要素，即拉斯韦尔模式的基本要素，并引申出控制分析、内容分析、媒介分析、受众分析和效果分析；次级要素包括信息来源(现实或事件)、以什么形式传播(编码或符号)、怎样传播(谋略和技巧)、谁参与了信息互动(参与者、决策者、咨询者、把关人、中介者等)、受者接受信息(译码或读解)、谁回话(反馈)。据此引出上面五项内容之间的七项内容：来源分析、符号分析、谋略分析、技巧分析、参与分析、接受分析、反馈分析。边际因素包括每个传播活动的参与者追求的各是什么(价值)、传播活动什么场合完成(环境)、有没有一系列传播和接受规则(规范)、传授两者之间有没有大体相同的经验(经验指符号编译、思想意识、经验体察等)。最后是干扰因素，任何阻塞有用信息通过的因素都是干扰因素或噪音，包括人为干扰、机械干扰、自然干扰和内容干扰等。

二、人类传播模式的启示

(1) 人们对传播模式的认识，是随着其对客观世界的认识不断深化的。开始的线性传播模式是单向的，没有考虑到受者对传播者的信息会产生反馈，割裂了传播与社会的联系。

(2) 双向循环模式引入了反馈机制，提出了"传播单位"的概念，认为传播过程的动态发展是一个不断深化知识信息的过程。现时的传播内容将影响到后来的传播结构和内容。这个模式揭示了传播过程中各种不断变化的要素、关系和环境，它对我们分析不同情景的传播活动形成的传播状态、信息差距及知识创造有重要的工具作用。

（3）传播中各要素之间有互动关系。

（4）由于文化水平的因素，如前所述，传者和受者都会对信息内容进行选择。

（5）如前页所述，传者和受者都会承受三个层面的制约和影响：即个人层面、组织层面和社会层面。

（6）受者也会对信息进行反馈。即可能产生各种传者预期的效果；或做出自己未必符合传者本意的解释。

（7）与传者一样，受者也有复杂的背景：个人层面的"自我形象"、"个性结构"和组织层面。

（8）在传播过程中，我们要对信息进行来源分析、符号分析、谋略分析、技巧分析、参与分析、接受分析、反馈分析。还应分析每个传播活动的参与者追求的各是什么、传播活动什么场合完成、有没有一系列传播和接受规则、传授两者之间有没有大体相同的经验。还要分析干扰因素。

三、翻译的传播模式探讨

以上分析的传播模式是在同一种语言中进行的。在同一语种内的传播中，媒介不一定由人来充当。如会议媒介一般是话筒或没有媒介，人们还可以通过报纸、电视或网络等大众媒介来获得信息，不存在跨语言、跨文化的交流。而从一般的翻译来看，翻译的传播比一般的传播更复杂，因为翻译是"使操不同语言的人彼此沟通"，其间，译员是媒介或媒介之一。在笔译和面对面的口译中，译员是惟一的媒介；在会议口译中，媒介除了口译员之外，还包括话筒或耳机等设备媒介。我们把前者称为译员媒介，把后者称为设备媒介。译员媒介在翻译活动中起着至关重要的作用，他既是受者，又是传者，没有译员，交流将根本无法进行。在会议口译中，设备媒介的作用也不可忽视，它是译员媒介的辅助媒介。其比较可参见图11.7。

在翻译传播中，译员是媒介或媒介之一。就信息传播而言，如果没有媒介，传播行为就不能实现。这时，信息内容无论多么精彩，受众(audience, receptor)都听不到、看不到，信息传播就失去了意义。翻译传播也如此。如果没有译员，任何重要的、紧迫的、高端的对话、会谈、谈判都无法进行。翻译是双方或多方对话畅通的惟一必经之路。

翻译不仅是互不通晓对方语言的双方得以交流思想、进行和完成交谈不可或缺的媒介和手段，而且还是保证交流(传播)质量、速度、效果甚至重点等重要元素的不可或缺的杠杆。如果没有译员这个媒介，一切将成为乌有。

以上翻译传播模式只是翻译传播的最基本模式，是脱离了社会的翻译传播模式。如果把这一翻译的传播模式放到社会系统传播模式中去思考，我们将对工作场所下的译员的传播活动有一个更加全面、客观的认识。

| 操同一语言的作者或发言者 | → | 文本内容 | → | 设备媒介 | → | 操同一语言的预期读者和听众 | → | 预期效果及实际效果 |

一般传播模式

| 操不同语言的作者或发言者 | → | 话语或文本内容 | → | 媒介（译员+其他媒介） | → | 操不同语言的预期读者和听众 | → | 预期效果及实际效果 |

Instant Feedback
译员是反馈机制的启动者和调节者

翻译传播模式

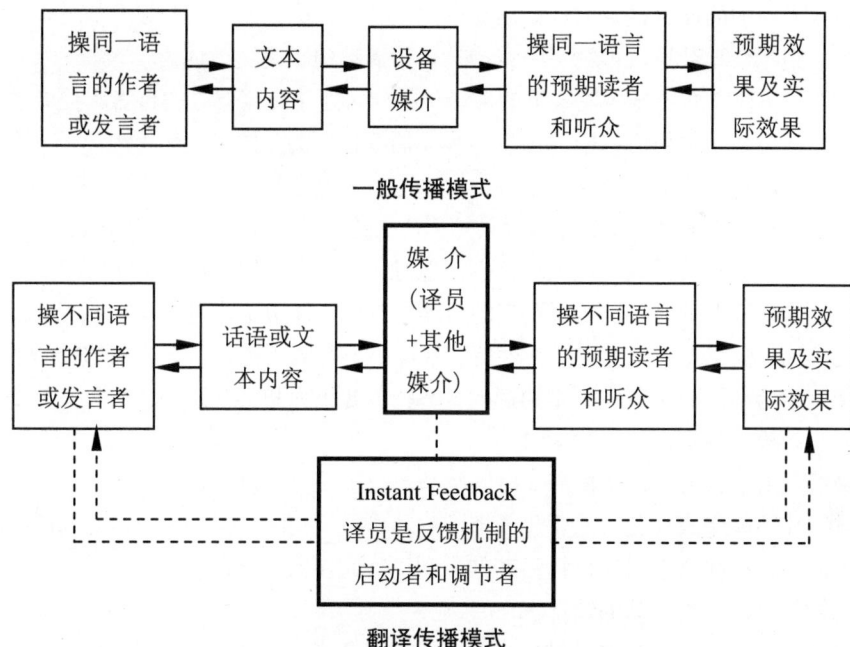

图 11.7　一般传播模式与翻译传播模式比较

（根据刘宓庆图改编，2004：47）

在社会系统传播模式下的翻译传播，具有与一般的社会系统传播不同的方面：

首先，译员参与了传播，使得原来的传者与受者的两者互动关系，变成了三者互动关系。这种三者互动关系之中，传者与受者之间是操不同语言的。传者与受者之间的互动是通过熟稔传者和受者所操的两种语言及其与这两种语言相关的文化的译员的参与来完成的，没有译员，传者和受者的互动便不能进行。因此，这种三者互动实际上是传者与译员互动、译员同受者互动，再通过受者与译员互动到译员与传者互动来完成的。

其次，在这种三者互动关系中，译员首先是传者的受者，其次又是受者的传者。但是译员不同于社会系统传播模式中的传者和受者，即他不能对传和受的信息内容进行选择。在社会系统传播模式下的翻译传播活动中，译员的任务不是表达个人意见和主张，而是向交流中的传者和受者转达对方的意见和主张，不能任意增加或减少传者和受者的意思，甚至口译时的语气、情感也要随传者而变化。译员的任务是利用一切谋略和技巧，即翻译策略和方法，保证传播互动顺利进行下去。

第三，在社会系统传播模式下的翻译传播要借助其他媒介才能完成。例如，会议口译。在国际会议上，是由一个发言者(传者)向会议听众(受者)发布信息。如果不借助话筒和耳机等设备媒介，译员的声音就难以或不能传到听众耳朵里。同样，在法庭辩论和数人参加的商务谈判的口译活动中也是如此。如果没有这些设备媒介，译员的声音传不到听众耳朵里，再精彩的口译在传播活动中也是无效的。

第四，在社会系统传播模式下的翻译传播中，处在交流双方的传者和受者也面临着一般的社会系统传播活动中的信息和媒介的双重压力。同时，作为沟通传、受两者的译员在翻译传播活动中也面临各种压力。这些压力分为主观压力和客观压力。主观压力包括：译者的语言知识、文化背景知识、主题知识、百科知识、公众演讲能力等，这些压力可以通过发挥主观能动性，不断学习、丰富自己的知识，不断实践而得到逐渐减轻。客观压力主要来自传者发言的内容的难度、译员工作时的身体状况、设备突然失灵、天花板突然坍塌等突发事件等。客观压力有时不是译员自身能够控制的，会对口译传播活动的效果造成一定的影响。这些主观压力和客观压力，实际上就是邵培仁整体互动模式中提出的干扰因素。

最后，由于有时口译传播活动时间较长，由于工作强度大，时间压力大，单靠一名译员往往不能完成任务，需要几名译员协同作战，共同来完成。译员之间的合作关系和团队精神往往会对口译传播活动的顺利进行起至关重要的作用。因此，会出现数名译员参与口译传播活动的情况。

因此，在培养口译员的时候，我们应该培养和提高口译员如下的素质：

(1) 双语的熟练运用能力，这是做好口译的前提条件。这种能力包括对传者话语意义的理解能力和针对受者的有意义的表达能力。仅有语言知识还不够，必须具备与这两种语言相关的文化背景知识，包括哲学、文学、历史、地理、宗教、风俗习惯、民族心理等知识。

(2) 娴熟的翻译技巧。包括译前准备、口译的各项技能、处理两种语言和文化相异点的技巧等等；译前准备可以帮助我们了解主题知识、发言背景、传者的意图；口译技能能够提高工作的效率，翻译技巧可以使译员的口译语言自然流畅。

(3) 获取百科知识的能力和方法。译者在翻译过程中永远都会遇到不懂的东西，因此，译者是一个永远的学习者。

(4) 公众演讲能力。公众演讲能力讲究肢体语言等非言语交际能力对交际的辅助促进作用，也讲究语音的抑扬顿挫和说话的节奏，因此会对受者产生很好的听觉效果。

(5) 应对干扰的能力。包括如何对付主观压力和突发事件引起的客观压力的能力。

从翻译这一特殊形式的传播行为，我们可以看出译员的作用是何等重要。作为译员，必须要有以下素质：

(1) 对翻译任务与目的的理解与策划，对源语(source language)作者及其创作意图、文化心理、时代背景的了解。

(2) 对源语文本的分析与理解，包括语言层面、文化层面、审美层面；对目标语(target language)的表现效果的策划，包括语言层面、文化层面、审美层面等。

(3) 提出目标语文本与出版媒介的商谈(适合笔译)。

(4) 对源语文本效果的了解，对目标语文本效果的预期。

(5) 克服主观因素对译语效果的影响。

(6) 运用其他媒介(听、说设备)的能力，包括应对噪音的能力和在其他媒介失灵的时候的应对能力(适合口译)。

(7) 了解翻译外部环境和条件在翻译过程和效果的影响。

(8) 了解读者或听众的反应，及时调整翻译策略。

(9) 了解不同的翻译形式传播媒介的特点，以便对其正确操控。

通过耳机传送的信息时效性强，能迅速传达到受众，受众面广，渗透性强；听觉媒介应声情并茂，可以运用人类丰富的语言去感染听众，不同的声调、语气常常会达到不同的效果。其缺点是内容转瞬即逝。

电视口译具有比耳机传送信息更多的优越性：视听兼备，图声并茂，生动，形象，逼真，感染力强，传递信息神速，超越空间的力量强。其缺点是电视画面转瞬即逝。

因此，设备媒介的作用也不可忽视。在传译的过程中，如果设备失灵，传译的声音和图像根本不能到达受众那里，更谈不上传译效果。

以上翻译的传播模式研究只包括笔译和交替传译，不包括同声传译。关于同声传译的传播特点和模式，有待另文探讨。

11.4 口译与笔译

根据刘宓庆教授在《口笔译理论研究》一书中的分析，"口译"一词的英语interpretation 的动词 interpret 来自拉丁语 *interpretari*，意思是 explain，正是"解释"；*interpretari* 的名词形式是 *interpres*，意思则是 a negotiator(协商者，谈判者)。我们从辞源学上分析，就可以理解为什么当代西方口译理论主流派(如欧洲的释意派)的主张大抵都集中于有关如何"解释"的各种命题。我们再从辞源学上看笔译(英文是 translate)就可以在此比照中更加明白两者的区别。trans-是前缀，来自拉丁语 *tra*，意思是 across；translate 的拉丁语是 *translatus*，其中的 *latus* 表示 ferre，就是英语的 carry，因此两个语素合在一起就成了 carry across，意思是"从此处转运到彼处"、"从一种语文改变成另一种语文"，核心意义中没有"解释"的基本意含。笔者认为，其实在实际的笔译过程中也有对原文进行解释的情况，特别是在解决笔译中的文化问题的时候。了解这一点是很重要的。可见，口译行为是一种语际解释行为(explanatory act)，它的根据是源语的语言符号化表现，通过对语言符号化表现的解释获得对源语意义的理解。

一、口译理论与一般翻译理论的关系

"一般翻译理论"常常指翻译的一种通论，讨论翻译行为的一般现象和规律，通常侧重于笔译。作为语际转换行为的口译与笔译都是翻译行为，两者的理论之间必然

存在密切的联系。我们通过对口、笔译理论的研究，来分析口译和笔译理论之间的关系。刘宓庆认为与口译理论最具相关性的学科有四：一是语言学；二是符号学；三是传播学；四是认知科学。藉助语言学来解决口译的语言结构和功能(如语体、语域及话语分析等等)和语言心理(如语感、文化心理等)方面的问题；藉助符号学来解析意义和意向表现方面的问题；藉助传播学来分析效果(如熵、冗余、听者或听众)、推论方法以及语言表现等方面的问题；藉助认知科学来剖析语言生成、语言转换方面的原理、程序等机制问题。这四门学科构成了口译理论的四个维度：结构、意义、效果和认知机制，这四个维度又分别藉助一种主要学科作理论支持(刘宓庆，2004：4)。通过对西方翻译理论学派的研究，我们可以看出与翻译理论相关的学科也主要有语言学、符号学、传播学和认知科学。在进行笔译时，我们也藉助语言学来解决笔译的语言问题，如对语言结构的分析和理解，对语域的分析和进行话语分析，对语体功能的把握和传达，解决语言心理(包括语感和文化心理等)方面的问题；藉助符号学来解析形式和内容之间的关系的问题；藉助传播学来分析译文的效果(包括熵、冗余、读者)、推论方法和语言表现等方面的问题；藉助认知科学分析译文的语言转换、重构及其程序等问题。其实，口译和笔译最大的区别在于译语出现的时间问题。口译译语的出现或是紧跟(日常口译和交替传译)原文的出现或几乎同时(视译和同声传译)出现；而笔译的译语出现的时间可紧随原文出现，也可在原文出现后相当长的时间后出现。因此，对于口译和笔译的评价标准就不可能相同。主要表现在：1) 译文(translated text)的流畅与译语(speech delivery)的流畅；2) 精雕细琢与意义到位；3) 信息的完整与意义的完整。因此，口、笔译的翻译过程和操作方法有着很大的区别：1) 工作场所(培训练习场所和实际工作场所)；2) 译前准备工作；3) 对译员的素质要求。以下分别阐述。

二、口、笔译评价标准

先从笔译和口译原文的形式来看。笔译的原文直接就是文字文本，译者主要通过阅读理解对其进行研究和分析，阅读可以多次反复。在这个过程中，译者要调动眼、脑、手等器官。口译的原文直接表现为语音文本，译者主要通过听力理解对其进行研究和分析，听力理解一般一次性完成，不可能重复进行。在此过程中，译者调动的是耳、脑、手、口等器官。译文的表现形式也各异：笔译的表现形式以书面文字的形式出现，而口译却是以言语的形式出现。口译员在时间上面临的压力远远大过笔译员在时间上面临的压力。

对于笔译来讲，一般的评价标准是译文忠实、通顺。"忠实"指忠实于原作的内容。译者必须把原作的内容完整而准确地表达出来，不得有任何篡改、歪曲、遗漏、阉割或任意增删的现象。内容通常指作品所叙述的事实，说明的事理，描写的景物以及作者在叙述、说明和描写过程中所反映的思想、观点、立场和所流露的感情。忠实还指保持原作的风格。这里所说的风格，包括原作的民族风格、时代风格、语体风格，以及作者个人的语言风格。一般来讲,译者对原作的风格不能任意破坏和改变,不能以自己的风格取代原作的风格。比如说,原作是通俗的口语体,译文就不能改成文绉绉的书面体;原作粗俗烦琐,译文就不能改成文雅洗练;原作展现的是西方色彩,译文就不能改换成东方色彩。总之,原作怎样,译文也该怎样,尽可能还其本来面目。所谓通顺,即指译文语言必须通顺易懂,符合规范。译文必须是明白晓畅的现代汉语或现代英语,没有逐词死译、硬译的现象,没有语言晦涩、诘屈聱牙的现象,没有文理不通、结构混乱、逻辑不清的现象。译文的通顺程度一般与原文的通顺程度相应或一致。

对于口译来讲,一般的评价标准是意义完整、译语流畅。由于口译员只通过一次听力理解就必须说出译语,有时加上发言者的地方口音等因素,不太可能一字不漏地听到所有的信息,在重构译语时就面临很大的挑战。他们只能依赖平时的积累和译前对相关资料的阅读来对听到的信息进行推理和重构,而且是在瞬间完成。因此,不可能强求其译出的信息是对原文信息百分之百的复现,只能求其将原文的意义完整地译出,而不求每一句话都在译语中复现。由于口译员的产品是通过口头传送到听者或听众的耳朵里的,译语的流畅与否就会对听者对译语的接受和理解有着直接的影响。由此,译语意义完整、流畅就成了评价口译质量的一般标准。由于口译必须当场实现语言转换交流,不容延宕,因此不能要求也没有必要要求口译的语言组织和修辞程度与笔译的书面语言水平等量齐观。

三、口、笔译的翻译过程和操作方法

口译员的工作条件:口译员一般是在工作间进行工作,工作间一般设在会场侧面或后面的玻璃工作间里,主要通过耳机听取发言者的讲话声音,再通过话筒将译语传送到听众的耳朵里,耳、脑、口同时工作,一心几用,可借助的资料几乎全从大脑里临时调用,并迅速搜寻确定要用的资料。因此,为了不发生"书到用时方恨少"和语塞的尴尬局面,口译员平时的学习、积累、练习和译前的准备工作就显得尤为重要。

笔译员的工作条件比口译员要宽松多了。笔译员不必在一个固定的场所进行翻译活动,对原文的阅读理解也不必同翻译同时进行,并且可以反复阅读,直到完全理解为止。主要通过阅读获取原文的信息,通过手将翻译的结果表达出来,可借助的资料可以是大脑中已储存的,如果这些已储存的资料不够,还可以查阅书面或网络资料、使用相关词典或百科全书等等。因此,无论是理解、表达、审校或是查阅资料不一定同时进行,可以一心一意做好每一步的工作。

11.5　口译员的素质

口译员工作的特点,即口译翻译过程和操作方法的特点对口译员提出了如下要求:

(1) 良好的听力。口译理解的前沿感知是听觉。口译员的耳朵是一个接收信息的"前

哨站"。听力好的前提是正确无误的听觉信息接收。在口译中，译员应能从谈话者的语流中分辨有意义音位及其意义，并加以接收、汲取。在口译中，最接近音源的听觉作用永远是最重要的，因此应尽量防止噪音对"听觉分析系统"的干扰，目的是尽力让译员听清楚。因此，要做一个合格的口译员，首先必须要有很强的听觉理解能力。

(2) 大量的词汇。在口译中，就像在阅读中一样，词汇量越大越好。词汇量越大，输入的信息就越容易在已知信息中找到对应的表达，即就越容易在已知信息中找到家族相似的适当配伍，并不断扩大贮存量。因此，要求口译员不断扩大自己的词汇、语汇，以备用时调用。

(3) 熟练的双语转换能力和流畅的表达能力。口译和笔译一样，都要求译员对源语和目标语掌握得很好，在做口译时能在极短的时间内进行字词对应转换、源语和目标语句法转换、审美和逻辑校正，构建符合目标的习惯的表达方式。在表达时，要自信、流畅。平时的演讲能力的培养这时相当重要。

(4) 合理的推理能力。口译员的听力理解能力并不总是万无一失。人们在生活中有口误、笔误，自然也免不了"听误"。当"听误"出现时，口译员要能根据已有的知识和语境，对所听到的信息进行合理的推理和判断，将信息所包含的意义准确译出。

(5) 快速的反应能力。现在许多国际组织在考核或招聘口译员时都规定"当下性"(instantaneity)，即口译员的反应时差为 2—3 秒钟，即在交替传译(consecutive interpretation)中，讲话人说完一句话或一段话以后，译员应在2—3秒钟内做出反应，将讲话人的话译出给听者听。同声传译(simultaneous interpretation)在"当下性"方面的要求也很高。这样快的时差一般人可能认为不太"尽人情"，因而对从事口译工作望而却步。实际上，有实践证明，在这个反应时差中基本做到出口成"章"还是有可能的(刘宓庆，2004：63)。汉译英所需的反应时差要长一些，英译汉要短一些，尤其在要求出口正确、句子有一定的组织性的初级阶段。口译员的心理压力主要来自反应时差；反过来，心理压力又会大大减低口译员的即时反应能力甚至影响语言的整体质量。"当下性"是口译传播很重要的特征。口译都必须当场实现语言转换交流，不容延宕。因此口译员的快速反应能力的培养对做好口译工作至关重要。

(6) 良好的心理调控能力。口译的时间压力很大，译时译员需要平静地、理性地掌握和调节自己的心理状态。为此，译前要做到如下几点：1) 译员要对任务的意义理解深刻，并有计划地组织自己的活动；2) 在接到任务后进行充分的准备，及时掌握与任务有关的、尽可能详尽的背景资料，并与负责人很好地沟通配合，做到"胸有成竹"；3) 在平时的训练中加强口译的基本技能训练和专业训练，提高工作的胜任能力。做到了以上几点，口译员临场的心理压力就会减少许多，译时就能较好地对自己的心理进行调控，以最好的状态投入工作。

(7) 团队合作精神。由于口译，特别是会议口译工作时间压力大，持续时间长，口译员往往很难一个人完成任务，需要多名工作伙伴合作才能做好。这就需要口译员有合作精神，与合作伙伴协同作战，顺利完成口译任务。

11.6　口译所遵循的原则

一、口、笔译所共同遵循的原则

(1) 意义取决于语境。无论是口译还是笔译，词语意义都要取决于原文的语境，而并非表面意义。

(2) 对原文的理解和在译文中的表达要符合客观事实。在分析、理解原文时，要依据客观事实，在表达时也是如此。

(3) 译作和原作同等重要。在口译和笔译中都不存在话语霸权，原文和译作都是作者和译者辛勤劳动的结果，应当同等看待。

(4) 作为传播行为，口译和笔译都既是语言的传播，也是文化的传播。因此，在这两种传播行为中，译者都要有文化意识。

二、口译的原则、技巧与策略

根据杨承淑教授的定义：原则(principle)是指有关口译经过条理化的通则；技巧(skill)是在口译实务上可以省事、省力的技术；策略(strategy)指个别的口译诀窍与应变措施。依照口译程序的先后与其重要性，杨教授将口译原则归纳为八大项：

(1) 掌握语言与背景知识的准备原则。在从事口译活动中，语言的灵活运用能力与口译任务的完成有密切关系。口译的语言能力指耳听口说的口语沟通能力与面对公众正式的谈话能力，还包括相关的语言知识和灵活运用口语的能力。口译活动中对下文的预测的准确与背景知识(专业知识、与会成员的特定的历史、背景、人文等知识)的关系甚大。如果不了解背景知识，口译员就会在翻译的时候找不到方向。

(2) 听取与思考并行并重的分析原则。口译以听力为开始，而且一般只有一次听的机会。为了准确地听取信息并且找到信息的含义(包括"言内之意"和"言外之意")，除了必要的语言能力和背景知识外，还必须要有敏锐严谨的逻辑分析能力和迅速有效的笔记能力。一般讲话人常见的逻辑思考模式是三段式论证法。讲话的逻辑连接或转折一般出现在句与句之间或段与段之间，一般由连接词、指示词、副词等等所表示。抓住了这些词，就会把握住讲者的逻辑脉络。逻辑分析的结果要用笔记加以记录，以便帮助回忆，减轻记忆的负担。笔记不要太复杂，用简单的符号、线条、图画即可。笔记只是作为口译的辅助。口译员不要把所有的注意力放在记笔记上，要边记边注意说话人的表情、手势等表达的信息。

(3) 传意不传词的口译原则。口译时，除了专有名词(包括国际组织、国名、地名、人名、机构名)、术语、数字、法律条文以外，一般的内容都不要词对词、句对句去译，而是在充分理解意义的基础上用自己的话进行传译，同时还要结合讲话人的风格和会场或讲话现场的气氛传译出讲话人所要表达的深层含义。

(4) 表达明确的传译原则。口译时应避免使用容易引起歧义的语音或词汇和冷僻的词，而要采用浅显、易懂的表达方式。为此，需要加强练习，熟能生巧。

(5) 流畅通顺的熟练原则。口译时要流畅准确。为此，必须熟悉并掌握常用的词句，才能万无一失。所谓的常用词句包括套语(如会议用词和社交用语)、常用的基本句型、专有名词(包括国际组织、国名、地名、人名、机构名)、度量衡、年代等的换算。

(6) 时间分配的控制原则。口译时间的控制一般以原文和译文占同等的时间为原则。为此，译员除了掌握熟练的口译技巧与很强的语言能力以外，在口译过程中要努力避免重复、中断、赘音、赘词等现象，以免耽误时间。

(7) 词序不变的同传原则。在口译时，译员必须在极短的时间内处理庞大的信息量，时间十分宝贵。如果在词语、句子转换时花太多时间，就会增加译员的心理压力。如果照原文的词序、句序传译，可以节约时间。但是，这样做会使译语结构比较松散，要以译语习惯可以接受为准。译时要用增减法。

(8) 精益求精的反思原则。理想的口译必须具备三性：针对性、艺术性和技术性。首先，要针对临场的需要，解决语言沟通的问题；其次，译出之文要符合公共演讲的形式与风格；最后，还要以纯熟的口译技巧来掌握节奏和控制时间，以明白、清晰的语言将听取的原文信息传达给听众。在口译的瞬间要做到以上三点，译员需要在平时的练习中养成仔细研究原文、认真琢磨译文，在每次练习之后不断反思、不断总结提高。

总之，要成功地做好口译工作，除了坚持以上八条原则外，还必须进行"实战"练习。只有在"实战"中才会总结出个人成功的经验和失败的教训；另外，还必须向经验丰富的译员学习成功的经验。例如：在口译过程中，万一口译器材失灵了应该怎么办？讲话人在发言时刻意中断或犹豫时，口译员是放慢口译速度，还是用过于流畅的口译来喧宾夺主？在直播电视节目时，如果卫星画面未传到，译者该做些什么？

第12章　口译：世界和中国

12.1　世界口译研究

当今世界口译研究的十大主题是：1) 翻译理论与实践研究；2) 口译程序；3) 口译量化分析和质量评估；4) 口译错误或问题分析，练习方法；5) 各种形式的翻译；6) 杂志、书籍、出版物介绍；7) 术语研究；8) 各国/阶段翻译史；9) 专业翻译；10) 口译教学和培训。

在口译领域影响比较大的有安德逊的从思维到话语全程的三段式认知程序模式，杰弗和朗博提出的全过程口译信息处理模式，吉尔同声传译多任务处理模式，塞顿的"基于当代有关言语感知、言语识别和言语活动之间关系的理论"，朗博、迪林格也提出过部分过程模式，达洛、法博罗、巴拉蒂等还从神经语言学的角度对口译过程进行了探讨。在口译研究第三阶段占主导地位的应是以巴黎高等翻译学校和塞莱斯柯维奇为代表的释意派理论。

目前，对口译质量的评估成为学者们近些年关心的另一重大问题，如口笔译职业评估、教学评估、研究评估、历史学家的评估、评估的参数、社会的评估、文献翻译评估、评估的方法、评估的效度、评估的理论依据、语篇理论与评估的性能、口译雇佣者的评估、术语研究的教学评估、效果评估等成了当今译界著名的专家学者关注的焦点。不少研究还从多个视角去探讨口译的质量与评估问题，如从心理语言学的角度、术语学的角度、语言学的角度、质量管理学的角度、符号-价值哲学的角度、交际学的角度、语篇类型学的角度、医学中心疗法的角度等等。许多研究是实证研究的成果。

因此，世界口译研究呈现出跨学科、多学科交叉、多种形式的活跃局面。

12.2　中国口译教学研究的发展轨迹

中国的口译理论研究起步较晚，分为三个阶段。真正意义上的口译理论研究是从1996 年开始的，1996 年前是以经验论为主线的，之后转入初级研究阶段，对口译和口译教学中的问题开始进行思考；第二阶段开始对口译过程进行描述，研究从静态进入动态。随着国外研究成果的介绍和其他领域学者的加入，跨学科和实证研究逐渐替代对口译的一般性描述，开展对口译思维过程及认知的研究、口译能力的研究；第三阶段是随着中国口译市场的发展，口译职业化和职业口译人员的培训受到越来越多的关注。口译质量评估、口译方法论的研究成为重点。后两个阶段的研究目标是推动口译研究科学化、口译培训职业化。

中国口译研究的四大特点是：1) 研究人员年轻化。翻译方向研究生的增加使研究队伍年轻化，也为口译研究带来了生机。2) 翻译、研究、教学人员三结合。由于部分高校本身拥有强大的研究机构，如语言学、认知科学、神经心理学等，这就为口译研究人员提供了良好的合作机会。3) 跨学科研究。一些从事认知科学研究或语篇语言学等学科的研究人员的加盟为口译研究向跨学科和科学化发展提供了可能。4) 开始与国外研究人员合作，为进一步加强对口译的宏观理论研究铺垫了道路。

从 1996 年 9 月至今，我国先后组织召开了六次全国口译大会暨研讨会。厦门大学组织召开了"全国首届口译理论与教学研讨会"。在会上，与会代表集中讨论了口译教学的特点和规律，并就口译教学等具体问题进行了初步讨论。这次会议为后来的口译研究的发展奠定了基础。1998 年 10 月，广州外语外贸大学组织了"全国第二届口译理论与教学研讨会"。口译理论和教学研究的结合成为突出特点。2000 年 10 月 24 日至 26 日，"全国第三届口译理论与教学研讨会"在西安召开。与会代表就关心的翻译学与口译研究、教材编写等问题进行了热烈讨论。与会者几乎一致认识到，口译教学无论在教学目标、教学原则，还是从教学手段和方法上都有别于语言教学，这也是口译自身规律所决定的。翻译作为教学手段可以为语言教学服务，但语言教学不能替代翻译教学，这种结论是建立在心理语言学的基础上的，因为人在学习语言和进行翻译时的心理机制是不同的，语言信号进入大脑后启动的认知知识也存在差异，学好语言不等于能够进行翻译，而翻译要求掌握工作使用的语言。语言能力是学习翻译的基本条件，但不是惟一的条件。与会者对编撰以技能为主线、能够指导各语种口译教学的大纲表现出极大的热情，同时提出，应该在今后的研讨会上就大纲的使用情况进行深入研讨，分析利弊，用科学的方法和手段从理论和实践上对其可行性进行论证，以推动我国口译教学不断发展。2002 年 5 月 25 日至 27 日，在北京外国语大学召开了"国际口译教学暨第四届全国口译理论与教学研讨会"。这次会议从跨学科的角度探讨了口译程序与教学。从与会者提交的论文来看，跨学科的特点更加突出，研究手段趋于科学化，研究人员年轻化和团队化。中国学者开始与国际知名专家展开对话。来自国外的吉尔(D. Gile)教授、塞顿(R. Setten)教授作了专题发言，包括台湾在内的国内数名专家也介绍了近期的研究成果。厦门大学、广东外语外贸大学等高校还就口译培训和资格考试等问题进行了专题讨论。这些，都为口译教学研究拓宽了视野。2004 年 11 月 6 日至 7 日在上海召开了第五届全国口译实践、教学研究会议，主题是"口译专业化：国际经验和中国的发展"，充分反映了中国口译理论与教学研究关注的焦点问题。这次研讨会是在上海外国语大学 2004 年 2 月被批准从 2005 年起招收独立的翻译学硕士和博士研究生后召开的。这是我国内地高校在外国语言文学专业下建立的第一个独立的翻译学位点(二级学科)，标志着我国内地高等院校在翻译学学科和学位点建设方面进入了一个新阶段(《中国翻译》，2004)。国际会议口译员协会(AIIC)主席、欧洲委员会口译总司、日内瓦大学和巴黎高等翻译学校口译系主任等 150 多名国内外专家学者和研究人员应邀出席了研讨会。会议主要围绕口译职业化教学、资格考试、质量评估、同声传译等展开讨论。

2004 年 7 月 20 日至 8 月 2 日，为推动口译教学研究的发展，《中国翻译》编辑部与美国蒙特雷国际研究学院高级翻译学院联合主办了"2004 暑期全国英语口笔译翻译教学高级研讨班"，就口笔译教学基本理论、口笔译理论与实践、口笔译课程的定位和教学目标、课程设置、教材的选择、笔译基本技巧、模型、交替传译、同声传译及视译的基本技巧和教学、口译的测试和评估及口译教学实践等进行培训。参加口译教学法培训的教师和翻译人员近 120 人。这类培训为口译研究和教学的发展起了十分积极的作用。

2006 年 10 月，在北京举行了第六届全国口译大会暨国际研讨会，会议的主题是："进入二十一世纪的高质量口译"。口译的职业化与专业化、口译教学与口译教学的模式、口译的质量、社会对实用翻译人才的需要等成为了这次会议关注的焦点。《中国翻译》编辑部以"进入二十一世纪的高质量口译"为主题，推出"口译论坛"专栏，邀请在大会上作主题发言的专家学者为此栏目撰稿，就口译、口译研究及口译教学等相关问题阐述了各自的见解。更加关注口译过程，并从不同角度对其进行实证研究，从而更全面地解释口译程序，回答翻译的对象、翻译的实质等重要理论问题，推动翻译学科的建设。

第13章　口译的职业分类与口译教学

13.1　口译的职业分类

(1) 杨承淑在其著作《口译教学研究：理论与实践》中，探讨了口译的职业类别与技术规范，即在职业技能检定的国际标准之下，如何根据工作的目的来定义口译的职业类别。她将口译的职业类别分为：导游口译、工商口译、法庭口译、会议口译、电视口译。从口译教学的角度，针对口译工作的目标、性质与内容及口译所牵涉的言谈要素、语言能力、知识领域、议事技巧、准备条件等加以分类、分级，并具体显示在各口译课程的教学安排中。(用 interpreting 还是用 interpretation，学者们的表达不同，依以下不同的学者而论)

导游口译(escort interpreting)：以外语导览艺术品、介绍旅游景点或联系事务为目的。其特点是：业务为主，口译为辅。

工商口译(business interpreting)：在企业或组织团体内，为推动特定业务而做的口译。其特点是：业务与口译同等重要。

法庭口译(court interpreting)：以法庭为主体，通过法庭口译员的口译，使得当事人的权益不因语言差异而受到减损，而法庭议事亦得以顺利进行。其特点是：保障法律权益，沟通法庭议事。

会议口译(conference interpreting)：以会议为主体，通过会议口译员的口译，促使与会者之间得以顺利沟通。其特点是：会议与口译相辅相成。

电视口译(broadcast interpreting)：大都以新闻报道为主体，为求时效，多采取配合影像的同声传译的方式。其特点是：影像与口译融为一体。

以上是从口译的内容、性质和工作目标来分的。

(2) 肖晓燕在其《西方口译研究——历史与现状》这篇论文里说，西方口译研究以会议研究为主，主要介绍和分析口译的种类，例如同声传译(simultaneous interpreting)、交替传译(consecutive interpreting)和耳语式传译(whispered interpreting)；按照场合和口译内容，则可以分为会议口译(conference interpreting)、陪同口译(escort interpreting)、法庭口译(court interpreting)、媒体口译(media interpreting)、商务口译(business interpreting)和社区口译(community interpreting)。

这是从口译的形式和涉及的内容来分的。不同内容的口译可以用口译的不同形式，也可以用口译的相同形式。

(3) 根据上海外国语大学梅德明教授的介绍，口译类型的划分有三种不同的方法，即形式分类法、方向分类法和任务分类法。

口译按其操作形式可以分为五种：

交替口译(alternating interpretation)是指译员同时以两种语言为操不同语言的交际双方进行轮回交替式口译。这种穿梭于双语之间的口译是最常见的一种口译形式。交替口译的场合很广，可以是一般的非事务性交谈，可以是正式的政府首脑会谈，也可以是记者招待会。这种交谈式的传译要求译员不停地转换语码，在交谈双方之间或多方之间频繁穿梭，来回传递语段简短的信息。

接续口译(consecutive interpretation)是一种为演讲者以句子或段落为单位传递信息的单向口译方式。接续口译用于多种场合，如演讲、祝词、授课、高级会议、新闻发布会等。演讲者因种种原因需要完整地表达信息，所以他们往往作连贯发言。这种情况需要译员以一段接一段的方式，在讲话者的自然停顿间隙，将信息一组接一组地传译给听众。

同声传译(simultaneous interpretation)又称同步口译，是译员在不打断讲话者演讲的情况下，不停顿地将其讲话内容传译给听众的一种口译方式。因为译员的口译与讲话者的发言几乎同步进行，所以这种口译也被称之为同步口译。其优点是效率高，可保证讲话者作连贯发言，不影响或中断讲话者的思路，有利于听众对发言全文的通篇理解。是国际会议最基本的口译手段，有时也用于学术报告、授课讲座等场合。

耳语口译(whispering interpretation)是一种将一方的讲话内容用耳语的方式轻轻地传译给另一方的口译形式。耳语口译与同声传译一样，属于不停顿的连贯性口译活动。所不同的是，同声传译的听众往往是群体，如国际会议的与会者等，而耳语口译的听众则是个人，其对象往往是接见外宾、参加会晤的国家元首或政府高级官员。

视阅口译(sight interpretation)通常叫做"视译"，是以边听边阅读的方式接收来源语信息，以口头方式传出信息的口译方式。视译的内容通常是一篇事先准备好的讲稿或文件。除非情况紧急，或出于暂时保密的缘故，译员一般可以在会议开始前几分钟(可能更长的一段时间)得到讲稿或文件，因而译员可以将所需口译的文稿快速浏览，做一些必要的文字准备。与同声传译和耳语口译一样，视阅口译同属不间断的连贯口译活动。

按其传译方向，口译可呈单向口译和双向口译两种：

单向口译(one-way interpretation)是指口译的来源语和目标语固定不变的口译，译员通常只需将某一种语言口译成另一种语言即可。

双向口译(two-way interpretation)是指两种不同的语言交替成为来源语和目标语的口译。这两种语言既是来源语，又是目标语，译员在感知、解码、编码、表达时必须熟练而又快捷地转换语言。

交替口译属于双向口译；接续口译因场合不同可以表现为单向口译，也可以是双向口译；同声传译、耳语口译和视译通常表现为单向传译。

按口译的操作内容，可以分为以下五种：

导游口译(guide interpretation)，其工作范围包括接待、陪同、参观、游览、购物等活动。

礼仪口译(ceremony interpretation)，其工作范围包括礼宾迎送、开幕式、闭幕式、招待会、合同签字等活动。

宣传口译(information interpretation)，其工作范围包括国情介绍、政策宣传、机构介绍、广告宣传、促销展销、授课讲座、文化交流等活动。

会议口译(conference interpretation)，其工作范围包括国际会议、记者招待会、商务会议、学术研讨会等活动。

谈判口译(negotiation interpretation)，其工作范围包括国事会谈、双边会谈、外交谈判、商务谈判等活动。

梅德明教授认为，上述分类旨在说明口译活动的几种不同类型，在口译的实际工作中，界限分明的口译类别划分往往是不可能的，也是不必要的，因为许多场合的口译不是单一性的，而是混合性的。

梅教授的分类是从口译的三个角度来分的，突出了口译在内容、形式和涉及的语言等各方面的特点。其实，不同内容的口译可能使用相同的形式或不同的形式，有的可能是单向的，有的也可能是双向的，这要根据口译任务的性质和要求来决定。

(4) 上海外国语大学高级翻译学院院长柴明颎认为，由于口译员工作服务的场合不同，所涉及的相关知识和语言形式都有所不同。口译的工作场合和口译的形式主要有以下几类：

会议口译，主要服务于双边或多边的国际会议，涉及的内容有国际事务、外交、商务和多方面的知识等。所涉及的口译技能包括交替传译(常规交替传译)和同声传译。

法庭口译，主要服务于法庭和法律事务，解决控辩双方不同语言的交流，内容涉及法律法规和多方面的知识等，服务技能包括交替传译和同声传译。

教学口译，主要服务于课堂教学，解决教与学之间不同语言的交流。传统上交替传译是课堂上常用的口译技能，但是随着教室的装备现代化，数字设备的广泛运用，同时也是为了更经济地利用有限的时间，同声传译有时也使用。

传媒口译，主要服务于电视的实况转播和新闻节目，解决观众对国际转播时的语言障碍。传媒口译以同声传译为主。

洽谈口译，主要服务于各类洽谈会，解决洽谈双方的语言障碍，所涉及的内容面很广，包括政务、商务、科技、金融、法律等。在这些场合，主要用到交替传译，有时也会采用耳语同传。洽谈口译也被称为商务口译。

联络陪同口译，主要服务于外事接待，随行参观访问等，解决参观访问时的语言障碍，所涉及的内容从日常生活到商务、政务等的礼仪接待等，口译技能包括短交替传译、常规交替传译、耳语同传等。

柴教授的分类主要从口译任务内容和完成任务的形式方面来分的，也就是根据口译的职业方向来分的。

(5) 北京外国语大学高级翻译学院的课程设置中，分为视译、交替传译、同声传译。这是从口译的形式来划分的。

以上这些分类从本质上来讲都大同小异，要么从口译的职业内容来分，要么从口译的形式来分。为了便于分析和进行教学，第一种分类和最后一种分类，即按口译的工作场合和口译的形式将口译分为会议口译、法庭口译、教学口译、传媒口译、洽谈口译、联络陪同口译，可以说概括了前后的分类，比较好操作。但是值得注意的是，每一类别的口译有其特点和规律，不能采用同一的标准来评判其质量。加之各种类型的口译所涉及的专业知识和职业规范不同，因此，译员如果要从事几种类型的口译，就要求通过不同的训练，掌握具体的规范，不能混为一谈。

13.2　各种口译类型的教学

以上所述的各类别口译的工作规范和目的都不相同。因此，在进行不同类别的口译教学时必须明确交代相关的语言知识、背景知识、专业知识和技巧。

在语言能力方面，"联络陪同口译"以外语的口语训练为主；"洽谈口译"以双语的听说能力的训练为主；"传媒口译"以双语的听说能力训练为主，主要是新闻语言的听说能力；"教学口译"以双语的听说能力训练为主，主要是各个科目教学语言的听说能力；"法庭口译"除了强调双语的口语之外，还要针对口音、方言、俚语、行话等语言形式加强听说训练；"会议口译"则以公众演说等会议常见的言谈形式为主，训练较为形式化的口语表达。由于同声传译必须配合讲话人(发言人)的语速，因此特别要求在听说上反应敏捷，在表达时语调流畅。

在相关知识方面，"联络陪同口译"和"洽谈口译"都应该能够达到独立处理业务的目标，应该做到知识与实务并重。"传媒口译"以新闻报道为主，涉及的内容广泛，涉及新闻报道的专业知识；"教学口译"除了要了解各教学课程的特点和表达方式外，还要了解有关课堂互动和课堂组织管理方面的知识；"法庭口译"应做到了解各类法庭的议事程序和术语，掌握法律的精神，并为了相关当事人的权益对个案内容进行了解。而"会议口译"则应广泛吸收各行业与学科的基本知识，以应对学术性与技术性较高的会议所需的相关专业知识。

在口译技巧方面，"联络陪同口译"和"洽谈口译"一般不需要太多的口译技巧，一般做短的交替传译，因此，交替传译的技巧显得相当重要；"传媒口译"和"教学口译"需要双语间的交替传译技巧和同声传译技巧。"法庭口译"和"会议口译"都需要各种口译技巧，但只有"会议口译"真正要求在技巧上达到炉火纯青的专业水准。另一方面，"法庭口译"除了口译技巧的要求外，基于维护人权、沟通议事的需要，对于法庭知识与职业伦理的重视，可能要超过对于口译技巧的要求。

针对不同形式的口译，其具体教学目标、教学内容、教材和评估考核，应该有所区别和侧重。

从教学目标来看：

"联络陪同口译"和"洽谈口译"以促进交流和合作为主要目标；"传媒口译"以影视新闻报道为主要目标；"教学口译"以传授知识为目标；"法庭口译"的目标是保障法律权益，沟通法庭议事；"会议口译"的目标是促使各类会议与会者交流沟通。

从教学内容来看，"联络陪同口译"包括：1) 外语听说训练；2) 熟悉相关词汇；3) 介绍旅游、历史、文化、艺术等背景知识和接待礼仪方面的知识；4) 实战模仿训练。

"洽谈口译"包括：1) 外语听说训练；2) 熟悉相关词汇；3) 辅修或选修工科和商务方向的专业课；4) 学习沟通策略；5) 实战模仿训练。

"传媒口译"包括：1) 外语听说训练；2) 熟悉相关的新闻词汇；3) 辅修或选修影视新闻报道专业课；4) 教授口译技巧；5) 实战模仿训练。

"教学口译"包括：1) 外语听说训练；2) 熟悉相关课程的词汇和表达方式；3) 辅修或选修教师培训课程，如教育学、教育心理学等；4) 实战模仿训练。

"法庭口译"包括：1) 学习法庭知识；2) 熟悉相关词汇；3) 分析讲话者的言谈特征；4) 教授口译技巧；5) 实战模仿训练。

"会议口译"包括：1) 分析讲话者的言谈特征；2) 熟悉相关主题词汇与知识；3) 教授口译技巧；4) 扩大知识面；5) 实战模仿训练。

从教材的设计和选用来看：

"联络陪同口译"的教材要求是：1) 通过外文书籍和影视教材的学习，了解如何介绍本国重要的旅游景点、历史、地理、文化、艺术等等各方面的情况；2) 将上述活动中的常用词汇、短语、句型反复耳听口说，直到熟练掌握为止。

"洽谈口译"的教材要求是：1) 运用双语常用词汇、短语、句型，表达各类工商活动；2) 通过视译课程加强经贸、科技等相关知识和术语的学习和掌握；3) 在各类工商活动中应用交替传译，加强技巧的传授与情景的仿真。如笔记技巧、交替传译(包括短交替传译和长交替传译)技巧。

"传媒口译"的教材要求是：1) 运用双语的常用词汇、短语、句型，表达各类新闻事件；2) 了解影视新闻报道的技巧；3) 教授同声传译技巧；4) 实战模仿训练内容。

"教学口译"的教材要求是：1) 运用双语常用词汇、短语、句型，表达各类学科课程的教学活动；2) 通过视译课的训练加强对各学科术语和相关知识的了解和掌握；3) 教授视译、交替传译、同声传译的技巧；5) 实战模仿训练内容。

"法庭口译"的教材要求是：1) 以影像媒体介绍各类法庭程序，归纳各法庭中法官、律师的常用词汇、短语、术语、句型、法律条款与言谈特征；2) 教授视译、交替传译、同声传译技巧；3) 借助视译课来扩大知识领域和词汇及惯用词句；4) 从案例中去理解职业伦理；5) 加强对方言、俚语、俗语的听力训练；6) 实战模仿训练内容。

"会议口译"的教材要求是：1) 分析各种会议的言谈特征；2) 教授各类口译技巧；3) 扩大知识面；4) 将语言、知识与口译技巧结合运用；5) 传授口译经验与口译策略；6) 学习口译团队的协调合作；7) 实战模仿训练内容。

评估测试重点：

"联络陪同口译"的测试要求：1) 外语听说能力；2) 接待、旅游等相关知识；3) 随机应变的技巧。

"洽谈口译"的测试要求：1) 双语听说能力；2) 工商知识；3) 谈判技巧；4) 口译技能。

"传媒口译"的测试要求：1) 双语听说能力；2) 影视报道知识和技巧；3) 同声传译技能。

"教学口译"的测试要求：1) 双语听说能力；2) 各门学科相关知识；3) 教学理论和技巧；4) 同声传译和交替传译技能。

"法庭口译"的测试要求：1) 法庭知识；2) 职业伦理；3) 口译技巧；4) 各行业知识；5) 方言能力。

"会议口译"的测试要求：1) 技巧纯熟；2) 外语流畅；3) 准备充分；4) 知识广博；5) 合作能力和自我管理能力。

13.3　各类职业口译教学的前景

以下设想同样适合笔译人才的培养。

根据以上各类口译的教学目标和教学内容，我们可以对其所应涵盖的课程进行规划。和笔译一样，口译所涉及的学科和专业门类众多，且相互交叉，不能把对口译(笔译也同样)人才的培养囿于某一单一学科，因此在教学中可根据各类口译类型所涉及的学科，与相关学科合作进行培养是解决口译教学资源的一条出路。

从"导游口译"的目标和内容来看，一是提高外语听说能力，二是有关旅游、历史、文化、艺术等知识与实务的学习。因此，应该为学习"导游口译"的学生开设"观光外语"、"导览外语"、"中外艺术史"、"中外文化比较"、"中外历史"等课程。今后也可以和旅游学校或大学旅游专业联合培养职业的"导游口译"人才。

从"工商口译"的教学目标和教学内容分析，有四个方面是重要的：一是培养学生的听说能力；二是让学生熟悉工商专业知识与实务；三是要学生学会运用沟通技巧；

四是要学生学习口译技巧。从实际工作来看，这类口译还可细分为"商务口译"、"经贸口译"、"科技口译"、"谈判口译"等。具体的口译教学内容可以包括"商务会议"、"产品说明"、"技术转移"、"商务谈判"、"签约仪式"、"演讲致辞"、"业务演示文稿"等。课程应涵盖"国际贸易"、"企业管理"、"信息管理"、"营销"、"物流"、"机电"、"电子"、"材料科学"、"化学"等。可以考虑同高校商学院的"国际贸易学系"、"企业管理学系"、"信息管理学系"和工科院校的各专业联合培养"工商口译"。也可以在上述院校设置"应用外语系"或"翻译系"，将口译课程纳入其中，并要求学生将工商类课程作为辅修课或双学位课程；或者是接受理工科、商学院或外经贸专业的学生选修口译课。这样，一方面可以充实口译所需的专业知识，另一方面也与商学院或经贸专业及理工科的课程彼此支持，共享资源。

从"法庭口译"的教学目标和教学内容来看，主要对学生有六点要求：一是学习基本的法律知识，了解各类法庭议事程序；二是观察并归纳法官、律师等人的言谈类型、语体风格与常用词汇、短语、句型、法律条款等；三是提高外语(包括标准发音、区域方言发音与社会方言发音)与母语方言的听说能力；四是学习法庭口译员的职业伦理，保障当事人的人权与权益；五是学习口译技巧；六是实战训练。法庭口译的需求很有限，主要局限于法庭或外事警务等政府部门之内，但是其教学内容涉及很广，比较难在外语专业的课程中广泛开设或讲授。而一般法学院的相关学科的课程在教学目标上主要是以培养司法人员、律师、法务人员等为目标，其教学资源不大可能为培养法庭口译员所利用。因此，在"法庭口译"的培养方面，可由法院根据自身的需求定期少量培训，从法学院的高年级学生中或已经走上法律工作岗位的人员中挑选语言基础好的人进行培训，加强口译技能训练，由翻译系提供课程设计、派教师讲授或由有丰富经验的法庭口译任教，传授经验和技巧。

"会议口译"是以培养会议口译员为目标，教学内容是以口译的专业技术为主，所开设的课程应该包括视译(中译外、外译中)、交替传译、同声传译和"带稿同声传译"，以及提高语言运用能力和增加相关知识的课程。以"口译技术"为主，"语言知识"为辅，比例为三比一，而且应该在研究生阶段开设，要求学生在语言与知识方面具有大学毕业以上的水平，才能避免学生因语言或相关知识不足，无力顾及口译技巧训练和口译实务的课程而影响训练效果。"会议口译"还需时时关注会议口译的现实和市场变化，并适时反映在教学计划或教材编写和教学方法上。

13.4　口译课程之间的相互关联及培训方式

一、口译技能的种类和技能形式

口译技能分为三类：视译、交替传译和同声传译。

视译是以边听边阅读的方式接收源语信息，以口头方式传出信息的口译方式。视译的内容通常是一篇事先准备好的讲稿或文件，是为有稿同声传译做准备的先修课程。

交替传译是译员在听到源语后，将源语的信息用目标语译出，如此重复循环进行。交替传译又主要分为短交替传译和常规交替传译。前者指的是口译员无论是听到的源语还是译出的目标语都是以单个或几个语句形式出现的。在这种短交替传译的工作状态中，一个经过训练的口译员凭脑力记忆即可完成传译。在常规交替传译中，由于源语的一次长度可能达到 3 到 7 分钟，甚至更长，口译员必须通过专业笔记才能完成信息的记忆和译出。

同声传译是指口译员听源语的(几乎)同时，将源语的信息用目标语译出。通常，同声传译是在特定的工作环境下进行的。口译员在同传厢内，通过译员机上的耳机收听源语，并将源语译成目标语，通过译员机的话筒传输出去。

还有一种口译技能主要用于对一到两位听者服务，即耳语同传(当听到源语时口译员将源语轻声译成目标语)。

基于以上口译技能的分类，口译课程依其技能形式可以分为视译、交替传译、同声传译。三者在传输信息媒介上的最大差异是：视译是通过译者手中的书面文件转而译为口语形式的；交替传译完全是靠倾听和观察讲话者的言谈，通过对其言谈方式进行分析，而后再用口语的方式传译；同声传译则是由译者边听、边观察、边传译，译者一方面受到时间的限制，另一方面在传送译语信息时，只能依赖译者的声音传达。在交替传译的情况下，译员与听众有互动关系，但在同声传译的情况下，听众往往不能看见同传译员，只能通过耳机这一第二媒介听到口译。因此，在同声传译时，译者受到的是时间和传输媒介的双重限制和压力。

从口译所需的技巧的难易度来看，同声传译最难，交替传译次之，而视译相对容易一些。如果从口译所需的知识与语言分析来看，三门课程的关系似乎又不尽相同。在加强待定知识领域的学习上，"视译"课能让学生看原文文稿，比较便于讨论和课后复习；在语言方面，"视译"课所提供的讲稿，也是比较容易帮助学生熟悉双语的"言谈类型"、建立双语常用句和常用词库的学习方式。而交替传译和同声传译，特别是无稿同声传译课的挑战性更大。

二、各有侧重的三门课程

1. 视译

视译课程的任务是扩充知识，熟悉双语的言谈类型与常用词句、套语，培养文稿断词技巧。其中，扩充知识和熟悉双语的言谈类型是所有口译活动的基础。在口译基本技巧的训练方面，由于视译课是通过文稿学习，比交替传译和同声传译操作起来容易一些，因此，可以借这门课引进相关的知识或学习具有固定格式的常用套语和词句。因此，视译课在传授的知识方面应该比交替传译课和同声传译课更广，在语言方面应该比交替传译课和同声传译课的任务更难。视译课也涉及一项重要的口译技术——断词，这一技巧对于视译和有稿同声传译来讲都是非常重要的基本技巧。

口译培训材料可以以题材分、语言风格分、难易程度分。从培训方式来看，一般是一种语言风格加一种题材再兼顾特定的知识领域，再在模仿真实口译的情景下进行训练。

视译课所涉及的口译技巧有：断词、信息补充、定位叙述、控制叙述节奏、复杂句式的断词顺序与衔接技巧、以语意明确为目的的信息补足技巧、配合肢体语言、自然易懂的口语表达方式。在语言方面，熟悉口译时经常需要的典礼致词、会议司仪、专题演讲、提问、报告等口语表达方式。除此之外，如何用自然、富有节奏感、易懂、流畅的方式翻译也是专业口译员应当具备的专业素养。视译课应当先于交替传译课开出，才能发挥视译在知识引导上的领先作用。在测试方面，虽然视译课堂每次仅进行一项口译技巧的训练，但学期考试最终的要求是各项技能的综合表现。

2. 交替传译

交替传译具有耳听口说的特点，依靠倾听与观察讲话者的言谈，通过译者的分析，再以口语的方式传达，是一种技巧性极高的口译。耳听、分析、传达是交替传译中最重要的口译技巧。要求译者以完全不依赖文稿或是脱离文稿的方式，专注于倾听并分析其信息后，再以口头传递的方式表达出来。学会如何倾听与分析信息内容以及如何准确地听取与传译是这门课程的教学目标。交替传译所要求的倾听、分析、传达的思考过程与同一语言内的倾听、分析、传达是完全不同的，是一个非常困难和富有挑战性的跨语言文化的倾听、思考和传达的过程。由于倾听的信息转瞬即逝，学会如何储存信息并将分析的结果表达出来为准确地进行传译做准备，译员必须借助笔记的帮助才能做到。

交替传译的言谈形态一般有固定的格式或段落发展方式，因此分析和预测交替传译的言谈形态(如祝酒辞、典礼致辞、欢迎辞等)或段落发展及其功能属性(属信息提供型还是情感诉求型，如祝酒辞属情感诉求型，新闻发布会属于信息提供型)，有助于准确地倾听、分析和传译。

交替传译的笔记是帮助译员记录分析的结果的，而不是让译员听写倾听到的所有内容的，了解了笔记的功能，就能帮助译员知道何时应多记笔记、何时又不能太依赖笔记。

因此，交替传译的口译技巧包括与倾听、分析和传译有关的三个方面：

(1) 如何专注地接收信息，并听出言外之意；

(2) 如何分析信息并将分析的结果用笔记记录、分段、记下关键信息；

(3) 如何传译，包括决定叙述立场和观点、如何明确表达、控制语速和节奏、补充缺少的信息、与听众沟通互动。

3. 同声传译

同声传译课设在交替传译课之后，一般分基础同声传译、有稿同声传译和无稿同声传译。

基础同声传译课应以同声传译的基本技巧，即同声传译中最常用的口译策略、方法和原则为训练的重点。如在听到半个句子后如何跟进开始译，在基础同声传译阶段，语言与相关知识都不是训练的重点，而要让位于同声传译技巧的操练直至纯熟。

有稿同声传译在译前可以做准备，如可在事前将稿件上的专有名词、难译的复杂名词、难译的句子加以标示或译出，也可以事前了解讲话者的言谈方式和相关的背景知识，这些是无稿同声传译无法精确准备的。也正因为如此，有稿同声传译在口译技巧方面与无稿同声传译有不同的要求。比如，因为有稿件的关系，译员如何配合听众手上的稿件做说明，就成为译员必须留意的问题，即译员不仅要顾及听众的听觉还要顾及其视觉，比如讲话者从稿子转到 PPT；如果讲话者突然脱稿发言，译员也应换用无稿同声传译的方式传译。所以，有稿同声传译对译员口译技巧的要求更高，稿子是工作的内容，不能使稿子成为译员施展口译技巧、进行流畅传译的负担或障碍。这一点必须给学生讲清楚。

与有稿同声传译相比，无稿同声传译有如下特点：

(1) 无稿同声传译信息预测困难。因为有时讲话者由于讲得激动，会加快语速，信息量激增，译员必须不断过滤信息，用最精简的词来传译信息。

(2) 只依赖耳听获得信息并及时加以组织传译出来，因此要求译员能迅速用译入语重组信息，并注意信息间的逻辑关系，用恰当的连接词加以连接。

(3) 时间压力大。同声传译时必须在有限的时间内处理大量的信息，这个有限的时间不超过一个句子。因此注意力必须集中在一些重要的信息方面，如谈话主题、数字、专有名词。这样的时间压力使得译员注意力高度集中，很容易疲劳，一般工作 15 分钟就要换人。学生做练习时最好不要超过 20 分钟，以免精力不集中或过分疲劳而产生厌倦。由于无稿同声传译时，译员的注意力很集中，听到的信息经过大脑的过滤和重新组织，该增补和省略的都做到了，因而译语听起来会比有稿同声传译自然、流畅。

13.5　口译中常见的话语类型

刘和平将口译话语的类型主要分为六种：

(1) 叙述言语体。其思维线路主要有：1) 沿事物发生时间线索叙述；2) 沿观察事物一般顺序描述，即先讲引人注目之处，忽略或夸张某些细节，同时叙述人物动作；3) 某些有意破坏一般规律的叙述方式。

(2) 论证言语体。其思维线路主要有：1) 沿认知客观世界的一般顺序论述，即先易后难，由表及里等；2) 按论证文体一般结构论述——尤其是有稿发言，即先论点后论据，有引言有结论等；3) 无稿论证言语中常见的论证言语体，即从语汇、概念或某一画面引发而去的自由联想思维方式。其内部规律是：循着词与词、概念与概念、画面与画面之间的相似、相依或相反性而联想起另一词、概念或画面，再予以发挥。它不一定等于通常所说的"形象思维"，而更是一种潜意识思维，可以"形象"，也可以"抽象"，发言人沿类似线索返回发言"主题"。

(3) 介绍言语体。其思维路线主要是循观察与认识事物的一般规律介绍，如参观游览介绍或产品介绍等。违反这一规律的做法很少见。

(4) 礼仪性演说体。其思维路线是沿相对固定的套式表述内涵，如祝酒词，先是对参加酒会的来宾表示欢迎，中间叙述举办酒会的原因及意义等，最后向来宾祝酒，祝身体健康、节日快乐等。

(5) 鼓动演说体。其思维路线主要是联想式与综合式。

(6) 对话言语体(包括会谈)。这类言语体在各类谈判中使用，双方就某一主题展开讨论，陈述自己的观点，常常采用论述言语体。

因此，无论讲话人单独或混合使用何种类型，都有一定的思维线路可循。译员可以对讲话人的思维逻辑进行归纳，对其叙述或介绍顺序加以排列，或追寻其联想线索，或循固定套式把握其思路。除此之外，译员还可以通过抓重点词与主干词帮助追踪讲话人的思路。熟悉这些套式对翻译显然有好处，便于译者对下文的预测和调动记忆库的语料进行传译。

13.6　口译技能的训练

一、口译技能训练中的难点

1. 称谓的口译

称谓是指一个人的职位、职衔或学衔。称谓体现一个人的资历和地位，因此，称谓的误译不仅是对有关人员的不尊重，而且也会产生种种不必要的麻烦，给交流的顺利进行造成不良后果。要准确地翻译称谓，就要对有关人员的身份及其称谓的表达有一个正确的理解和认识。有时，一种称谓语可能表示多种身份，例如，英语称谓语 president，在汉语中有如下对应的译法：总统、主席、大学校长、学院院长、学会或协会的会长或主席、公司的总裁或董事长等，具体是哪一种意义，要根据上下文中某人的身份来确定，切不可随意挑一个意义套上去了事。一般来讲，应使用特定的、规范的称谓语。除了 president 外，还有许多称谓也是体现身份的。例如：director 可以指主任、厂长、局长、处长、所长、科长等；chairman 可以指主席、系主任、会议主席。汉语中的"总……"在英语中可以遵循英语的表达习惯由 general, chief, head 来译；行政头衔的"副……"在英语中可以根据习惯由 vice 来表达，学术头衔的"副……"常由英语的 associate 来译，以 director 表示的职位的副职常以 deputy director 来译，有些英语头衔，如 manager 和 headmaster 的副职可以 assistant 表示；汉语中的司、厅、署、局、所、处、科、股、室、教研室等的负责人可以用 director, head 或 chief 来表示；学术头衔中的"助理"常用 assistant 表示；"高级……"或"资深……"常由 senior 表示；"首席……"常由 chief 表示；"代理……"可由 acting 表示；"常务……"可由 managing 表示；"执行……"可由 executive 表示；"名誉……"常用 honorary 表示。但是有些职称、职务的头衔称谓的英语表达难以归类，需要日积月累地记忆。因此，要对学生进行这方面的训练，并要求他们多搜集和记忆。

2. 谚语和成语的口译

谚语是习语(包括谚语、成语、歇后语等)的一项内容。谚语往往以简单通俗的语言来表达深刻道理，言简意赅，通俗易懂，生动活泼，常为人们所引用。在国际交往中，人们也喜欢引用本国或别国的谚语，以达到更好的表达效果。因此，谚语的准确传译就成了口译员的一项重要任务。"事实上，世界各种语言中有相当数量的谚语有着相似的语言形式和含意。而且，千百年来各国之间或多或少的文化交流，往往会使一个民族的谚语跨越地理疆界，广为流传于其他民族。久而久之，这些生命力强盛的外来谚语有的竟反宾为主，成了本族语中最富活力的语句。"(梅德明，2000：417)

■根据人们的实践经验，谚语的口译大致有以下几种方法。

◇英译汉

(1) 直译法。英语和汉语中有许多谚语无论在语言形式上还是在含义上都十分相近，这时，我们可以直接进行翻译。直译法是在不引起文化失真和语言上可接受的前提下，将谚语直接翻译到译语中的一种方法。例如：

◆A rolling stone gathers no moss. 滚石不生苔。

◆One swallow does not make a summer. 一燕不成夏。

◆All is not gold that glitters. 闪闪发光物，并非皆金子。

◆Kill two birds with one stone. 一石双鸟(一箭双雕)。

◆Like father, like son. 有其父，必有其子。

◆Fish in troubled waters. 浑水摸鱼。

◆More haste, less speed. 欲速则不达。

◆Misfortunes never come alone. 祸不单行。

◆Man proposes, God disposes. 谋事在人，成事在天。

◆Time and tide wait for no man. 时不我待。

◆Out of sight, out of mind. 眼不见，心不想。

◆A young idler, an old beggar. 少壮不努力，老大徒伤悲。

◆Health is better than wealth. 家有万贯财，不如一身健。

◆The remembrance of the past is the teacher of the future. 前世不忘，后世之师。

(2) 借译法。由于英汉两个民族的人民生活在不同的生活环境，因此，有许多意义相似的谚语却用了不同的语言形式和形象来表达。在口译时，通常借用对方语言中有相似含义的谚语进行翻译。例如：

◆Beat the dog before the lion. 杀鸡儆猴。

◆Teach a fish how to swim. 班门弄斧。

◆Once bit, twice shy. 一朝被蛇咬，十年怕井绳。

◆Birds of a feather flock together. 物以类聚，人以群分。

◆There is no smoke without fire. 无风不起浪。

◆Put the cart before the horse. 本末倒置。

◆The sauce is better than the fish. 喧宾夺主。

◆There are plenty of fish in the sea. 天涯何处无芳草。

◆He cries wine and sells vinegar. 挂羊头，卖狗肉。

◆Every potter praises his pot. 王婆卖瓜，自卖自夸。

(3) 意译法。有些谚语是不能按字面意义进行翻译的，否则，在语言上不为听者接受或在文化上引起听者抵触或造成理解上的困难，甚至误解发言者的意思。因此，须根据语境进行意译，即用不同的目标语语言形式将其含义译出。例如：

◆Many kiss the baby for the nurse's sake. 醉翁之意不在酒。

◆True blue will never stain. 真金不怕火炼。

◆Late fruit keeps well. 大器晚成。

◆A hedge between keeps friendship green. 君子之交淡如水。

◆Everybody's business is nobody's business. 人多不干事。

◆The moon is not seen when the sun shines. 小巫见大巫。

◆Count one's chickens before they are hatched. 盲目乐观。

◆You cannot make a crab walk straight. 江山易改，本性难移。

◆Beauty is in the eye of the beholder. 情人眼里出西施。

◇汉译英

(1) 直译法。

◆明枪易躲，暗箭难防。It is easy to dodge a spear in the open, but hard to guard against an arrow shot from hiding.

◆城门失火，殃及池鱼。A fire on the city wall brings disaster to the fish in the moat.

◆路遥知马力，日久见人心。As a long road tests a horse's strength, so a long task proves a person's heart.

◆初生牛犊不怕虎。New-born calves make little of tigers.

(2) 意译法。有时文化差异和语法差异使得直译行不通，因此，要意译。以下例句中译文的黑体部分都是对中国特有的人名、地名和事物名的直译，但译文读者肯定看不懂。所以都要意译。

◆**塞翁**失马，安知非福？A loss may turn out to be a gain. (比较: When **the old man on the frontier** lost his mare, who could have guessed it was a blessing in disguise?)

◆**庆父不死，鲁难未已**。There will always be trouble until the trouble-maker is removed. (比较: Until **Qing Fu** is down away with, the crisis in the state of Lu will never be over.)

◆此地无银**三百两**。A guilty person gives himself away by conspicuously protesting his innocence. (比较: No **300 taels** of silver buried here.)

(3) 借译法。有时可以在英语中找到对应的谚语，为了便于译文读者理解，可用英语中的对应谚语来翻译。下面的例句如果用括号里的直译法，与借译相比，就不如采用借译法译文的通俗易懂、地道。例如:

◆一旦被蛇咬，十年怕井绳。A burnt child dreads the fire. (直译: A burnt man always evades fire)

◆半瓶醋，出事故。A little knowledge is a dangerous thing. (直译：A little learning gives rise to accidents.)

◆少见多怪。Wonder is the daughter of ignorance. (直译：Seeing little is the cause of amazement.)

◆龙生龙，凤生凤。Like begets like. (直译: Dragon gives birth to dragon and phoenix to phoenix.)

◆三思而后行。Look before you leap. (直译：Think thrice before you act.)

◆玩火者必自焚。He that sows the wind will reap the whirlwind. (直译：He who plays with fire will burn himself.

■成语的翻译也可以借鉴谚语翻译的以上几种方法。

◇英译汉

(1) 直译法。有不少英语成语在比喻上同汉语成语非常相似，甚至完全相同，我们完全可以用这些相似的汉语成语来翻译英语成语。例如:

◆castle in the air　空中楼阁

◆six of one and half a dozen of the other　半斤八两

◆one's hair stands on end　毛发倒竖

◆burn the boat　破釜沉舟

◆kill the goose that lays the golden eggs　杀鸡取卵

◆a bolt from the blue　晴天霹雳

◆neither fish nor fowl　不伦不类

◆sour grapes　酸葡萄

◆tower of ivory　象牙塔

◆wash one's hands of 洗手不干

◆new wine in old bottle 旧瓶装新酒

(2) 意译法。

◆pull one's leg 愚弄某人，开某人玩笑

◆have an axe to grind 别有用心

◆child's play 简单的东西

◆by the skin of one's teeth 九死一生

◇汉译英

(1) 直译法。在英语里已有现成的对应成语，但是直译能更好地传达有中国特色的表达，又不会引起文化上的冲突和误解。例如：

◆竭泽而渔 to drain to catch all the fish (英语已有的成语：to kill the goose that lays the golden eggs)

◆打草惊蛇 to stir up the grass and alert the snake (英语已有的成语：to wake a sleeping dog)

◆易如反掌 to be as easy as turning over one's hand (英语已有的成语：to be as easy as falling off a log)

◆玩火自焚 to get burnt by the fire kindled by oneself (英语已有的成语：to fry in one's own grease)

◆挥金如土 to spend money like dirt (英语已有的成语：to spend money like water)

◆掌上明珠 a pearl in the palm (英语已有的成语：the apple of one's eye)

◆对牛弹琴 to play the flute to a cow (英语已有的成语：to cast pearls before swine)

◆守口如瓶 to keep one's mouth closed like a bottle (英语已有的成语：to keep a still tongue in one's head)

◆雪中送炭 to send charcoal in snowy weather (英语已有的成语：to help a lame dog over a stile)

◆画蛇添足 to draw a snake and add feet to it (英语已有的成语：to paint the lily)

有些在英语里无对应成语的成语，也可直译，也不会引起文化上的冲突和误解。

1) 含有比喻形象的成语。例如：

◆声东击西 to shout in the east and strike in the west

◆刻骨铭心 to be engraved on one's heart and bones

◆井底之蛙 to be like a frog at the bottom of a well

◆调虎离山 to lure the tiger from the mountain

◆口蜜腹剑 to be honey-mouthed and dagger-hearted

2) 没有比喻形象的成语也可字对字翻译。例如：

◆劳苦功高 to have spent toilsome labour and won distinctive merits

◆牢不可破 to be so strongly built as to be indestructible

◆攻其不备 to strike sb. when he is unprepared

◆史无前例 to be without precedent in history

(2) 意译法。

1) 改变或省略比喻形象，因为目标语听众不能接受这种语言形式。例如：

◆眉飞色舞 to beam with joy (比较：his eyebrows are flying and his countenance is dancing)

◆粗枝大叶 to be crude and careless (比较：with big branches and large leaves)

◆灯红酒绿 dissipated and luxurious (比较：with red lights and green wine)

◆单枪匹马 to be single-handed in doing sth. (比较：with a solitary spear and a single horse)

◆海阔天空 to talk at random (比较：with a vast sea and a boundless sky)

◆大张旗鼓 on a large and spectacular scale (比较：to make a great array of flags and drums)

2) 有些成语含有中国特有的人名、地名，有的来自于中国的寓言和典故。在翻译时应该避免。例如：

◆**毛遂**自荐 to volunteer one's service (黑体部分为战国时人名)

◆**叶公**好龙 professed love of what one really fears (黑体部分为中国古代传说中的人名)

◆**南柯**一梦 a fond dream or illusory joy (黑体部分为中国古代传说中的地名)

◆四面**楚**歌 to be besieged on all sides (黑体部分为战国时期国名)

◆**锱铢**必较 to haggle over every penny (黑体部分为中国古代重量单位)

◆**罄竹**难书 (of) crimes too numerous to mention (黑体部分为中国等国发明纸以前写字用的竹简)

◆初出**茅庐** at the beginning of one's career (此典故出自《三国演义》)

◆悬**梁**刺股 to be extremely hard-working in one's study (此典故出自《战国策》和《汉书》)

(3) 借译法。

1) 有的汉语成语和英语成语意义完全相同，我们可以用英语成语来进行翻译。例如：

◆赴汤蹈火 to go through fire and water

◆洗心革面 to turn over a new leaf

◆七颠八倒 at sixes and sevens

◆格格不入 to be like square pegs in round holes

2) 中英两国人民共同的劳动经历也使这两个民族产生相同的人生体验。以下成语惊人地相似，译时也可以借译。例如：

◆趁热打铁 to strike while the iron is hot

◆欲速不达 more haste, less speed

◆鱼目混珠 to pass fish eyes for pearls

◆火上浇油 to pour oil on the fire

◆事实胜于雄辩。Facts speak louder than words.

◆沽名钓誉 to fish for praise

3. 歇后语的翻译

歇后语是汉语的一种特殊语言形式，具有生动形象、诙谐幽默等特点。它一般由两部分组成，前半部分为形象比喻，后半部分是前面比喻的解释和说明。

(1) 直译法。大部分歇后语后面部分的解释和说明同前半部分的比喻是完全一致的，这种情况下，我们一般采用直译的方法。例如：

◆丈八的灯台——照见人家，照不见自己。Like a ten-foot lampstand that sheds light on others but none on itself.

◆一条绳拴着两蚂蚱，谁也跑不了！Like two grasshoppers tied to one cord: neither can get away.

◆哑巴吃黄连，有苦说不出。Like the dumb man eating the bitter herb: he had to suffer the bitterness of it in silence.

(2) 借译法。由于汉英两种语言在文化和语言上的差异，不得不改变原来的形象，因此翻译时用借译法。例如：

◆肉包子打狗，一去不回头。A dog given a bone doesn't come back for more.

◆吃的河水，倒管得宽 poking one's nose into things that don't concern one

◆十五个吊桶打水，七上八下。It was as if the sword of Damocles hung over.

(3) 意译法。有不少歇后语带有浓厚的中国民族色彩，有的包含中国古代人名、地名、典故，有的含有中国特有的风俗习惯和佛教色彩，这些都只能意译。例如：

◆**徐庶入曹营**——一语不发 (黑体部分中国古代人名和典故) hold one's tongue to begin with

◆**八仙过海**，各显其能 (黑体部分为中国古代神话) each shows his true worth

◆**正月十五贴门神**——晚了半月(黑体部分含有中国风俗和佛教色彩) be too late for

(4) 只译一半。有些歇后语带有谐音双关词语，如"和尚打伞——无发(法)无天"、"外甥打灯笼——照舅(旧)"。对这类歇后语的翻译不一定要把前后两部分都译出，一般来讲，只须译出歇后语的主要意思即可，即只须译出后半部分的意思。例如：

◆孔夫子搬家，净是书(输) lose every fight

◆灯草拐杖，做不得柱(主) one's position doesn't permit one to make a decision individually

◆人家给个棒槌，你就拿着认真(针)了 always getting hold of the wrong end of the stick

4. 名言警句的口译

常为政府首脑、高级官员、社会文化名人做口译员的人都深知，上述人员在访问或接待讲话时，常常要引用一些名人名言或经典诗句，以表达自己的感情或表明自己的观点。在这种情况下，就要求译员必须准确、流利地将这些名人名言或经典诗句翻译成目标语，因此译员必须掌握一定数量的名人名言和经典诗句。中国有着五千年的文明史，文化底蕴深厚，名人名言绝句不胜枚举。因此，要做好口译工作，掌握一定数量的名人名句就成了必须克服的一道难题，需要平时不断积累，收集古今名人的经典名句并掌握其在不同语境下的译法，以便需要时信手拈来，应对自如。口译中常见的名人名言如下：

◆不登高山，不知天之高也；不临深渊，不知地之厚也。One can never be aware of the height of the sky or the depth of the earth, if he does not climb up a high mountain or look down into a deep abyss.

◆但愿人长久，千里共婵娟。We wish each other a long life so as to share the beauty of this graceful moonlight, even though miles apart.

◆独在异乡为异客，每逢佳节倍思亲。A lonely stranger in a strange land I am cast, I miss my family all the more on every festive day.

◆海内存知己，天涯若比邻。A bosom friend afar brings distance near.

◆合抱之木，生于毫末，九层之台，起于累土；千里之行，始于足下。A huge tree that fills one's arms grows from a tiny seedling; a nine-storied tower rises from a heap of earth; a thousand li journey starts with the first step.

◆祸兮，福之所倚；福兮，祸之所伏。Misfortune, that is where happiness depends; happiness, that is where misfortune underlies.

◆老吾老以及人之老，幼吾幼以及人之幼。Expand the respect of the aged in one's family to that of other families; expand the love of the young ones in one's family to that of other families.

◆礼尚往来。往而不来，非礼也；来而不往，亦非礼也。Propriety suggests reciprocity. It is not propriety not to give but to receive, or vice versa.

◆锲而舍之，朽木不折，锲而不舍，金石可镂。Carve but give up half way, even a decayed piece of wood will not break; carve without stop, even metal and stone can be engraved.

◆人有悲欢离合，月有阴晴圆缺，此事古难全。People have sorrow and joy; they part and meet again. The moon dims or shines; it waxes or wanes. Nothing is perfect, not even in the olden days.

◆三人行，必有我师焉。择其善者而从之，其不善者而改之。Among any three people walking, I will find something to learn for sure. Their good qualities are to be followed, and their shortcomings are to be avoided.

◆逝者如斯夫！不舍昼夜。The passage of time is just like the flow of river, which goes on day and night.

◆天时不如地利，地利不如人和。Opportunities vouchsafed by heaven are less important than terrestrial advantages, which in turn are less important than the unity among people.

◆温故而知新，可以为师矣。He who by reviewing the old can gain knowledge of the new and is fit to be a teacher.

◆无为其所不为，无欲其所不欲，如此而已矣。Don't do what should not be done; don't desire what should not be desired. That is all.

◆学而不思则罔，思而不学则殆。Learning without thinking leads to confusion; thinking without learning ends in danger.

◆有朋自远方来，不亦乐乎。It is such a delight to have friends coming from afar.

◆欲穷千里目，更上一层楼。We widen our views three hundred miles by ascending one flight of stairs. / Exhausting my eyes to a thousand li further, I am ascending one more story of the tower.

5. 数字的口译

数字难译，这是几乎从事过和正在从事口译的人的共识。

数字难译，主要是英汉两种语言的表达方式不同所致。英语和汉语对于四位数以上的数字表达上，有不同的分段方法。英语数字表达以每三位数为一段位，而汉语则以每四位数为一段位，这是造成数字难译的原因。

英语数字分段法：

第一段位：one	ten	hundred
第二段位：thousand	ten thousand	hundred thousand
第三段位：million	ten million	hundred million
第四段位：billion	ten billion	hundred billion
第五段位：trillion		

汉语数字分段法：

第一段位：个	十	百	千

第二段位：万　　　　　　十万　　　　　　百万　　　　千万
第三段位：亿　　　　　　十亿　　　　　　百亿　　　　千亿
第四段位：兆(万亿)

因此，译员在听到一组数字时，先用阿拉伯数字记录下来，再根据英、汉语不同的分段方法进行分段，译成目标语的数字。但是这种功夫不是一蹴而就的，需要在口译教学中集中一段时间进行数字强化训练。只有苦练、常练方能体会规律，熟能生巧。

6. 口译笔记

在做交替传译的过程中，记笔记十分重要，笔记能帮助译员记住大段大段的信息。

口译笔记与一般的笔记不同，与速记也不相同。它是译员记忆的延伸或补充，不应该也没有必要取代记忆。口译笔记的主要内容是概念、命题、名称、数字、组织机构和逻辑关系。

口译笔记单位以表达意群的的词语和符号为主。口译的任务是完整地将听到的信息传递给接受方，不是记笔记，笔记是帮助译员进行口译的，因此，在口译过程中只起辅助作用，译员的注意力不应放在把记笔记"记全"上，而是记要点。为了又快又精又清楚地记笔记，口译笔记中常常使用大量的常见略语，例如：

eg (for example)　　　ie (that is)　　　　esp (especially)
etc (and so on)　　　std (standard)　　　cf (compare)

也可以使用一些速记符号，如：

上升↗　　　　　　下降↘　　　　　　胜利V
大于＞　　　　　　小于＜　　　　　　因为∵
所以∴　　　　　　和&　　　　　　　有关@
导致，结果→　　　原因←　　　　　　替换为∽
会面⊙　　　　　　国家□　　　　　　代表△
同意Y　　　　　　不同意N　　　　　　正确√
错误×　　　　　　但是‖　　　　　　越来越弱↓↓
越来越强↑↑　　　接触，交往∞　　　优秀★
对立，冲突＞＜　　奇观!　　　　　　强＋
弱-　　　　　　　更强，更好＋＋　　更弱，更差- -
一方面·/　　　　另一方面/·　　　关系·/·
不等于≠　　　　　小于或等于≤　　　大于或等于≥
空洞〇　　　　　　等于，意味着=　　属于∈
进入∩　　　　　　约等于≈　　　　　与……比较而言∥
结论是=>　　　　问题，疑问?　　　分歧⊥
波折＜＜　　　　　非常，十分重要**　坚持≡，等等。

也可以用译员自己创造、自己所熟悉的笔记符号和文字。这些符号、缩略语和文字，不一定生搬硬套，都是为完成口译任务服务的。口译笔记可以用源语记，也可以用目标语记，也可以双语兼用，但是，将源语作为笔记的基本语言可以减少信息的丢失。至于译员如何使用和选择，要看译员本人的听辨能力、分析能力、笔记习惯、经验、翻译能力等。

口译笔记本与大多数的笔记本不同，在形状上它应该是一本窄开本、很方便上下翻动的记事本，行间距稍宽，两边有空间。每行记录的信息量不宜多，书写的字体和符号不宜过小，笔墨书写清楚，以减少串行、混译、误译、漏译等现象，从而影响口译的质量和效果。

记笔记是做交替传译所必须具备的一项重要能力，需要译员通过不断的练习才能达到流畅自如。这是贯穿交替传译训练过程始终的一项重要内容，教学上应该根据学生的水平安排足够的学时进行学习和操练，直到熟练为止。

以下是交替传译笔记的例子。

例 1(英译汉)

原文：

The transition from this century to the 21st century will witness a much more important role of the People's Republic of China in the Asian-Pacific region as well as in the world affairs. The United States and China should continue their joint efforts to strengthen the political and economic contacts, and promote the cooperation in all areas. For our mutual interests and for the peace and prosperity of the world, let us work together and meet future challenges with courage and wisdom. Thank you.

交传笔记：

∩21C, PRC * * role AP&W
US&Ch 努力 ↑ P&E ∞ ↗all ∞
For 2 利& W 平&荣
We 用 C&W 迎 挑战

例 2(汉译英)

原文：

欢迎各位来到南京路。

南京路东起外滩，西至静安寺，全长 5.5 公里。这条享誉全国的商业大街已经成为国内外游客购物的必经之地。

上海赢得"购物天堂"的美誉，可以追溯到南京路最初的四大百货公司。其中最著名的是永安公司，即现在的华联商厦。

永安公司一楼供应化妆品、香烟和食物等日用品，二楼供应羊毛、真丝衣服，三楼供应珠宝和钟表，四楼供应家具和皮箱等。这种布局方式被上海许多百货商店沿用至今。

20 世纪 80 年代后期，南京路被改造成了包罗万象的购物娱乐商业街。不仅吸引了更多的国外资金，也在市场里引进了更多的国际品牌。

熙熙攘攘的南京路因其两旁的华丽建筑和毗连的商店，被誉为"中华商业第一街"。吃穿用行，老百姓生活中各方面的需求，都可以在南京路得到满足。

现在的南京路以建成为上海特别的步行街。加上夜晚色彩缤纷的霓虹灯，南京路是上海充满精力和活力的象征。

交传笔记：

　　　　　　　　欢迎　NJr

　　　　　　　　东 bund，西 JAN tpl　　5.5km　　□★

　　　　　　　　　! ←4 DS　永安——华联

　　　　　　　　　　　F1　cos, cig, fd

　　　　　　　　　　　F2　wl　slk

　　　　　　　　　　　F3　jwry，wach

　　　　　　　　　　　F4　fnture，stcs

　　　　　　　　　to today

　　　　　　　　1980s　shopping mall　→f cptl & brd

　　　　　　　　building & store→□1st mall→ 满足

　　　　　　　　步行&霓虹　SH 精力&活力

二、同声传译技巧

同声传译，即同步翻译，主要用于各类国际会议。由于同声传译具有迅速传递信息、保证发言者讲话的连贯性、有利于听众完整地理解讲话的全文等优点，越来越受到人们的欢迎，使用的场合也越来越多。了解同声传译的一些基本知识和练习同声传译的一些基本技巧，对于高级口译员来说是必须的。

同声传译要求译员具有良好的听觉解意能力。这种听觉解意能力不同于一般的耳听会意的能力，它是一种译员在有自我干扰的环境下及时听解信息的能力。同声传译是一种即听即译活动，听入与译出之间始终保持着几秒钟的时间距离，译员在口译几秒钟前所听到的信息的同时，还必须耳听及解译新的信息。因此，同声传译要求译员"一心二用"——在良好的听觉解意的同时，能迅速组织句子进行连贯表达，包括母语译成外语和外语译成母语。其间不仅有语言转换的技巧问题，还牵涉到译者的知识面和演讲能力。口译员的工作强度很大，所以联合国同声传译工作采用 20 分钟一班、三班轮转的翻译工作制。

作为同声传译译员，了解一些同声传译的基本方法和技巧是很有必要的。

同声传译的主要技巧有：

1. 意译

由于同声传译即听即译的特点，迫使译员不得不"一心二用"，这使得译员在口译过程中难以兼顾语言和语言所表达的意义，而且，译员在同步口译的同时，迫于时间的压力，也无法对目标语的表达形式仔细斟酌，在语言和意义难以两全的情况下，译员应该采用意译的方法，以简洁的语言迅速将源语的信息传达出去。

2. 顺译

顺译是指一种顺着源语的语序，按部就班地选择目标语的对应词进行传译的方法。因为顺译可以把译员的心理压力及传译负担降到最小程度，因而译员都喜欢用这种方法。英汉语基本句子结构均为"主—动—宾"结构，限定词和形容词一般都出现在中心名词之前，这为英汉顺译或汉英顺译的操作提供了必要的条件。在不违背"准确流利"原则的前提下，顺译应该是译员的首选传译方法。但是，顺译仅限于句子结构的顺译和词序的顺译，不包括词与词对应的顺译。

3. 断句

为了弱化源语与目标语之间的词序差异，减轻同传记忆的负担及表达困难，使同步传译的任务更具有可操作性，译员还需常常采用断句的技巧。断句是指译员在同声传译过程中能及时、适时截断来自源语的长句，并按照目标语的表达习惯，将所听到的信息分解成短句，然后传译过去。但是分解的时候句与句之间一定要衔接自然、通顺。因此不仅涉及词语的前置、后置或暂时储存等调整词序的方法，还需要译员适时添词、减词或重复词语。

同传的难易在很大程度上取决于译员能否成功地顺译，而断句能力及遣词组句的技巧可以使译句的词语排列贴近原句的词序结构，为准确完整而又轻松自如地传递原句所含的各种信息创造了良好的条件。

尽管同声传译很难，需要一定的先天条件，如反应敏捷、口齿伶俐，但绝不是一种可望而不可及的天赋才能。通过积极参与同传强化训练，悉心钻研同传知识和技巧，是一定能将同传工作做好的。学员除了课堂有限的强化训练外，还可以通过自我训练的途径，练习同传技巧。通过课堂内外结合训练，同传水平会有很大提高。常用的训练方法有：

1. 训练注意力的分配

（1）影子跟读练习。主要训练与源语同步的速度。训练方法是录制原速度的各种新闻演讲，跟着大声读，速度与录音保持同步。

（2）正确使用耳机和"主导耳"的强化。在用耳机听辨的时候，固定一只"主导耳"，用来听辨源语，将另一只"非主导耳"固定在自己的译语监听工作方向。经过长期练习，让大脑中形成两个较为固定的听辨指向，保证一定的听觉注意力的分配。

（3）"倒数"练习。该方法的目的在于训练"边听边说"的同时，将听到的信息与自己所讲的信息分开，避免机械地重复源语、逐字翻译的不好习惯。具体做法是一边放源语，一边从 200 或 300 倒数数至"零"。倒数时不得出错，不得"听一会儿，数一会儿"，也不得忽快忽慢，或声音太小。如果数完了源语话语仍未结束，可重数一遍，直至源语结束。然后，将源语的大意复述出来。

2. 训练释意基本功

（1）同一种语言的替换练习。要求学员在使用同一种语言跟着源语复读的同时，替换话语中的主要语汇，并使用同一种语言对听到的源语信息进行解释，有利于强化释意的基本功。宜用修辞色彩较浓厚、具有较多隐性意义信息的语篇，难度不要太大。

（2）"切分句"练习。这是对源语冗长、复杂的复合语句进行切分理解和切分传译的练习。该法主要在于训练学员不要等到冗长语句发布完毕再完成理解、传译，而是要立即先作短句同传，在对源语信息积累达到一定水平后构建起意义单位，再迅速组织译语传译。此时，可使用重译、更正、补充串联语义等多种手段，以保证"释意"出源语的内在意义，并能让听众听懂。"切分"是指在一定量的信息逐步积累基础上的分析、综合等智力整体操作过程，还必须在条件逐渐成熟后进行一定的"整合"加工。"切分句"练习使用冗长的复合句，可用真实的、有许多长句子的发言稿。

（3）同声释意练习。即在意义单位基础上的译语组织过程练习，它一般针对着词层，与源语拉开半句或一句的时间间隔。

3. 技能练习

（1）同声传译设备的使用。介绍各种同声传译设备的工作原理及使用方法。

（2）笔记的使用。同声传译的笔记与交替传译的笔记在功能上的相似之处是为了使译语准确。不同之处是：同传笔记不注重连贯性，主要是突出某一信息，如某个数字、专有名称等，以达到信息的准确性；由于交传间隔的时间较长，交传笔记除了记下数字、专有名称之外，还要记下有关描写发言者的态度、立场、观点等的信息，以及发言的逻辑关系。因此，交替传译笔记的信息量要比同声传译笔记的信息量更多。

（3）理解技能。主要训练学员如何在听的过程中理解并同时用译入语译出理解的内容。训练方法是用源语复述、概括练习，用目标语进行复述练习。

（4）重复技能。主要训练学员根据给定的语言材料进行复述。训练方法是提供散乱的语言材料，要求学员进行重新组织，产生出逻辑分明的语言内容。

（5）简单化。训练学员如何将书面语译得口语化。

（6）概括化。训练学员对用词不妥、不便译出的发言进行概括，译出大意。

（7）略译。训练学员将重复累赘的发言部分省略，译出主要意思。

（8）综述。训练学员在时间紧迫的情况下，对语速过快的源语进行综述。

（9）解释。训练学员对文化差异比较大的地方进行适当解释。

(10) 预测。在事前了解讲话的大致背景的情况下，对于一些有固定格式的发言的开头和结尾部分进行预测性同传，如欢迎辞、祝酒辞、欢送辞等。

(11) 译前准备。训练学员临时性同声传译的准备工作技能，包括专业准备、术语准备、心理准备。

(12) 视译。训练视译技巧，包括既听原文又看译文的视译和只听原文、看原文而不看译文的视译。

(13) 误译处理。练习在出现翻译错误的情况下，如何利用后面的翻译进行补救的技巧。

(14) 语音、语调、重音和节奏。训练学员如何把握节奏，紧跟源语发言者。

(15) 数字同传。训练数字翻译技巧，方法同交替传译训练。

(16) 接力口译。训练在同声传译中如何与其他语种的同事进行合作。

(17) 团队合作。训练团队内部的合作技巧，比如如何轮班、如何相互帮助等。

(18) 应对突发事件。训练学员如何应对在同传过程中出现的突发事件，如身体突然不适、停电、话筒失灵声音传不出去等等。

以上技巧可在课堂进行专项强化训练，学生课后再配合课堂强化的技巧进行自我训练。最终的要求是要达到技巧的综合、灵活运用，直至纯熟。

根据教育部批准实施的《高等学校英语专业教学大纲》(2000)的教学要求，在六级(相当于第六学期结束)对翻译课程的单项要求是：能担任外宾日常生活的口译；对八级(相当于第八学期结束)翻译课程的单项要求是：能担任一般外事活动的口译。

第14章　中国口译的现状和发展趋势

随着经济全球化和社会信息化大潮滚滚而来，中国的对外经济文化交流活动空前活跃。经济文化交流的有效开展离不开翻译事业的发展，也从客观上促进了翻译事业的发展。口译作为翻译活动很重要的组成部分，在其中扮演了重要的角色。现状促使我们进行思考：社会经济文化的发展需要什么样的口译人才？如何培养适应社会需求的口译人才？

14.1　社会对口译人才的要求

从中国外文局副局长、国际翻译家联盟副主席、中国翻译协会副会长黄友义先生的文章《社会需要更多的实用翻译人才》中，我们了解到：1) 社会需要复合知识型的翻译。译员不仅要有很好的外语水平，还必须具备其工作单位必须具备的一些常识和翻译的基本功，学习翻译的人应该有更多的机会了解社会现实，学习与社会现实密切相关的多方面的知识，增加对时事的了解，丰富知识结构。2) 社会需要有良好作风的翻译。要做一名合格的翻译，除了要有丰富的知识和扎实的语言基础，还必须具备良好的学风和工作作风。良好的工作作风和职业道德风范，是树立译员良好的个人形象和单位形象所必需的。3) 社会需要谙熟中译外的翻译。由于历史和现实的原因，中国的口笔译人员要承担大量的中译外工作。这就对译员的外语表达水平提出了很高的要求。在对外经济贸易大学英语学院翻译系主任、中欧高级译员培训中心主任、全国翻译资格(水平)考试专家委员会委员王恩冕先生的文章《外语质量：我国口译培训的瓶颈》中，我们了解到在中欧高级译员培训中心学员(即英语专业口译方向硕士研究生)的入学考试中，考生落选的主要原因就是英语表达质量不高，即便是被录取的考生，成绩最低的一项多半是汉译英。外方专家对他们的印象是：学生的英语口头表达能力普遍不高；离"地道、妥帖"这两个测试标准甚远。因此，培养能胜任中译外翻译任务的翻译人才将是一项长期而艰巨的任务。(王恩冕，2007(1)：58—59)

14.2　口译的职业化和规范化

根据白炎的定义，简单地讲，职业化就是一种工作状态的标准化、规范化、制度化，即在合适的时间、合适的地点，用合适的方式，说合适的话，做合适的事。具体讲，职业化包含职业素养、职业化行为规范和职业化技能三个部分内容。口译要达到职业化，应该满足两个条件，一是有相当部分的译员将口译工作作为主要生活来源，以口译作为职业，没有职业，职业化便无从谈起；二是译员具有职业素养，遵守职业规范，掌握职业技能。(鲍川运，2007：50—51)

在中国，口译员大多是兼职(见前王恩冕文)，在这种情况下，口译职业化的第二个条件尤为重要，即译员应具有职业素养，遵守职业道德，掌握职业技能。口译要达到职业化，必须经过专业训练，不仅包括语言训练，而且更重要的是进行综合素质训练，如职业道德、沟通能力、应变能力、团队合作精神。除此之外，翻译实践能力和职业化能力的发展也非常重要，因此通过培训获得权威机构认定的口译证书，并不能说明就能胜任口译工作。国际会议口译员协会(AIIC)虽然为口译制定了方方面面的行业规则，但是对其成员却没有制定和实施任何考试制度。新成员加入口译协会，采用老会员推荐和硬性的工作天数的规定。申请者申请入会，首先要达到硬性的标准，即专业口译累计工作日至少要达到 150 天。达到这个条件后，由三位有五年以上会员资格，同一语种的会员推荐，经过资格委员会审核批准，成为准会员。准会员的名单在世界范围内公布，名单公布 120 天内，如果其他会员没有提出异议，便可成为正式会员，这样做的目的是保证新会员已经通过职场的"考试"，已经具有较扎实的口译经验。AIIC 的要求当然是高于对一般性口译的要求了，但是从中我们可以看出，实际的口译经验对于口译员来说是多么重要。因此，经过系统而扎实的训练后，通过口译资格考试只是进入口译职场的第一关，进入职场之后的继续教育、实践和考核评估更为重要。

口译的职业化离不开口译的规范化。口译的规范化包括对口译分类，并在此基础上针对各种类型的口译制定不同的标准，而不是以语言作为惟一的质量标准，即每种类型的口译，除语言外，都有些自己特定的规范。译员如果要同时从事几种类型的口译，则需要掌握其具体的规范，因此需要不同的训练。这样就给各种类型的口译提出了具体的职业化和专业化的标准，而不是笼统的同声传译或交替传译。同声传译和交替传译是口译的两种技能。口译的类型可按工作场所分为：会议口译、法庭口译、教学口译、传媒口译(电视口译)、洽谈口译(商务口译)、联络陪同口译、外交口译等等。口译的"操纵"(manipulation)在每种口译类型中表现的强弱不一样。由于每种类型的口译涉及的专业知识不同、职业规范各异，这样就需要形成口译的规范化和口译培训的规范化。

14.3　口译的特点

一、口译所涉及的语言

在口译专业里，口译员所使用的工作语言通常被分为三类：母语、主动工作语言和被动工作语言，简称为 A 语言、B 语言、C 语言。所谓主动工作语言指的是口译员不但能够听懂这个语言所表达的意思，也能用这个语言说出所传译的内容。而被动工作语言基本只能用该语言收听信息。简单地说，在口译工作中，它只能被用于听，而不能被用于说。所以口译员所使用的语言进行信息传递的方向(从听到说)基本分为：B 到 A、A 到 B、C 到 A、C 到 B(较少)。掌握的语言种类和这些语言的工作类别对其能否承担一项翻译任务是至关重要的。(柴明颎，2006)

二、口译的技能

口译技能分为三类：视译、交替传译和同声传译。在 13.4 已详述，此处略。

三、口译员的工作场所

如 13.1 所述，根据口译员工作的场所，口译的形式主要有以下几类：

(1) 会议口译。

(2) 法庭口译。

(3) 教学口译。

(4) 传媒口译(电视口译)。

(5) 洽谈口译(商务口译)。

(6) 联络陪同口译。

14.4　口译教学

一、口译教学的层次

口译的职业化和规范化，需要专门的训练才能落到实处。我国目前的口译专业训练除了在研究生层次进行外(如北京外国语大学高级翻译学院、广东外语外贸大学高级翻译学院、厦门大学翻译系)，各高校均开设了翻译课，全国英语教学指导委员会还规定，口译课由原来的选修课变为必修课，培养翻译基本技能的任务摆在了各高校的面前。翻译学院的训练在研究生层次进行，在学生的挑选、教学大纲、训练时间等方面的要求比较高，把关较严，基本上按照职业化的标准训练口译，毕业生大都能达到职业译员水平。翻译学院的建立，真正地将职业翻译的训练提高到研究生层次上，使翻译学科的建设更加完善；翻译学院提高了翻译的训练层次，其训练不仅包括语言训练，而且是以提高口译职业技能、职业素养、职业道德、沟通能力、应变能力、团队合作精神等综合素质为主。这就提高了翻译的行业门槛，最终也会提高翻译的质量和译员的地位。同时，翻译学院通过其课程设置，职业化和专业化的训练方式以及科研，能帮助建立职业标准和规范。随着我国各行各业对外交流的发展，对口译的需求量不断增加，单靠几所翻译学院是远远不能满足对人才的需求的。因此，高校本科阶段的口译培训及其他层次的口译培训将与翻译学院的研究生口译培训长期共存。但是，各个层次的口译培训侧重点不同，应该制定不同的教学大纲、有不同的课程设置、训练时间和训练要求。因此，从事口译教学和培训的人必须清楚自己所教授的"口译"课是外语专业的口译必修课，还是外语专业中"翻译"方向的口译课，或是"口译专业"课。目前，我国对不同层次的口译培训有深入研究的研究人员主要有台湾辅仁大学翻译研究所所长杨承淑教授和广东外语外贸大学的仲伟合教授等学者。在杨承淑教授的论著《口译教学研究：理论与实践》和其他文章中，她探讨了口译教学的原则、技巧、策略，口译教学的三要素：语言、知识和技法；口译教案设计与教材选编、口译的词汇教学、口译的核心词句与教学方法，电视口译教学，从口译的职业分类与技术分级谈口译教学；专业口译的教学目标与教学条件、核心课程的规划、口译硕士生入学考试、"口译入门"课的教案设计、修正与评鉴，口译核心课程的规划与模式建立，口译"专业考试"的评估意义与功能等。在仲伟合的"译员的知识结构与口译课程设置"和"口译课程设置与口译教学原则"等文章中，对培养专业口译人才提出了自己的见解，探讨了译员的知识结构及口译课程的设置、口译教学的原则、口译教学的主要内容、口译教学的方法、口译教材的主要特色，归纳出了口译教学的"八化"方针。

随着改革开放的深入，社会对口译人员的需求量越来越大，要求越来越高。目前口译工作的现状是：优秀口译人员数量缺乏、口译队伍整体业务素质较低的情况。

口译人才培养主要经过三个途径：一是翻译学院的高级口译人才学历、学位教育(研究生层次)；二是普通高等院校的口译教学(本科层次)；三是各层次的口译培训班(包括专科层次)。

二、英语专业本科口译教学

高等学校一直是口译培训的主要场所，目前社会上从事口译工作的人员也基本上是高校外语专业的毕业生。

高等教育外语专业教学指导委员会于 2000 年 5 月将口译课列为中国高校英语专业必修课。提高外语专业口译教学的质量，提高学生的口译技能并进而培养合格的口译译员，成为当今高校外语专业一项重要而迫切的任务。

2000 年出版的《高等学校英语专业英语教学大纲》对口译提出的要求是："口译课是为高年级学生开设的英语基本能课程。通过讲授口译基本理论、口译背景知识和训练口译的基本技巧，使学生掌握口译的基本理论和专题连续传译的技能，初步学会口译记忆方法、口头概述、口译笔记及公众演讲技巧，以求学生能准确、流畅地进行汉英对译。"

根据高校英语专业英语教学大纲的要求，大多数外语院系都对英语专业的学生进行口译课程教学。口译课程一般设置两学期，每周 2—3 学时。

口译教学无论在教学目标、教学原则，还是从教学手段和方法上都有别于语言教学，这是口译自身规律所决定的。翻译作为教学手段可以为语言服务，但语言教学不能替代翻译教学，要区分为语言学习服务的教学翻译和以提高翻译能力为主的翻译教学。学好语言不等于能够进行翻译，翻译要求掌握工作使用的语言。口译课不是一门专业课，而是职业翻译训练课，口译教学是一种技能训练。

口译师资的现状。合格的口译员，需要经过专门的训练，这是口译实践反复证明了的事实。合格的口译课教师应该懂得口译，并具有相应的理论水平和实际工作经验。因此，语言教师担任口译教学任务是不合适的。这是因为，语言教学和口译教学存在着很大差别：语言教学培养的是语言交际能力，而口译教学是利用已经获得的语言交际能力学习、培养口译技能。这也就是为什么即便是大学外语教师，学历高、学问深、外语精，如果没有受过专门的口译训练，要他们担任正式外事活动的口译，也大都是勉为其难。北京外国语大学高级翻译学院院长王立弟教授在谈到口译教师资格时认为，在外语系开设口译课，授课的老师通常都是外语教师。他们当中的很多人不具备翻译实践的经验和能力，这样的师资来教翻译课效果不够理想是不难让人理解的。反过来讲，纯粹的翻译实践者，缺乏必要的语言学和翻译理论作为指导，也很难把翻译课上好。翻译训练者本身要具备翻译能力和经验，同时还要具备语言教学的理论知识和实践经验，这也就是好的翻译教师一将难求的原因之一。关于翻译教师资格问题，王教授认为并非学问越高深、资历越老越好，那样的话就会把大多数人挡在门外，成为可欲而不可及的东西，最终也无法实行得下去。我们要从实际的国情出发，制定出一个可供大家参考的评价体系，再依照这一要求来设置一些学位课程或教师进修课程，来帮助那些有志成为翻译教师的人达到准入标准。

1. 本科阶段口译教学的重点应以基本的技能训练为核心

目前在口译界最有影响的口译研究者、法国巴黎国立东方语言文化学院高等翻译学院吉尔(Daniel Gile)教授在他的专著《口笔译训练的基本概念与模式》(*Basic Concepts and Models for Interpreter and Translator Training*, 1995)一书中针对口译工作方式提出了"同声传译的口译模式"与"连续传译的口译模式"。

模式一：$SI = L + M + P + C$

即：同声传译(simultaneous interpreting) = 听力与分析(listening and analysis) + 短期记忆(short-term memory effort) + 言语传达(speech production) + 协调(coordination)

模式二：Phase I: $CI = L + N + M + C$

Phase II: $CI = Rem + Read + P$

即：连续传译(第一阶段) = 听力与分析(listening and analysis) + 笔记(note-taking) + 短时记忆(shore-term memory) + 协调(coordination)

连续传译(第二阶段) = 记忆(Remembering) + 读笔记(note-reading) + 传达(production)

吉尔教授的模式适合于对熟稔语言知识、已经获得学士学位的口译人才的培训。

厦门大学林郁如教授及英国伦敦西敏斯特大学(University of Westminster)的罗能根(Jack Lonergan)教授带领的"中英英语项目合作小组"，根据吉尔的模式进一步提出了适合口译训练的模式，基本可以概括为 $I = A + C + (S + P) + R$

I = Interpreting(口译结果)；A (D+CC)为：对语篇(discourse)与跨文化交际成分 (cross-cultural communication)的分析；C (SL+K) (comprehension in source language + knowledge)为：对源语及源语外知识的理解；S+P (skills + professional standard)是口译 过程中，口译人员遵守的职业准则与应用的口译技巧；R (TL+K) (reconstruction in target language + knowledge)是口译者对源语的语言与知识进行理解、对跨文化交际的问题做 了分析之后，应用口译技巧对源语信息在目标语中进行重组，进而完成整项口译工作。

广东外语外贸大学的仲伟合教授在其"译员的知识结构与口译课程设置"的论文 中提到了一个好的译员的知识结构应该由以下三个板块组成：KI = KL + EK + S (P + AP)。在此公式中，KI = Knowledge Required for an Interpreter(译员应该掌握的知识)； KL = Knowledge for Language(双语知识板块)；EK = Encyclopedic Knowledge(百科知 识)，百科知识板块也包括译员必须掌握的专题知识；S (P + AP) = Professional Interpreting Skills and Artistic Presentation Skills，即技能板块=职业口译技能——包括 记忆、笔记、信息综述与重组、译前准备等，艺术表达技能——即以科学的手段、艺 术性地完成口译过程的技能，如口译的对策等。将译员的知识结构分为语言知识、百 科知识和技能三个板块可以为口译培训提供一个课程设置的框架。在其"口译课程设 置与口译教学原则"一文中，仲教授提出了口译教学的四大原则、口译的教学的主要 内容、口译教学方法、口译教材应该具备的主要特色和专业口译教学的"八化"方针。

以上这些论述都为职业口译员的培训提出了很好的建议和方法。

再看 2000 年出版的《高等学校英语专业英语教学大纲》对口译提出的要求是："口 译课是为高年级学生开设的英语基本技能课程。通过讲授口译基本理论、口译背景知 识和训练口译的基本技巧，使学生掌握口译的基本理论和专题连续传译的技能，初步 学会口译记忆方法、口头概述、口译笔记及公众演讲技巧，以求学生能准确、流畅地进 行汉英对译。"

由此可知，培养学生基本的口译技能是本科阶段口译教学的根本任务，因此，口 译教学的重点要以基本技能训练为核心。因为刚完成基础阶段语言学习的本科生，语 言运用能力还不是很强，在进行口译训练的初期阶段，还是要将训练的重点放在语言 训练和运用上。这个阶段的长短要视所教学生的语言水平而定。技能训练只有在具备 语言运用能力的情况下才能开始，否则，会使口译技能训练捉襟见肘，达不到好的教 学效果。同时还要充分重视知识的习得和跨文化交际能力的培养。同声传译的技能要 求高，知识面要求广，不宜作为本科阶段口译训练的内容。

2. 本科阶段口译教学的教材、口译教学的训练内容与方法

(1) 培养学生口译技能是口译教学的根本任务，但不应忽略语言训练、知识习得 和跨文化交际能力的培养。口译教材是口译课开设的关键之一。目前国内各大专院校 的所使用的口译课教材各不相同，主要有两大类：一类以口译技巧讲解为主，另一类

以口译练习为主，通常分专题进行编排，且后一类教材占多数。口译技巧必须训练方能掌握，因此，为本科学生编写和选用一套以口译基本技能为主(主要是交替传译基本技能)，融入一定的专题知识的教材是适合这一层次的学生的。但是，口译的时效性很强，口译教师与时俱进地补充时代感强的新内容在口译教学中是必须的。

根据大纲的要求，口译教学在英语专业本科高年级阶段开设。对本科生可以设计一个学年的教学时间，每学期按 17 周算，每周 4 课时，约 136 课时。一般院校设在三年级下学期和四年级上学期。口译训练应以基本技能训练为核心，在训练中不强调翻译内容的题材，而是循序渐进地介绍口译活动中可以切实应用的技能(技巧)。口译课中训练内容的安排以交替传译技巧为主线，各技巧分阶段进行教授，并与专题题材训练相结合。应该说，交替传译课需要训练的内容很多，包括：口译短期记忆、口译笔记、口译笔记阅读、交替传译理解原则、语言类型分析、主题思想识别、目标语信息重组、数字传译技巧、口译应对策略、译前准备技巧、演说技巧、跨文化交际技巧、口译职业准则等。

(2) 在训练不同技巧时，教师可以选择某一专题的内容进行训练，使学生在学习技巧的同时也能掌握本专题的术语、专业知识等。在实际操作的过程中，任课教师应当根据口译特点，有针对性地选择合适的训练模式与方法，才能收到事半功倍的效果。

(3) 在选择训练的专题内容时，要充分考虑教学内容的"即席"性，因为口译的"即席"性特点体现了口译课的教学内容与经济文化的发展同步。知识更新快、信息量大是知识经济的特征之一。教学内容越新，学生所学到的各种双语表达方式的使用时效就越长。口译教师可以利用计算机网络、电视、电影等信息媒体下载或录制材料作为口译课的教学内容。教学内容具有时代气息，能增强学生学习的兴趣，学生学到的东西也才能与工作实践接上轨，使他们走上工作岗位后能很快适应工作的要求。

(4) 教学内容的真实性是口译课的典型特征。在一般的口译活动中，口译员面对的都是一些即席的讲话，从源语的接收到目标语的表达，是一个复杂的过程。译员要在相当短的时间内完成接收—理解—表达的全过程，是不容许有任何严格意义上的思考余地的，而只能是一种近乎自动化的即席演示。为了使口译训练获得真实效果，现成的文本教材已难以适应口译教学的需要。为改变这些弊端，许多口译教师开始尝试准备可供教学使用的可视(图像)教材，常常录制 CCTV-9 套的节目和网络上的口译材料作为文本教材的有益补充，以弥补文本教材内容滞后的缺憾。这种可视教材在很大程度上能满足口译的"即席"性需要，更能营造情景逼真的效果，学生的学习兴趣也得到提高，效果很好。

(5) 重视先修课程如听力课、口语课和公众演讲课，为后续的口译学习打下良好的基础。口译的特点是耳听口说，因此在口译学习之前为学生打下良好的听说基础非常重要，在口译学习之前和之中，听说能力的培养都不要断线。另外，口译的工作场所通常是人对人、面对面的场所，而不仅仅是面对没有声息的文字，说话人的肢体语言参与到信息交流的全过程中，给译员提供了除语言外的丰富的情景信息。公众演讲课不仅能培养学生理解讲话者的无声语言的能力，还能培养学生运用肢体语言帮助表达的能力、流利连贯的表达和声音的协调能力。

(6) 最后，在口译教学中应给学生提供实践的机会，让学生切身感受到口译的即席性或突发性、情景交融性等特征，并锻炼其实践应对能力，才能起到事半功倍的效果。因此，在口译教学中还应贯彻实践性原则，适当参与社会实践。外语专业的优势是外语，要在基本不降低专业外语水平的前提下探索本校、本专业如何培养适合本地区的"复合型"人才的途径。口译教学的内容要适应区域经济与社会发展的需求。近年来，随着我国高等教育改革的深化，大部分高校都有明显的地域性特征。各校应该因地制宜地制订本校口译教学目标、口译教学模式、口译教学内容。比如学校地处各类国际性商业贸易活动比较频繁的地方，周边大企业多，又有很多与外商接触的机会，是否可以将口译教学目标定位在以商务口译为主；如果学校地处旅游名胜区，该校的口译教学目标应该定位在以导游口译为主；如果学校地处国家政治、经济、文化中心，国际会议频繁，该校的口译教学目标恐怕最好要以国际会议口译为主，等等。这样有利于学生在学习的过程中，利用这些资源优势，安排教师及学生进行口译实习和观摩，可以让学生接触到最真实的口译场景，应用所学到的口译技能，提高口译师资和口译学员的实战能力，以解决教学实习这一重要的环节；同时，学生也有机会在实践中扩大自己见识，努力学习各专业领域的基础知识，有利于为以后的实际口译工作打下坚实的基础。

第二部分　翻译专业部分

　　经过翻译界同仁的不断努力，翻译学科的地位在我国已逐渐确立，2004 年上海外国语大学建立了我国第一个翻译学科博士学位点，全国许多外语院校纷纷建立了翻译系或翻译专业，培养职业翻译便成了这些翻译系或翻译专业的主要任务。有的学校还建立了高级翻译学院(最早的有北外、上外和广外等)，它们的主要任务是培养翻译(包括口译和笔译)专业的硕士研究生。翻译课不再仅仅是高校外语院系的一门必修课了，而是一门专业方向课，其他的专业基础课和相关的课程都应该为它而设置。其教学目标、教学内容、教学方法、生源、测试评估，与翻译作为外语专业本科阶段的一门课程时有很大的不同，应该区别对待。

第 15 章　适应社会需求，培养合格的翻译人才

纵览人类文明发展的历史和中华民族伟大的复兴进程，我们可以看出：无论是古希腊文明的传承，还是中世纪欧洲文艺复兴运动的蓬勃开展，无论是我国从东汉到唐宋的佛经翻译，还是明末清初的科技翻译，无论是中国鸦片战争后的西学东渐，还是"五四"运动前夕马克思列宁主义及俄国十月革命的火种在我国的传播，离开了翻译几乎是不可能进行的。翻译始终是和世界文明的发展和社会经济文化的需求息息相关、不可分离的。特别是我们亲眼目睹了我国改革开放 20 多年来，翻译在沟通中国与世界各国的联系，使"中国走向世界，让世界走近中国"的过程中所做出的贡献和不可替代的作用。2001 年全国人大常委会副委员长许嘉璐在北京召开的中国资深翻译家表彰大会上说："我国正处于历史上最好的发展机遇期，中国经济正快步融入世界，空前开放的中国，呼唤翻译事业的发展。"然而由于当今全球化的世界是一个"多语并存与文化多元性"的世界，在这种形式下，虽然在我国学习外语的人数不断增加，能用外语进行专业交流和阅读的人也与日俱增，但是，并不是懂了两种语言就能做好翻译。我们还必须看到由于世界各国操不同语言的人们有着不同的政治制度、文化传统，所处的社会发展程度不尽相同，这些都影响着人们的生活方式和思维方式。这就对承担跨文化交际任务的翻译工作者提出了更高的标准和要求。能达到这些标准和要求的专业人才与社会需求相比，还远远不够。因此，在培养适应社会需求的合格的翻译人才方面，作为翻译人才培养基地的高校翻译专业或翻译系面临着极大的挑战，肩负着历史赋予的神圣使命。要完成好这一历史使命，必须做好以下工作。

15.1　制定翻译人才培养的教学计划

在教育部制定的外语专业本科教学大纲里，翻译课只是高年级的一两门课程(笔译和口译)，只对课程结束后学生应达到的水平有所要求。我们还必须为翻译本科专业的教学制定专门的教学计划，这是一个专业发展和学科发展的客观要求。在这一计划里，要根据社会经济发展的需求，提出人才培养的目标，提出实现人才培养目标的人才培养方案和要求。如对语言能力的要求、对专业知识的要求和对相关知识的要求，具体来讲就是要求学生的外语和母语能力达到一个什么水平，要掌握哪些与所学外语和母语相关的专业知识，如翻译学、文学、语言学等；要掌握哪些与所学专业相关的

知识，如商务、法律、外交、教育等知识。这一教学计划作为指导翻译专业教学的指导性文件，并不是一成不变的，它应该是动态的、前瞻性的，应该随着新的形势和新的需求不断修订，从而对新的学科增长点重新定位。这样才能为社会培养合格的人才，不致造成浪费，也才能为学生今后走上工作岗位打下良好的基础。有了这样一个培养计划，翻译院系和翻译专业才能在人才和资源配置、教学与研究方向上比较规范和大致统一。但这并不抹杀各个学校的特点和侧重。因为某一学校的翻译专业无论其特点如何鲜明，在本科阶段有限的学时内和学生有限的语言能力和知识范围内，要培养某一专业特别出色的翻译人才还是不太可能的，也是不现实的。因此，我们要考虑如何培养有扎实的语言文化基础，有创造和学习能力的翻译人才，使他们走上工作岗位后，凭借扎实的基础，不断学习、提高与创造，胜任本职工作，甚至做出较大的成绩。

一、在教学计划中体现重视培养学生的翻译能力

什么是学生的翻译能力呢？

PATCE (Process of the Acquisition of Translation Competence and Evaluation)研究小组将其定义为"能够从事翻译工作所需的潜在知识和技能体系"(the underlying system of knowledge and skills needed to be able to translate) (穆雷，2006(2)：44)。具体来讲，PATCE 研究小组把翻译能力分解成六个因素：双语交际能力(communicative competence in both languages, 包括源语理解和译语表达)；语言外能力(extra-linguistic competence, 包括翻译理论知识、双语文化知识、百科知识和主题知识)；转换能力(transfer competence, 理解和再现)；职业能力(institutional/professional competence, 包括文献资源知识、新技术、人力资源和职业道德)；心理生理能力(psycho-physiological competence, 如阅读与写作技巧、记忆力、注意力、创造力、逻辑思考力、好奇心、毅力、严谨、敏锐、自信等)；决策能力(strategic competence, 如处理问题的决断能力、纠正偶发错误的能力、复述能力和文献编撰的能力等)。

奥尔布雷克特·纽伯特提出了五种评估翻译能力的标准：语言能力(language competence, 包括源语和目标语两种能力)；语篇能力(text competence, 熟悉各种文体语域的常规)；题材能力(subject competence, 专业知识能力)；文化能力(cultural competence, 敏锐判断两种文化差异并加以调整的能力)；转换能力(transfer competence, 有效达成沟通目的，服务目标读者的能力)。

刘宓庆在其著作《翻译教学——实务与理论》一书中把翻译能力理解为五个方面：语言分析和运用能力；文化辨析和表达能力；审美判断和表现能力；双向转换和表达能力；逻辑分析和校正能力。

文军在其博士论文"翻译课程模式研究——以发展翻译能力为中心的方法"中，把翻译能力定义为"能胜任翻译工作的主观条件"，并根据国外学者的观点，把翻译能力归纳为：语言/文本能力；IT 运用能力；策略/技巧能力；自我评估能力；理论研

究能力。(穆雷，2006(2))

综合国内外学者的研究以及大量的翻译实践，翻译能力主要包括：语言能力和语言外能力。其中语言能力主要是指源语和目标语的分析和运用能力，即理解和表达能力；语言外能力的内容就很丰富了，包括适度的翻译理论知识、双语文化知识、百科知识(包括主题知识)及其获得这些知识的能力、运用新技术查阅文献资料的能力、逻辑思考能力、批评鉴赏能力、创造力和决策能力、职业道德等。

语言能力是做好翻译的首要条件。深厚的双语功底，表现为对涉及的两种语言的正确理解和熟练的表达能力。以英汉互译为例，一是要有很好的汉语功底。汉语表达能力和对汉语的理解能力直接关系到译文质量的优劣。要学好汉语，一方面要求掌握汉语语法，增强对汉语的理解和表达的准确性，另一方面要阅读优秀的中国文学作品，从中学习汉语的表达方法。二是要有很好的英语功底，包括全面的英语语法知识，相当大的词汇量，以提高英汉翻译中对英文原著的理解的准确性和汉英翻译中译文表达的准确性。同时，还要大量阅读英文原著，提高英语语感和英语表达能力。因此，在基础阶段必须让学生进行英语语法知识学习，英、汉语优秀文学作品阅读和英、汉语写作课程的学习，这是提高英、汉双语能力，夯实英、汉双语基础必不可少的有效途径。

有了深厚的语言功底，并不意味着能胜任翻译工作。要成为合格的翻译，还需要有以下知识和能力：适度的翻译理论知识和理论研究能力、双语文化知识、百科知识(包括主题知识)以及获取这些知识的能力、运用新技术查阅文献资料的能力、逻辑思考能力、批评鉴赏能力、决策能力和创造能力、职业道德。

适度的翻译理论知识和理论研究能力。大学本科生毕业后一般有两种去向：一是就业，从事实际工作，二是考研究生(硕士、之后再读博士)从事研究工作。适度的翻译理论知识一方面为他们的翻译实践提供一些理论上的指导，另一方面为他们继续深造提供一个理论基础和框架，培养一点理论研究能力，为学科的传承准备后备军。但是，翻译理论知识的传授不能替代翻译练习，而大多数即将从事实际翻译工作的学生需要的是对翻译的认知和感受，并通过练习提高翻译水平。适度的翻译理论知识可以开阔他们的视野，有利于提高翻译实践的质量和对实践进行总结。

双语文化知识指的是相关国家的文化背景知识，涉及与两种语言相关的历史、地理、文学、艺术、宗教、人文传统、风俗习惯等各个方面。例如，在英汉互译的过程中，译者要有文化差异和文化传递的意识，把握译文中文化传递的意图和原则，否则，就会因文化背景知识缺乏或语言文化修养欠缺而造成翻译错误，在国际交往中引起误解甚至纠纷。

百科知识(包括主题知识)是指翻译文本中所涉及的各方面的知识，当然也包括文本中主要讨论的知识，可能还涉及文体知识、语篇知识和重构语篇的能力，文本中涉及的自然科学和社会科学领域的专业知识。

在当今的知识信息时代，如何利用先进的查阅工具在知识的海洋中查阅自己所要的知识是一个本科毕业生应具备的能力之一。因此，计算机的运用能力，特别是利用其查阅文献资料的能力的培养不可忽视。另外，查阅工具书，如字典、词典、百科全书解决问题的能力的培养也非常重要。

逻辑思考能力。中国人和西方人在思维方式上有很大的差异。为此傅雷先生深有体会，"中国人的思想方式和西方人的距离多么远。他们喜欢抽象，长于分析；我们喜欢具体，长于综合"。"东方人与西方人之思想方式有基本分歧，我人重综合，重归纳，重暗示，重含蓄；西方人则重分析，细微曲折，挖掘惟恐不尽，描写惟恐不周……"（孙致礼，2003：77）。"中国人重形象思维，西方人重逻辑思维"（陈宏薇，2004：30）。人们说话或写文章，为使听话人和读者在理解过程中建立起相应的期望，一定要遵循约定俗成的语篇和话语的组织规律。然而，由于不同文化在价值观念、思维方式等方面存在着差异，其语篇组织结构也会因文化而异，这就给不同文化背景的人们在交际时造成很大的困难，对于学习外语的人来讲，尽管掌握了目标语的语法规则，但因缺乏对目标语语篇组织规律的认识或敏感性，常常会无意识地把本族语的语篇组织规律迁移到目标语中去，因而造成语篇结构的差异，导致交际失误。（贾玉新，1997：390）在英汉互译中，如果不了解中西思维的差异及由此而引起的语篇组织结构的差异，对源语语篇的理解或目标语语篇的重构就会失误，也就不能译出成功的译文。受中国文化影响的中国文章篇章结构是归纳式，相反，美国文化偏爱演绎式。（贾玉新，1997：395）西方重演绎、重实证、重逻辑思维的传统，是我们应该学习的，这在从事理论研究方面尤其如此。思维的差异必然反映到语言上，人们对不符合自己思维习惯的语言表达会有什么反应是可想而知的，让学生了解中西思维的差异，并在翻译中体现这种差异不仅是非常重要的，而且对于有意识地培养学生的逻辑思维能力有益处。

翻译鉴赏能力。一个译者如果只会埋头翻译，对自己或别人的译著不能给予正确的评价、批评或鉴赏，特别是对于名家名译不能给予正确的评价、批评或鉴赏，那么他很可能在实际工作中人云亦云，自己的水平也不能提高。杨晓荣认为，对于翻译实践来说，翻译批评的主要意义在于帮助译者提高翻译水平，包括澄清一些认识问题，对翻译策略及其应用进行各种层面上的探讨等等。翻译批评在大学本科和研究生的翻译教学中承担着重要角色，在翻译研究类论文中也占有相当的比重，说明了翻译批评在指导翻译实践方面的重要意义。翻译作品质量不高，除去社会环境方面的因素以外，译者本身对翻译中出现的一些问题在理论上认识模糊，对翻译质量缺乏鉴别能力，甚至以捉襟见肘的语言功夫勉为其难，无疑是内在的主要原因。在理论上，又能丰富翻译理论的内容。（杨晓荣，2005：22）学生的翻译批评能力的培养不是一件容易的事。在本科阶段有限的学时内，教师可以把翻译批评的方法教给学生，并在学生的练习中进行尝试。具有这种能力之后，学生对自己的译作的优劣心中就有数了。这也是一个合格的译者必须具备的能力。"常规意义上比较完整的翻译批评应该是：依照一定的翻译标准，采用某种论证方法，对一部译作进行分析、评论、评价，或通过比较一部作品的不同译本对翻译中的某种现象做出评论。"(同上：11)

翻译中的决策能力和创造能力。这两种能力往往是交织在一起的。决策能力"即处理问题的决断能力，纠正偶发错误的能力，复述能力和文献编撰能力等"(PATCE 小组)。它包括对翻译方法的选择、校核能力和文献编撰能力等。译者在翻译前甚至在翻译的过程中，常常要对翻译方法进行选择，如采用靠近作者的异化法还是靠近读者的归化法等。在翻译完成的时候，甚至在翻译的过程中，要检查自己的翻译有无错漏之处，译好之后对译作进行编撰处理等等。翻译中的创造能力是建立在深厚的双语功底和丰富的双语文化知识和广博的百科知识基础上的，是在决策过程中实现创造的。

职业道德是从事各行各业的人都应该遵守的。实质上，职业道德就是一种敬业精神和对本职工作高度负责的精神，没有这些精神，翻译工作中就会错误百出，甚至急功近利、粗制滥译、抄袭剽窃等。轻者使自己名声扫地，重者给生产生活带来影响，给单位、国家造成损失。对职业道德的培养，在本科阶段教育中应该作为头等重要的教学内容，写在培养计划显著的位置，它关系到翻译事业学术空气的净化；关系到翻译事业的传承；关系到翻译学科的发展；关系到实际的生产和生活。国外翻译研究中已对翻译道德的研究有所体现：译者应该忠实于谁，是原作者还是委托人；译者应该如何面对文化和意识形态对自己的影响；对译者的权利和义务有明确的规定、行业、准则等。

以上这些能力是一个合格的译者必须具备的基本素质。具有了这些基本能力或素质，高等学校培养的翻译专业本科生无论从事什么样的实际工作和从事理论研究工作，就有了继续前进的良好基础。这些能力的培养，离不开符合实际的翻译教学培养计划，离不开合格的师资条件，更需要在教学过程中，关注学生的练习过程和在理论上"恰到好处"的点拨。

翻译事业的发展、翻译教学的顺利进行，迫切需要一份符合实际的、经过充分论证的培养计划，有了它，我们的翻译教学课程设置、教材编写工作，我们的教学过程、考试评估工作中的诸多问题也便可以达成共识，有了解决问题的依据，使之在比较科学的框架内进行，克服主观随意性。而且，这一计划的制定者一定要是那些从事过或正在从事实际翻译工作的、具备一定的翻译理论知识和教学经验的人士或他们的共同合作。这样，所制定的教学计划才有较强的可操作性。

根据以上分析，我们可以提出翻译本科专业人才培养计划如下。

二、翻译本科专业人才培养计划

1. 培养目标及基本要求

培养德、智、体、美全面发展，能适应全球化及提高国际竞争力的需要，满足国家经济、社会、文化建设的需要的应用型口笔译人才，基本要求为：

(1) 有较高的政治思想素质，掌握马列主义、毛泽东思想的基本理论，坚决贯彻执行党的基本路线、各项方针政策和国家的法律法令，热爱社会主义祖国，努力为人民服务，具有宽广的国际视野、高尚的道德品质、良好的语言沟通能力。

(2) 有良好的汉语基础和外语基础，掌握翻译的基本技能和方法，对翻译理论知识有一个大致的了解。笔译方面能从事各种文体的一般难度的文字资料的翻译；口译方面能从事外事联络陪同口译工作，有一定的交替传译能力，对同声传译有所了解。

(3) 学习掌握一门第二外语，具有基本的听说读写能力。

(4) 学习计算机基础知识，具有文献查阅能力和利用搜索引擎获取知识和解决问题的能力。

(5) 身心健康。

2. 招生

本专业招收有良好母语水平和外语基础，身心健康，有志从事翻译职业的高中毕业生(文理科不限)。考生必须通过高等学校入学考试，达到本科录取分数，外语单科成绩和汉语单科成绩达到 80 分以上(以 100 分计算)，通过录取学校组织的外语口试，才能录取。

3. 学制

四年(前两年是基础学习阶段，后两年是专业学习阶段)。

4. 培养方式

学分制。学生必须通过学校组织的课程考试，成绩及格方能取得该门课程的学分，修满本学位规定的学分方能撰写学位论文。学位论文答辩通过后可按学位申请程序申请翻译学士学位。

在进一步加强双语学习和运用的基础上，加强翻译口笔译练习，掌握翻译技能和基本的理论知识。加强实践环节，在高年级阶段有更多从事翻译实习的机会。

翻译专业本科(口、笔译)课程设置

学年、学期	必修课	选修课
第一学年 第一学期	基础外语 1(听、说、读、写、语音、语法知识) 现代汉语语法与修辞	所学外语国家概况 中国历史、地理
第一学年 第二学期	基础外语 2(听、说、读、写、语音、语法知识) 现代汉语、中国文学作品阅读与汉语写作(包 括各种文体的作品、时文、应用文)	所学外语国家文化知识 中国文化知识 中西文化比较
第二学年 第一学期	基础外语 3(听、说、读、写、语音、语法知识) 古汉语知识及作品选读 外语阅读 1(包括文学作品及时文、应用文)	形式逻辑、计算机基础、文献检索

第二学年 第二学期	基础外语 4(听、说、读、写、语法知识) 外语写作 1(包括各种文体、时文、应用文) 外语阅读 2(包括文学作品及时文、应用文) 第二外语 1	世界文明史、公众演讲、公共关系 与职业沟通
第三学年 第一学期	高级外语 1(修辞、文章欣赏) 外语写作 2(包括各种文体、时文、应用文) 外汉翻译 1 外事口译 1 第二外语 2	专业外语阅读 1(商务外语阅读或法 律外语阅读或科技外语阅读等)、 文体学知识、语言学、所学外语国 家文学 1
第三学年 第二学期	高级外语 2(修辞、文章欣赏) 外汉翻译 2 汉外翻译 1 外事口译 2 交替传译 1 第二外语 3	相关翻译理论知识 、专业外语阅读 2(商务外语阅读或法律外语阅读或 科技外语阅读等)、所学外语国家文 学 2、跨文化交际学
第四学年 第一学期	汉外翻译 2 所学外语国家经典作品阅读 所学外语国家文学知识 第二外语 4 交替传译 2 同声传译基础	相关翻译理论知识、专业外语阅读 3(商务外语阅读或法律外语阅读或 科技外语阅读等)、翻译批评导论、 译者与社会
第四学年 第二学期	毕业实习 毕业论文	毕业论文写作

15.2　注重研究学生翻译的过程

　　以前高校的翻译课基本上是以教师灌输为主，包括理论的灌输和给出参考译文，并且理论是根据教师的喜好所选择的，对学生在练习过程中的思考、感受和解决问题的方法基本上是关心不够。因此，所灌输的翻译理论是空洞的、抽象的，给出的参考译文虽然没有错，但这种只强调翻译结果的做法，没有培养学生解决问题的能力，没有教给他们解决问题的正确方法。如果这样下去，所传授的翻译理论起不到指导实践的作用，学生也不会感兴趣，学生的实际翻译能力得不到提高，在实际工作中就不会有创造性，甚至无法做好翻译工作和翻译研究工作。从长远来看，这将严重影响我国翻译事业的健康发展。最近，我们惊喜地看到在教学过程中对学生翻译过程的研究在国内已有一些初步的成果。如李长栓老师在《中国翻译》2006 年第三期上发表的文章

《以正当程序保证翻译质量和翻译的教学效果》中所做的尝试。他写到："为了培养学生调查研究的习惯，我要求学生撰写'翻译笔记'，把翻译过程记录下来，迫使学生为翻译中使用的每一个词、每一句话找到根据。同时，我在批改作业时，也不一定修改每一处错处，而是指出错误，让学生自己修改，并写出修改笔记。这种要求学生撰写翻译笔记的做法，我称之为教学的'正当程序'。我们应该以正当程序保证教学的效果，培养学生掌握翻译技能，而不是教会学生几个文本，几个词语的对译。"(李长栓，2006.3:49)这样的方法才能真正培养学生的翻译技能，使学生了解了翻译的实质，在走上工作岗位以后才能爆发出无穷的创造力和顽强的探索精神。陈葵阳在《中国翻译》2005年第三期上发表的《从建构主义观点谈翻译课堂教学》一文中提出：在翻译教学中教师应引导学生自主学习，积极参与教学活动，在"译"中学习技能，体验规则，建构知识，形成能力。王琼在2004年第4期的《中国翻译》上发表了《谈英汉翻译教学中语篇意识的训练》针对学生在翻译过程出现的某一方面的问题作了调查，便于有的放矢地解决问题。这些研究表明，翻译课教师已经开始关注翻译教学的过程和学生实际翻译能力的提高，为翻译教学注入了生机和活力，将有助于翻译教学质量的提高。

　　笔者在前所阐述的关于外语本科翻译(笔译)课程教学的几条原则也适用于翻译本科专业翻译教学，因此，在此不再赘述。但是，在翻译本科专业教学中还要增加译者与社会的关系的内容。职业翻译要强调职业化，比如译者与客户的关系、译者的权益、译者的职业规范和道德、译者水平的提高和资格的认定等等因素都应该在职业译者的培训中有所涉及。

15.3　翻译专业本科教学的测试评估

　　翻译专业本科毕业测试应该参照"全国翻译专业资格(水平)考试英语笔译、口译三级考试大纲(试行)"(以下简称三级大纲)摘要进行。大纲要求请参看 2003年第六期的中国翻译》载《国家人事部印发二、三级翻译专业资格(水平)考试实施办法》和《全国翻译专业资格(水平)考试英语笔译、口译三级、二级考试大纲(试行)摘要》。

第16章　翻译硕士专业学位

16.1　关于翻译硕士专业学位

2007 年，我国设立翻译硕士专业学位。国务院学位委员会办公室文理医处处长黄宝印在 2007 年"全国首届翻译教学高端论坛"上做了题为："适应社会需求，培养高质量的职业化、专业化翻译高层次人才"的主题发言，他说，我国设立翻译硕士专业学位是我国外语高层次人才培养指导思想的一次重要变化。这次变化就是从以培养学术性、研究型翻译人才为主，向以培养学术性、研究型人才与职业性、应用型人才并重方向转变。在规模上，职业性、应用型人才应占更大比例。在翻译硕士培养模式、培养方法、教师素质、教学要求、教学评价等方面，还有许多工作要做。

广东外语外贸大学副校长仲伟合在该次论坛上也作了发言，题为："翻译硕士专业学位(MTI)(Master of Translation and Interpreting)及其对中国外语教学的挑战"。解读了国务院学位委员会发布的《翻译硕士专业学位设置方案》，对该方案进行了详细的阐述与说明，比较了专业学位与研究型学位的差异，并对设置翻译硕士专业学位的必要性、试办条件、课程设置等作了论述，同时探讨了翻译硕士专业学位的设置对中国外语教学的挑战。在《中国翻译》2006 年第 1 期上，仲教授也曾撰文《翻译专业硕士(MIT)的设置——翻译学学科发展的新方向》，阐述以上问题。他对以下几个问题提出了看法。

一、设置翻译硕士专业的必要性

近百年来，我国外语教学为国家培养了不少毕业后从事专职或兼职的翻译人才，但专业外语本科教学受大纲所限，一般只在三、四年级开设 72—108 学时的翻译课，且多数是以汉外互译的笔译课为主，较少有学校开设口译课，一般学生毕业之后需要几年时间才能逐渐具备一般的口笔译实践能力。20 世纪 80 年代以后，国内一些外语院系开设了"翻译理论与实践"方向的硕士课程，90 年代以后外语硕士点有翻译方向的越来越多，目前以达到 140 多个院系。由于方向不明和师资所限，绝大多数翻译方向培养目的都不明确，想在两至三年内培养出既有职业翻译能力又有理论研究能力的翻译人才，时间和开设的课程都有限，学生的翻译实践机会少，教师顾此失彼，很难达到设想的目的。结果是大多数学生既不具备熟练的翻译实践能力，也不具备从事翻译研究的理论水平。同时，仲教授还分析了国际上和国内一些著名翻译院校的成功经验，认为它们之所以成功，是因为这些院校市场定位准确，培养目标明确，多数硕士培养项目重点在于提高学生的口笔译实践能力，使之毕业后能够立即从事经济、商贸、法律、传媒、人文、社科与自然科学等领域的翻译工作。其次，这些院校都有自己的办学特色与教学侧重点，课程设置的理念以社会市场需求为导向，注重课程设置的完整性。在培养时间上一般以两年为多，也有一年的，三年的则以培养理论研究人才为主。

另外，国家各部委近年来对于翻译专业的资格认定越来越重视。2002 年国家人事部与中国外文局联合推出了"全国翻译资格(水平)考试"，英文名称为"China Aptitude Test for Translators and Interpreters(CATTI)"。这是为适应社会主义市场经济和我国加入世界贸易组织的需要，加强我国外语翻译专业人才队伍建设，科学、客观、公正地评价翻译专业人才水平和能力，更好地为我国对外开放和国际交流与合作服务，根据建立国家职业资格证书制度的精神，在全国实行统一的、面向社会的、最具权威的翻译专业资格(水平)认证；是对参试人员口译或笔译方面的双语互译能力和水平的认定。教育部考试中心也于北京外国语大学推出了类似的资格证书考试："翻译资格证书考试"包括口译和笔译。该考试也是一项在全国实施的，针对广大从业人员，包括在校大学生的实际翻译能力进行科学考核并提供权威认证的翻译资格认证考试制度。

再者，翻译职业本身有很强的职业背景，对于译者要求很高的双语能力、跨文化交际应对能力及广泛的专业知识，是典型的高层次、应用型人才。目前国内教育界也普遍认为，合格的职业翻译应该在研究生层次。

基于这些原因，设置翻译专业硕士学位很有必要。

二、翻译硕士专业学位的招生

仲教授认为本专业以招收具有翻译实践经验的翻译从业人员及外语工作者为主。具体条件为：有良好的双语基础，一般有两年及两年以上口、笔译实践经验，德才兼备、身体健康、有志从事翻译职业的工作者。参加教育部统一组织的"全国翻译硕士联考"及招生单位单独组织的专业复试，结合工作业绩与资历择优录取。全国联考的内容包括：1) 外语水平考试；2) 翻译综合考试(含汉外互译与汉语写作)。招生单位单独组织的复试内容可包括：1) 政治；2) 第二外语；3) 口译实践等。另外，仲教授还对翻译硕士专业学位的招生提出了培养目标及基本要求、提出了课程的设置、论文写作的要求。具体内容请参见中国翻译》2006 年第 1 期上仲教授的文章《翻译专业硕士(MIT)的设置——翻译学学科发展的新方向》。

16.2　翻译硕士专业学位口、笔译的测试评估

口译：不仅测试交替传译技巧，如口译短期记忆，口译笔记，口译笔记阅读，交替传译理解原则，语言类型分析，主题思想识别，目标语信息重组，数字传译技巧，口译应对策略，译前准备技巧，演说技巧，跨文化交际技巧，口译职业准则等，同声

传译技巧也应作为硕士阶段训练的一项重要内容，如分散使用注意力技能，笔记的使用，理解技能，重述技能，简单化，概括化，略译，综述，解释，预测技能，译前准备技巧，视译技巧，译误处理对策，语音、语调、重音及节奏，数字翻译技能，接力口译技巧，团队合作，同声传译设备使用等。

笔译：能够进行高难度文学文本和非文学文本的翻译，译文忠实、通顺、得体。熟练运用各种笔译技巧，如词性转换、语序变换、语态变换、合译分译、正反翻译、长句的处理、习语的翻译等等。每小时 300 中文字和 500 英文单词，无漏译、错译。

翻译硕士专业学位口、笔译的测试评估也可以参照翻译专业资格(水平)考试英语笔译、口译二级考试(以下简称二级考试)大纲(试行)摘要进行。大纲要求请参看 2003 年第六期的中国翻译》载《国家人事部印发二、三级翻译专业资格(水平)考试实施办法》和《全国翻译专业资格(水平)考试英语笔译、口译三级、二级考试大纲(试行)摘要》。

把职业译员培训和职业译员的测试结合起来，是检验培训效果的一条重要途径。把职业译员培训与全国翻译资格(水平)考试结合起来，可以统一测试评估标准，提高培训质量，为国家培养出适合国家发展所需要的翻译人才。

The Teaching of Translation: Theory and Practice

结　语

根据教育部《关于公布 2005 年度教育部备案或批准设置的高等学校本专科专业结果的通知》(教高[2006]1 号)，翻译专业获得批准，广东外语外贸大学、复旦大学与河北师范大学三所高校可以从 2006 年开始招收"翻译"专业本科生，2007 年又有五所高校获得教育部批准开始招收"翻译"专业本科生。翻译作为一门专业，在我国教育部门首次列入专业目录备案并批准招生，标志着我国完整的翻译专业教学体系的形成。2007 年，翻译硕士专业学位的设立又提上了议事日程。翻译作为一种职业，越来越受到社会各界的关注。培养翻译人才的翻译教学也将越来越受到关注和研究。作为外语专业的翻译课程教学，关注得更多的是翻译技巧的培训、翻译教学方法和教学原则，评价译文的标准可能更趋向于忠实、通顺的标准。作为翻译专业的翻译教学，除了关注翻译课程所要关注的内容，如翻译技巧、忠实通顺的翻译标准、翻译教学方法和教学原则外，还要关注翻译的职业素养、翻译市场、翻译策略与社会的关系、当今语境下翻译标准的多元特征、翻译评论、翻译产品及译者的地位等等。职业翻译的培养不是一蹴而就的事，需要一整套精心设计的适合社会发展需要的专业计划；职业译员的工作不是"尽舌人之劳"，翻译产品中凝聚了译员的知识、智慧和辛勤的劳动。我们相信社会将更加关注翻译职业，翻译的成果也将同其他的科研成果一样，得到社会的认可。这必将促进翻译教学和应用型翻译人才的培养，促进译者翻译出更多的高质量的产品，以适应社会发展对翻译的迫切需求。

主要参考文献

[1] 柴明颎. 口译的专业化道路. 上海：上海外语教育出版社，2006.

[2] 陈德彰. 汉英动物词语的文化内涵. 见：郭建中编. 文化与翻译. 北京：中国对外翻译出版公司，2000.

[3] 陈羽纶. 科技英语选粹. 北京：中国翻译出版公司，1994.

[4] 陈宏薇，李亚丹. 新编汉英翻译教程. 上海：上海外语教育出版社，2004.

[5] 崔以泰. 英汉对照对外交流书信和文件. 北京：机械工业出版社，1990.

[6] 冯庆华. 实用翻译教程(英汉互译)(增订本). 上海：上海外语教育出版社，2002.

[7] 冯伟年. 高校英汉翻译实例评析. 西安：西北大学出版社，1996.

[8] 桂诗春. 新编心理语言学. 上海：上海外语教育出版社，2000.

[9] 郭建中. 文化与翻译. 北京：中国对外翻译出版公司，2000.

[10] Hatim, Basil & Mason, Lan，王文斌译. 话语与译者. 北京：外语教学与研究出版社，2005.

[11] 胡文仲. 跨文化交际学概论. 北京：外语教学与研究出版社，1999.

[12] 贾玉新. 跨文化交际学. 上海：上海外语教育出版社，1995.

[13] 蒋太培. 科技翻译的理论与实践. 北京：海洋出版社，1985

[14] 李文革. 西方翻译理论流派研究. 北京：中国社会科学出版社，2004.

[15] 李运兴. 英汉语篇翻译. 北京：清华大学出版社，2003.

[16] 李正中，王恩冕，佘去媚. 新编英汉翻译. 北京：中国国际广播出版公司，1992

[17] 刘重德. 浑金璞玉集. 北京：中国对外翻译出版公司，1994.

[18] 刘宓庆. 文体与翻译(增订版). 北京：中国对外翻译出版公司，1998.

[19] 刘宓庆. 口笔译理论研究. 北京：中国对外翻译出版公司，2004.

[20] 刘宓庆. 翻译教学——实务与理论. 北京：中国对外翻译出版公司，2003.

[21] 梅德明. 高级口译教程. 上海：上海外语教育出版社，2000.

[22] 穆雷. 中国翻译教学研究. 上海：上海外语教育出版社，1999.

[23] 邵培仁. 传播学. 北京：高等教育出版社，2000.

[24] 孙致礼. 新编英汉翻译教程. 上海：上海外语教育出版社，2003.

[25] 王佐良. 王佐良文集. 北京：外语教学与研究出版社，1997.

[26] 王佐良，丁往道. 英语文体学引论. 北京：外语教学与研究出版社，1987.

[27] 王佐良. 英语诗文选译集. 北京：外语教学与研究出版社，1980.

[28] 文军. 翻译课程模式研究——以发展能力为中心的方法, 北京：中国文史出版社，2005.

[29] 谢天振. 翻译研究新视野. 青岛：青岛出版社，2003.

[30] 许均，袁筱一. 当代法国翻译理论. 南京：南京大学出版社，1998.

[31] 许力生. 文体风格的现代透视. 杭州：浙江大学出版社，2006.

[32] 许力生. 跨语言研究的跨文化视野. 上海：上海外语教育出版社，2006.

[33] 许渊冲. 翻译的艺术. 北京：五洲传播出版社，2006.

[34] 杨承淑. 口译教学研究：理论与实践. 北京：中国对外翻译出版公司，2005.

[35] 杨惠中. 语料库语言学导论. 上海：上海外语教育出版社，2002.

[36] 杨晓荣 翻译批评导论. 北京：中国对外翻译出版公司，2005.

[37] 张今. 文学翻译原理. 开封：河南大学出版社，1997.

[38] 周庆山. 传播学概论. 北京：北京大学出版社，2004.

[39] 鲍川运. 口译的职业化. 中国翻译，2007(1).

[40] 蔡平. 翻译方法应以归化为主. 中国翻译，2002(5).

[41] 陈宏薇. 道格拉斯·罗宾逊以人为中心的翻译教学思想评介. 中国翻译，2006(2).

[42] 陈葵阳. 从建构主义观点谈翻译课堂教学. 中国翻译，2005(3).

[43] 程镇球. 政治文章的翻译要讲政治. 中国翻译，2003(3)

[44] 丁衡祁. 翻译广告文字的立体思维. 中国翻译，2004(1).

[45] 丁信善. 语料库语言学的发展及现状. 当代语言学，1998(1).

[46] 范瑜，李国国. 科技英语文体的演变. 中国翻译，2004(5).

[47] 封一函. 教室网络中的交互式翻译教学. 中国翻译，2001.

[48] 葛校琴. 当前归化/异化策略讨论的后殖民视阈——对国内归化/异化论者的一个提醒. 中国翻译，2002(2).

[49] 谷启楠. "翻译自学之友" 栏目的 "翻译导读". 中国翻译，2002(1).

[50] 郭建中. 钱江潮涌. 中国翻译，2005(6).

[51] 何芳. Blog 在网络教学中的应用. 白城师范学院学报，2005(3).

[52] 何刚强. 译学无疆，译才不器. 上海翻译，2006(2).

[53] 胡显耀. 批判的眼光看西方翻译译论——凯伊·道勒拉普访谈. 外语学刊，2005(4).

[54] 黄文英. 互文性与翻译教学. 东南大学学报(哲学社会科学版)，2006(3).

[55] 黄友义. 实行翻译资格考试制度，推动翻译职业化进程. 中国翻译，2003(6).

[56] 黄友义. 社会需要更多的实用翻译人才. 中国翻译，2007(1).

[57] 李长栓. 以正当程序保证翻译质量和翻译的教学效果. 中国翻译，2006(3).

[58] 李克兴. 论广告翻译的策略. 中国翻译，2004(6).

[59] 连淑能. 论中西思维方式. 外语与外语教学, 2002(2): 40—46.

[60] 廖七一. 语料库与翻译研究. 外语教学与研究, 2000(5).

[61] 刘法公. 论商标汉英翻译的几个关键问题. 中国翻译, 2003(6).

[62] 刘和平. 法国释意理论: 质疑与探讨. 中国翻译, 2006(4).

[63] 刘康龙, 穆雷. 语料库语言学与翻译研究. 中国翻译, 2006(1).

[64] 罗选民, 董娜, 黎土旺. 语料库与翻译研究——兼评 Maeve Olohan 的《翻译研究语料库入门》. 外语与外语教学, 2005(12).

[65] 穆雷. 翻译教学: 翻译学建设的重要组成部分——兼评刘宓庆《翻译教学: 实务与理论》. 中国翻译, 2004(4).

[66] 穆雷. 翻译能力与翻译测试——英汉/汉英翻译测试研究. 上海翻译, 2006(2).

[67] 宋志平. 关于翻译测试的理论思考. 中国翻译, 1997(4).

[68] 孙致礼. 中国的文学翻译: 从归化趋向异化. 中国翻译, 2002(1).

[69] 王恩冕. "口译在中国"调查报告. 中国翻译, 2005(2).

[70] 王恩冕. 外语质量: 我国口译培训的瓶颈. 中国翻译, 2007(1).

[71] 王戈冰, 李一凡. 翻译中的归化和异化. 辽宁商务职业学院学报, 2004(2).

[72] 王克非. 双语平行语料库在翻译教学上的用途. 外语电化教学, 2004(6).

[73] 王立弟. 翻译资格考试与翻译培训. 中国翻译, 2003(6).

[74] 王立弟. 翻译培训如何提高翻译质量. 中国翻译, 2007(1).

[75] 王琼. 谈英汉翻译教学中语篇衔接意识的训练. 中国翻译, 2004(4).

[76] 王寅. 认知语言学的翻译观. 中国翻译, 2005(5).

[77] 肖晓燕. 西方口译研究——历史与现状. 外国语, 2002(4).

[78] 许建平, 张荣曦. 跨文化翻译中的异化与归化问题. 中国翻译, 2002(2).

[79] 许建忠. 《联合国译员史》简介. 中国翻译, 2005(1).

[80] 徐莉娜. 关于本科生翻译测试的探讨. 中国翻译, 1998(3).

[81] 于连江. 基于语料库的翻译教学研究. 外语电化教学, 2004(4).

[82] 杨雪燕. "语篇"概念与翻译教学. 中国翻译, 2003(5).

[83] 张吉良. 同声传译的自我训练途径. 中国翻译, 2004(5).

[84] 张美芳, 黄国文. 语篇语言学与翻译研究. 中国翻译, 2002(3).

[85] 张志强. 篇章语言学与翻译教学. 新乡师范高等专科学校学报, 2005(5).

[86] 仲伟合. 译员的知识结构与口译课程设置. 中国翻译, 2003(4).

[87] 中国翻译, 2002—2006 年合订本.

[88] 上海翻译, 2004—2006 年合订本.

[89] 中国日报, 2007 年 05 月 20 日

[90] 中新网(网址: http://www.chinanews.com)

[91] 陆谷孙. 英汉大词典. 上海：上海译文出版社，1993.

[92] 现代汉语词典(增补本). 北京：商务印书馆，2002.

[93] 高等学校外语专业教学指导委员会英语组. 高等学校英语专业英语教学大纲. 2000.

[94] 高等学校外语专业教学指导委员会英语组. 关于外语专业面向 21 世纪本科教育改革的若干意见. 高等学校英语专业教学大纲，附录 III. 2000.

[95] 国家人事部印发二、三级翻译专业资格(水平)考试实施办法. 中国翻译，2003(6).

[96] 全国翻译专业资格(水平)考试英语笔译、口译三级、二级考试大纲(试行)摘要. 中国翻译，2003(6).

[97] Baker, Mona. Corpus linguistics and translation studies: Implications and applications [A]. In M. Baker, G. Francis & E. Tognini-Bonelli (eds.). *Text and Technology: In Honour of John Sinclair* [C]. Philadelphia & Amsterdam: John Benjamins, 1993.

[98] Biber, Douglas, Susan Conrad and Randi Reppen. *Corpus Linguistics*. Beijing: Foreign Language Teaching and Research Press, 2000.

[99] Gutt, Ernst-August. *Translation and Relevance—Cognition and Context*. Shanghai: Shanghai Foreign Language Education Press, 2004.

[100] Newmark, Peter. *A Textbook of Translation* [M]. New York: Prentice Hall, 1988.

[101] Newmark, Peter. *Approaches to Translation*. Shanghai: Shanghai Foreign Language Education Press, 2001.

[102] Nida, Eugene A. *Language, Culture and Translation*. Shanghai: Shanghai Foreign Language Education Press, 1993.

[103] Nunan, David. *The Learner-centered Curriculum*. Cambridge: Cambridge University Press, 1988.

图书在版编目(CIP)数据

翻译教学研究：理论与实践 = The Teaching of Translation: Theory and Practice / 高华丽著. —杭州：浙江大学出版社，2008.5

(外语·文化·教学论丛)

ISBN 978-7-308-05955-8

I. 翻… II. 高… III. 英语—翻译—教学研究—高等学校　IV. H315.9

中国版本图书馆 CIP 数据核字(2008)第 068364 号

翻译教学研究：理论与实践

The Teaching of Translation: Theory and Practice

高华丽　著

责任编辑	张颖琪	
封面设计	刘依群	
出版发行	浙江大学出版社	
	(杭州天目山路 148 号　邮政编码 310028)	
	(网址: http://www.zjupress.com)	
排　　版	杭州中大图文设计有限公司	
印　　刷	德清县第二印刷厂	
开　　本	787mm×960mm　1/16	
印　　张	16.5	
字　　数	365 千	
版 印 次	2008 年 5 月第 1 版　2009 年 6 月第 2 次印刷	
书　　号	ISBN 978-7-308-05955-8	
定　　价	30.00 元